读点国史
辉煌年代国史丛书

意气风发
1956年的中国

武力 著

四川人民出版社

图书在版编目（CIP）数据

意气风发：1956年的中国/武力著. —成都：
四川人民出版社，2017.6（2024.7重印）
（读点国史：辉煌年代国史丛书）
ISBN 978-7-220-10562-3

Ⅰ.①意… Ⅱ.①武… Ⅲ.①中国历史-1956
Ⅳ.①K275

中国版本图书馆CIP数据核字（2017）第278313号

YIQI FENGFA：1956NIAN DE ZHONGGUO

意气风发：1956年的中国
武力 著

策划组稿	谢 雪
责任编辑	董 玲 谢 寒
封面设计	张迪茗
内文设计	戴雨虹
责任校对	舒晓利
责任印制	祝 健
出版发行	四川人民出版社（成都市三色路238号）
网　　址	http://www.scpph.com
E-mail	scrmcbs@sina.com
新浪微博	@四川人民出版社
微信公众号	四川人民出版社
发行部业务电话	(028) 86361653　86361656
防盗版举报电话	(028) 86361653
照　　排	四川胜翔数码印务设计有限公司
印　　刷	四川五洲彩印有限责任公司
成品尺寸	165mm×240mm
印　　张	23
字　　数	239千
版　　次	2018年6月第1版
印　　次	2024年7月第3次印刷
书　　号	ISBN 978-7-220-10562-3-01
定　　价	59.80元

■版权所有·侵权必究

本书若出现印装质量问题，请与我社发行部联系调换
电话：(028) 86361656

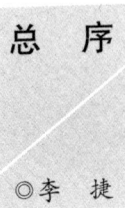

总序

◎李 捷

肩负起以史为鉴、资政育人的神圣使命

《读点国史：辉煌年代国史丛书》主编刘国新同志要我为丛书写篇序。要说的很多，想来想去，还是从国史的地位和国史研究的意义说起。

2013年6月25日，习近平总书记在中共中央政治局第七次集体学习时提出："学习党史、国史，是坚持和发展中国特色社会主义、把党和国家各项事业继续推向前进的必修课。"这就把党史、国史的学习、宣传和研究提到很高的地位。

学习、宣传和研究国史，有助于我们认清党和国家发展的历史方位，认清肩负的历史责任和神圣使命，更加坚定自觉地坚持和发展中国特色社会主义。中华人民共和国如今已经走过近七十年的光辉历程。这个光辉历程，是中华民族伟大复兴史的辉煌篇章。新中国的成立，标志着中华民族伟大复兴第一个历史任务的实现，中华民族的历史从此进入一个新纪元。但是，这只是万里长征走完第一步，中国共产党继续承担起为实现国家繁荣富强、人民共同富裕的中华民族伟大复兴第二大历史任务。为此，我们完成了社会主义革命，进行了社会主义建设，进行了改革开放新的伟大革命，终于找到了中国特色社会主义这一实现中华民族伟大复兴的必由之路。重温这段历史就会发现，中国共产党领导、马克思主义指导、改革开放和中国特色社会主义道路，都是历史和人民的选择。中国革命、建设和改革为什么只能由中国共产党来领导，而不能由其他政党来领导？为什么中华民族伟大复兴只能以马克思主义为指导，而马克思主义又必须同中国实际相结合？为什么中国只能走社会主义道路，其他的道路为什么走不通？这些本需要从理论上用许多笔墨来阐释的道理，只要站在人民的立场上，紧密结合中国革命、建设和改革的历程，就不难得到解答。这本身就说明，科学理论的逻辑根植于历史发展的总趋势和总脉络之中。只要是站在人民大众的立场，而不是站在少数人的立场，秉承实事求是的原则，而不是抱有某些先入为主的偏见，就不难得出历史的结论。因此，国史同党史一样，都是认清历史方位、历史走向、历史结论最为生动的教科书。

学习、宣传和研究国史，有助于我们深入理解马克思主义中国化的探索史和发展史。新中国所取得的巨大成就，就在于执政的中国共产党是一个在理论上富于探索和创新精神的马克思主义政党。这种理论创新，根源于马克思主义指导，根源于马克思主义基本原理与实际的结合和运用，更根源于自身的历史和实践，根源于历史经验和实践经验的科学总结。马克思主义中国化，都是科学总结党和国家历史正反两方面经验的结果，都是在此基础上对中国革命基本规律、基本理论、基本路线、基本纲领、基本经验的认识产生新飞跃的结晶。改革开放以来逐步形成的党在社会主义初级阶段的基本理论、基本路线、基本纲领、基本经验、基本要求，也是在一代又一代党和国家领导人的带领下，经过不断艰辛探索，不断概括总结，不断推动理论创新和实践创新的基础上，接力发展得来的。尽管改革开放以前的探索经历过严重的曲折，直到党的十一届三中全会成功实现伟大的历史性转折之后，这一探索才真正走上了中国特色社会主义的康庄大道。但历史是不能割断的。改革开放以前成功的探索所提供的宝贵经验、理论准备、物质基础是宝贵财富，改革开放以前严重失误的探索所提供的历史借鉴同样是使我们党坚定不移地走上中国特色社会主义道路的宝贵财富。为什么说无论搞革命、搞建设、搞改革，道路问题都是最根本的问题？为什么说新中国的一切成就，归结到一点，就是开辟形成确立了中国特色社会主义道路、中国特色社会主义理论体系、中国特色社会主义制度？要正确回答这些问题，必须系统地而不是零散地学习研究共和国的历史，深入地了解党的治国理论是如何从自身的历史和实践中总结出来的，又是如何随着时代和实践的发展变化而不断丰富、完善、创新、发展的。因此，国史是深刻理解马克思主义基本原理和科学社会主义原理在中国的成功运用和创造性发展最为生动的教科书。

学习、宣传和研究国史，有助于我们深入把握历史发展的主题和主线、主流与本质，更加自觉地划清历史唯物主义同历史虚无主义的原则界限，增强辨别真伪、明辨是非的能力。新中国成立后我们也有过"大跃进"和"文化大革命"这种全局性的严重失误。然而，这些曾经给建设事业造成严重损失的失误，都依靠党和国家自身得到了彻底纠正。不仅如此，从这些失误中得到的教训，还转化为实现伟大历史转折、推动党在理论上更加成熟、成功开辟新路的宝贵财富。正所谓"吃一堑长一智"。只要我们把这些作为完整的历史过程联系起来看，既看到党和国家在艰辛探索中犯错误的历史，也看到党和国家自觉纠正错误探寻新路的历史，更看到党和国家在探索中走向成熟、走向辉煌的历史，就不难认清新中国历史的主题和主线、主流和本质。为什么说必须坚持改革开放前后两个历史时期的辩证统一，既不能用改革开放后否定改革开放前的历史，也不能用改革开放前否定改革开放后的历史，其深刻的道理就在这里。自中国共产党成立之日起，党团结带领全国各族人民为实现民族独立、人民解放和国家繁荣富强、人民共同富裕这两大历史任务而不懈奋斗，这就是国史的主题和主线。一部共和国史，就是党领导人民完成新民主主义革命和社会主义革命、进行社会主义建设和改革开放新的伟大革命的历史，就是不断推进马克思主义中国化，最终形成中国特色社会主义道路、理论和制度的历史，就是党在中国革命、建设和改革各个历史时期坚持全心全意为人民服务的宗旨、永葆先进性和纯洁性的历史。这就是国史的主流和本质。在这方面，通过拨乱反正实现伟大历史转折形成的第二个历史决议，为我们用历史唯物主义正确对待历史树立了榜样。历史反复证明，把握国史的主题和主线、主流和本质，不但不会妨碍对自身所犯错误的反思与纠正，而且正是彻底纠正错误、总结经验、吸取教训的科学前提。这正是历史唯物主义同历史虚无主义的根本区别。因此，国史是启迪人们从成功中吸取经验、从失误中吸取教训，不断开辟走向胜利的道路、提高领导水平和执政能力最为生动的教科书。

学习、宣传和研究国史，还有助于我们弘扬中国精神、凝聚中国力量，团结一切可以团结的力量，调动一切可以调动的积极因素，为实现民族复兴"中国梦"而奋斗。新中国在不同历史时期形成了雷锋精神、"铁人"精神、"两弹一星"精神、改革开放时代精神等，形成了理论联系实际、密切联系群众、批评和自我批评的优良传统作风。毛泽东、刘少奇、周恩来、朱德、任弼时、邓小平、陈云等老一辈革命家不仅亲手培育了这些精神和优良传统作风，而且身体力行、率先垂范，为我们党树立了坚持理想信念和党性修养的精神与道德的楷模。无论在发展顺利之时，还是身处逆境之时，中国共产党人始终秉持理想信念的力量，秉持崇高精神的力量，所向披靡，无坚不摧。中国共产党用牺牲了上千万英雄儿女的事实，用自身的先锋模范作用，用革命、建设和改革的辉煌业绩，用全心全意为人民服务的赤诚，感召了全中国各族人民聚集在中国特色社会主义旗帜之下，为实现民族复兴"中国梦"而共同奋斗。因此，国史是继承中华文明5000多年优良传统，坚持近代170多年以来形成的革命传统，在当代弘扬中国精神、凝聚中国力量最为生动的教科书。

研究国史是神圣的事业，一定要投入真感情。也就是说，不仅仅要把研究国史看成是一项工作，有科学严谨的研究方法和研究态度，更要把研究国史看成是一份神圣的事业，一份值得投入精力、倾注感情的事业。有了这份深厚的感情，才能有研究的动力和出发点，也才能取得经得住时间检验的科研成果。《读点国史：辉煌年代国史丛书》由一批国史研究领域的专家担纲撰写，他们有专业背景，曾承担过国家级重大课题，也都有个人的研究著述，形成学风严谨、功力扎实的品格。我相信这套丛书是他们用心写就的。

如今社会上存在着一种质疑国史和党史的倾向，这种质疑恰恰是对历史缺乏深入了解的结果。一方面，极少数人为了某种目的，想要刻意否定这段历史，因此就把历史上共产党人的缺点和错误无限夸大，这是一种歪曲历史的行为；另一方面，有些人以"历史解密""历史内幕曝光"为噱头，在网上抛出许多没有依据的、鲜为人知的历史来吸引人们的好奇心和注意力，这也是对历史的一种误导。这套丛书以正史的姿态普及国史知识。它所选取的12个年份，是有影响和充实着重大事件的12年，构成了共和国历史的基本框架。该丛书采用纪事本末体，分别立传，既不歪曲历史也不误导读者。创作理念上以平实为要，不求新奇，不发空论。古代史学家刘知幾认为"良史以实录直书为贵"，顾炎武也说"古人作史有不待论断而于序事中即见其指者"，都讲的是论从史出的道理。该丛书秉承了中国史学的这一传统。在行文上力求鲜活、生动、明快。内容铺陈上又能做到严谨而不失于呆板，摆脱了偏重政治史的范式，特别注意对社会风尚、时代精神、民间习俗以及大众意识的描述，每一本书相对来说都有一个知识增量。

站在今天去理解历史、感知历史，可以更好地把握未来。我们在感知共和国脉搏律动的同时，也在书写共和国不同凡响的篇章。一位老同志曾经说过，共和国千秋万代，国史研究也千秋万代。让我们在千秋万代的事业中贡献自己的一点一滴。

总前言

◎刘国新

在中华人民共和国成立近七十周年之际,将自己多年的研究成果和心得付梓,是从事国史研究的专业人士理应做到的分内之事。

2013年6月25日,习近平总书记在中共中央政治局第七次集体学习时提出:"学习党史、国史,是坚持和发展中国特色社会主义、把党和国家各项事业继续推向前进的必修课。"把党史、国史的学习提到各项事业前进的必修课的高度,这还是第一次。《读点国史:辉煌年代国史丛书》正是落实习近平这个号召的具体行动。它以正史的姿态普及国史知识,用它的品位在"读点国史"中尽一份社会责任。

这套《读点国史:辉煌年代国史丛书》选择在共和国历史上产生过重大影响或者引起社会加速发展并充实着重大事件的12个年份为时间节点,一年一本,各自成卷,构成了共和国历史的基本框架。

如果从完整的纪年看,1950年无疑是新中国的第一年。中国20世纪最伟大的女性、被人们称为"国之瑰宝"的宋庆龄,当年是中央人民政府副主席,她将1950年称作"第一年的新中国"。

这一年，我们的共和国到处洋溢着欣欣向荣的新气象。新社会、新政府、新生活、新天地……大到国家关系，小到百姓的日常起居，人们都实实在在地感受到新旧社会两重天，感受到中国的历史巨变。当然，这仅仅是开始，更为波澜壮阔的变迁还在后面。在共和国历史中，1950年之所以具有里程碑意义，就在于它是"一元初始，万象更新"。

1954年之所以是"大业宏图"，皆因这一年召开了第一届全国人民代表大会，毛泽东主持制定了共和国第一部宪法。中国第一次以大国身份出席重要的国际会议，提出划时代的和平共处五项原则，为建立国际关系新秩序奠定了坚实的理论基础和令人信服的实践基础。这一年又是过渡时期总路线公布后的第一年，公私合营和农业合作化运动，迈出了决定性的一步。

1956年，社会主义改造全面完成。接下来召开的中共八大清醒地认识到我国无产阶级和资产阶级之间的矛盾已经基本解决，国内主要矛盾是人民对于建立先进的工业国的要求同落后的农业国的现实之间的矛盾，是人民对于经济文化迅速发展的需要同当前经济文化不能满足人民需要的状况之间的矛盾。为此，党和国家的工作重点就是把我国尽快地从落后的农业国建设成为先进的工业国。这一年，"双百"方针的提出，"向科学进军"的号召，使整个科学文化事业呈现出勃勃生机。1956年的的确确是"意气风发"的一年。

从1956年至1966年的十年是共和国开始全面建设社会主义的十年。这其中既充满艰辛的探索，也不可避免地在探索中曲折发展。这十年间，有代表性的是1962年。年初召开的七千人大会，初步总结了"大跃进"以来的经验教训，对推动国民经济全面调整起到了积极作用。9月召开的党的八届十中全会未使"左"倾错误在经济工作的指导思想上得到彻底纠正，而在政治和思想文化方面还有发展。国内形势困难曲折，国际局势错综复杂。印度不断在中印边界制造事端，中国军队被迫自卫反击。中苏两党分歧加剧，国际共运的争论和分歧达到新阶段。用"关山飞渡"来概括这一年，较为贴切。

1976年可谓大悲大喜。"文化大革命"这一全局性的错误至此已进入第十个年头，三位伟人相继离世，"四人帮"倒行逆施，唐山大地震损失惨重，国民经济濒临崩溃边缘。中国人民在关乎国家与民族命运的大搏斗中终于再次赢得胜利。噩梦醒来，艳阳高照。所谓"激荡岁月"，暗含这一年各种矛盾胶着、较量，经历着动荡和激变，代表着正义的力量终于取得了胜利的那样一种状态。

1978年是共和国历史上经历伟大转折的一年。粉碎"四人帮"后，我党为肃清"左"的影响，为发展国民经济进行了大量的卓有成效的工作，但也遇到阻力。关于真理标准问题的大讨论，在全党再次确立了实事求是的思想路线。党的十一届三中全会的召开，在政治、思想、组织等领域全面开始了拨乱反正，揭开了改革开放的序幕，标志着一个新时代的开始，"伟大转折"成为新的起点。

1984年，农村改革使粮食产量第一次突破4亿吨，基层政权建设完成了政社分离，建立了乡政府和村民委员会，人民公社体制不复存在。党的十二届三中全会的决定突破了把计划经济同商品经济对立起来的传统观念，为经济体制改革提供了新的理论指导，改革的重点从农村转向城市。对外开放迈出新的步伐，开放14个沿海港口城市。根据"一国两制"的构想，中英两国政府签订了联合声明，香港问题圆满解决。这一年，可谓"春潮涌动"。

1992年，邓小平视察南方并发表重要谈话，从理论上深刻回答了长期困扰和束缚人们思想的许多重大问题。同年召开的党的十四大作出三项具有深远意义的决策：确立邓小平中国特色社会主义理论在全党的领导地位；明确我国经济体制改革的目标是建立社会主义市场经济体制；强调抓住机遇，加快我国经济社会的发展，推进改革开放跃上新台阶，中国改革开放的大船"迎风破浪"，驶上新的航程。

1997年，江泽民在党的十五大报告中，进一步阐述邓小平理论的历史地位和指导意义，进一步阐述党在社会主义初级阶段的基本路线和基本纲领，并就建设中国特色社会主义的政治、经济、文化作出全面部署，确定了跨世纪发展的宏伟蓝图，明确回答了国际国内普遍关注的邓小平逝世后中国怎样"继往开来"的重大问题。

2003年，是中国发展进程中重要而非同寻常的一年，也是改革开放和社会主义现代化建设取得显著成就的一年。以胡锦涛为总书记的新一届中央领导集体从改革开放25年的实践中、从抗击"非典"疫情的斗争中获得重要启示：坚持以人为本，树立全面、协调、可持续的科学发展观，促进经济社会和人的全面发展。从单纯追求经济增长，到促进经济、社会和人的全面发展，这是中国发展观的重大进步，适应了全面建设小康社会的迫切要求。

2008年，是深入贯彻落实党的十七大精神、推进"十一五"规划顺利实施的关键一年，也是我们应对国际经济形势复杂变化、保持经济平稳较快发展的重要一年。中国人民同心同德、顽强拼搏，成功抗击南方部分地区严重低温雨雪冰冻灾害和四川汶川特大地震灾害，成功举办北京奥运会，完成"神舟"七号载人航天飞行任务，举办第七届亚欧首脑会议，中国的经济实力和综合国力进一步增强，人民生活水平继续提高。中国人民同世界各国人民加强友好交流和务实合作，共同应对国际金融危机等严峻挑战，为维护世界和平、促进共同发展做出了新的贡献。这一年恰逢改革开放30周年，中国人民隆重纪念这一重要历史时刻，在总结经验的基础上对继续推进改革开放作出了部署。

2013年在新中国历史上值得书写，不仅因为这一年是新一届政府产生之年，而且因为执政的中国共产党的作风和纪律切实需要加以整顿，党内腐败蔓延正在侵蚀党的肌体，引起人民的强烈不满；改革开放到了深水区和攻坚期，如何让多年的改革开放成果惠及全体人民，而不仅仅是一句漂亮的口号；粗放的经济发展模式，付出了太多的资源和环境成本的代价，必须下大决心转变。这一年，以习近平为首的中共中央在治党治国治军、改革发展稳定的征程上都迈出了坚定的步伐。中华民族伟大复兴的"中国梦"是人民永续辉煌的不竭动力。

尽管有人把国史看作是中国历史"自然的延伸"，但我觉得国史与历代中国断代史还是有所区别的。中国是历史积淀异常深厚的国度，不仅历史悠久，而且史官文化高度发达，史籍经典延绵不绝，史志资料浩如烟海。按照中国史学的一般传统，是后人记前人事，盖因后人看前人更客观，档案文献的查找也更便利。但也不尽然。被鲁迅称为"史家之绝唱，无韵之离骚"的《史记》，其作者司马迁就生活在汉武帝时代，书中就曾记录了不少当时的人和事，无怪乎有人干脆称《史记》为"实录"（《汉书·司马迁》）。今天人讲今天事，当代人修当代史继承的就是中国史学的这一特殊传统，尽管在秉笔直书、正视历史真相方面多多少少还是有距离和难度的。但本套丛书还是做到了"存史"的目的。把过去发生的事情娓娓道来，写清楚它们的来龙去脉，应了孔子所说的"物有本末，事有始终，知所先后，则近道矣"和刘知幾强调的"良史以实录直书为贵"的要求。

这套国史丛书由一批国史研究领域的专家担纲撰写，他们有严谨的治学态度和深厚的学术功力，不会轻易受干扰和动摇。笔者相信这些著作会给读者以不同的感受。

目　录

引　言 / 001

第一章　五亿农民的社会主义"积极性"

一、"鸡毛上天" …………………………………………… 004
　　◎毛泽东认识的转变
　　◎"下马"与"上马"之争
　　◎"小脚女人"一词的由来
　　◎毛泽东夺了农村工作部的权
　　◎六中全会一锤定音
　　◎新中国成立后毛泽东主编的唯一一本书
　　◎毛泽东说：1949年解放时，他都没有这么高兴过
　　◎"鸡毛"真的上天了

二、《农业发展纲要》和"浮夸"的苗头 …………………… 017
　　◎《农业发展纲要》的出台
　　◎毛泽东过于乐观
　　◎麻雀被列入"四害"
　　◎"纲要"的粮食产量目标太高了
　　◎双轮双铧犁走入误区

◎在北方推广种植水稻

◎阳谷县的"养猪经验"

◎急于求成的"扫盲运动"

三、"好的很"与"糟的很" ············· 027

◎高潮留下的后遗症

◎铺张浪费是合作社普遍现象

◎年初的计划几乎都没有完成

◎王观澜发现农村副业普遍下降（只有王观澜敢提出问题）

◎毛泽东再用"阶级分析"方法

第二章 "先上船的有好座位"

一、又一次"农村包围城市" ············· 034

◎从"吃苹果"和"吃葡萄"

◎要"统筹兼顾"，不会"嫌贫爱富"

◎全行业公私合营方式的确定

◎毛泽东批评极左思想

二、"慈航普度，同登彼岸" ············· 045

◎毛泽东对资产阶级"交底"

◎争相上船，唯恐落后

◎从"坐三望四"到"皆大欢喜"

◎资产阶级的"肺腑之言"

◎资本家"有名、有利、有权"

◎"包下来"与"量才录用，适当照顾"

◎公私共事关系"大多数不够正常"

◎毛泽东强调改造

◎陈云强调使用

◎章乃器受到批评

◎资产阶级"两面性"依然存在

三、手工业者也走上社会主义道路 …………… 064
◎个体手工业改造形式的确定
◎手工业合作社的初步进展
◎手工业社会主义改造的高潮
◎高潮兴起后的纠偏

四、"消灭了资本主义还可以再搞资本主义" ………… 072
◎"资本主义绝种"的后遗症
◎陈云最先发现问题
◎"东来顺"的羊肉不好吃了
◎"全聚德"的烤鸭也不好吃了
◎药片"顽固不化"
◎香皂被称为"皮香肉不香"
◎"消灭了资本主义还可以再搞资本主义"

第三章　冒进与反冒进

一、批判"小脚女人"波及建设速度 …………… 082
◎毛泽东审定的元旦社论
◎"右倾保守主义"被列为"两次重大的斗争"之一
◎反保守导致了冒进
◎毛泽东的一篇序言成为冒进的"罪魁祸首"
◎经济建设反保守事出有因
◎经济建设的全面冒进
◎"三管齐下"与经济"紧张"

二、反冒进 …………… 091
◎周恩来最先提出"反冒进"
◎《人民日报》受到周恩来严厉批评

◎使毛泽东生气的"反冒进"社论

◎"一幅不成联"——民主党派也认为冒进了

◎周恩来一再压缩计划指标

◎双轮双铧犁由500万部压缩到175万部以下

◎陈云、李富春、李先念、薄一波都认为"冒"了

三、八大前后的继续反冒进 ················ 102

◎压缩"二五"计划指标

◎周恩来说："必须采取退的方针"

◎陈云说："慢一点，右一点，还有回旋余地"

◎这件事情并没有完

第四章 探索自己的建设道路

一、三个伟人的调查研究 ················ 112

◎刘少奇首先开展调查研究

◎刘少奇说：用消费刺激生产是进步的

◎"流动的个体劳动者无论如何不能减少"

◎毛泽东"床上地下"，连续听取汇报

◎"汇报"中提出的问题

◎《论十大关系》的形成

◎薄一波对公开发表的《论十大关系》的补充

◎邓小平说："这篇东西太重要了"

◎《论十大关系》的历史局限

◎长达三个半月的体制会议

◎周恩来提出"改进体制，逐步实现"

二、"党委领导制"的形成 ················ 123

◎苏联的"一长制"和民主革命时期的经验

◎新中国成立初期因地制宜，企业领导体制多样化

◎1953年全面推行厂长负责制的原因和效果

◎毛泽东肯定党委领导制

◎1956年重新选择党委领导制

三、探索自己的建设道路 …………………………… 144

◎中国为什么会选择苏联模式

◎1956年开始探索自己的道路

◎八大前后对苏联模式认识的深化

◎提出自己的工业化战略

◎对于经济体制的新见解

◎探索的历史局限

第五章　向科学进军

一、知识分子地位的提高 …………………………… 162

◎中央召开知识分子问题会议

◎周恩来为知识分子改变"身份"

◎知识分子成为党组织重点"发展对象"

◎重视知识分子还体现在工资上

◎毛泽东亲自听科学家们上课

二、"百家争鸣" …………………………………………… 168

◎"百家争鸣"方针的提出

◎民主党派热烈响应

◎罗隆基畅所欲言

◎自然科学界反响强烈

◎社会科学界不甘落后

◎《人民日报》思想更"解放"

◎马寅初也参加了"百家争鸣"

◎允许"宣传"唯心主义

◎为摩尔根学派"平反"

三、科学技术发展史的里程碑 ……………………… 181
◎制定12年科学规划
◎600多万字的中国第一个科学规划
◎科学规划促进了我国科学和技术的全面发展

四、向科学进军的热潮 …………………………………… 190
◎向科学进军的紧急措施
◎开始发展导弹和利用原子能
◎汉字简化
◎推广普通话
◎扫盲运动
◎建立奖励机制

第六章 文艺的春天

一、"百花齐放"方针的提出 …………………………… 204
◎走出"胡风事件"的阴影
◎"百花齐放"方针的提出
◎文艺界的响应
◎一致批评过去领导粗暴干涉
◎张恨水:"创作题材应该广泛"
◎汪静之:"让多数种子都具备开花的条件"
◎贺敬之《放声歌唱》

二、此起彼伏的争论 ……………………………………… 216
◎关于新诗与旧诗的争论
◎毛泽东发表旧诗词,但不提倡写旧体诗
◎关于外国音乐与民族音乐的争论
◎毛泽东充当了一次裁判

◎电影界敲响争鸣"锣鼓"
◎毛泽东批评电影局"开门不够"
◎关于"现实主义"的讨论
◎《组织部新来的青年人》引发热烈讨论

三、方兴未艾的文艺创作 ·············· 232
◎毛泽东赋诗言志
◎文坛的空前活跃
◎杂文的复苏
◎周恩来谈暴露批评阴暗面
◎"暴露"文学异军突起
◎"一出戏救活了一个剧种"
◎话剧的繁荣
◎电影界也端出了几盘好菜

第七章　新中国成立后的第一次盛会

一、有史以来的会前筹备工作 ·············· 250
◎毛泽东解释两次大会相隔十年的原因
◎准备工作"好事多磨"
◎"政治报告"修改稿达80多份
◎邓小平担纲修改党章
◎周恩来起草"二五计划"报告没有受"冒进"影响
◎七中全会确定中央领导集体
◎毛泽东提议选举李立三和王明
◎八大预备会议确定候选人
◎毛泽东称赞举荐邓小平、陈云

二、空前公开，高朋满座 ·············· 264
◎"开幕词"出自田家英之手

◎刘少奇唱了主角
◎邓小平担当重任
◎民主党派的礼品和欢呼
◎宋庆龄的心声
◎高朋满座
◎与外国代表团广泛交流
◎不同国家和政党的反应

三、辉煌的成就 ·· 276
◎最佳领导集体的建立
◎毛泽东准备"退位"
◎反对个人崇拜和加强集体领导
◎八大删掉了"毛泽东思想"
◎对社会主要矛盾的论述
◎经济建设方针的确定
◎陈云关于经济体制的新思想

第八章 坐看风起云涌

一、关于斯大林的"是"与"非" ························ 290
◎"秘密报告"石破天惊
◎毛泽东说赫鲁晓夫"揭了盖子,捅了娄子"
◎中国的态度:《关于无产阶级专政的历史经验》
◎毛泽东不喜欢斯大林
◎中国仍然挂斯大林的像
◎对苏共二十大总体还是肯定的

二、支持与警惕 ·· 298
◎"冰冻三尺,非一日之寒"
◎东欧对"秘密报告"的反应

◎哥穆尔卡上台

◎刘少奇、邓小平调解苏波关系

◎纳吉被杀

◎铁托"普拉演说"

◎毛泽东说：斯大林主义"就是马克思主义"

◎斯大林这把刀子不能丢掉

◎毛泽东一生写过三篇歌颂斯大林的文章

◎《再论无产阶级专政的历史经验》

三、对苏伊士运河事件的反应 ································· 319

◎支持埃及将运河收归国有

◎毛泽东表示无偿支援

◎郭沫若要当"志愿军"

◎强烈谴责英、法武装侵略埃及

◎数百万人大游行

◎埃及使馆门庭若市

◎英国代办处怒吼如雷

四、睦邻友好，朋友遍天下 ································· 328

◎毛泽东畅谈民族平等和反对侵略

◎苏加诺首次访华

◎周恩来出访亚洲8国

◎周恩来参观"二征王庙"

◎在印度三次会见达赖喇嘛

◎对外援助慷慨解囊

◎"打开西面的大门"

◎毛泽东教驻外大使写文章

结语：回顾历史的兴奋与思考 / 339

引 言

从1955年跨入1956年，对许多中国人来说，是怀着一种解脱和兴奋心情的，1955年那种社会主义与资本主义"决战"前夜的紧张、沉闷空气，被突然到来的社会主义高潮一扫而光。个体农民和手工业者终于摆脱了落后的小生产者形象；资本家则庆幸可以摘掉"剥削阶级"的帽子了；"向科学进军"和"百花齐放，百家争鸣"，使知识分子不仅有了"用武之地"，而且心情舒畅。党的领导阶层，也因为八大的民主、和谐备受鼓舞。

总之，1956年的"意气风发"，既是由1955年下半年开始的社会主义改造高潮引起的，带有浓厚的政治色彩；同时也确实反映了广大人民和基层干部对社会主义社会的憧憬和建设热情。1956年的主流可以说是热烈、欢快、振奋、舒畅。一是社会主义改造虽然终于到来但是并不可怕，反而是"争先恐后"，形成"一日数变""敲锣打鼓"的热烈场面；二是"热火朝天"的经济建设、"向科学进军""扫盲"运动鼓起了人们求强求富、追求现代生活的迫切心情，形成了新中国成立以来第一次群众性的经济建设和文化发展运动；三是"知识分子问题会议"和"百花齐放，百家争鸣"方针的提出、八大表现的党内民主化，使得政治空气和社会生活空前宽松，人们大大地松了一口气；四是知识分子待遇提高、工人工资普遍增加、资本家拿到超过预期的"定息"、农民也得到国家大量贷款，基本上都还满意和高兴（只有部分农民秋收以后没有增加甚至减少收入，不满意）。上述四个方面的浪潮融汇成中国大陆1956年的主旋律。

但是，1956年也潜伏着危机：社会主义改造的"四过"（要求过急、工作过粗、改变过快、形式也过于简单划一）已经埋下了微观经济运行的问题；而"冒进"造成的经济紧运行和"反冒进"没有从根本上解决问题又给宏观经济综合平衡造成较大困难；此外，对于知识分子认识的局限性，也使得"百花齐放，百家争鸣"在1957年以后难以奏效。另外，从国际来看，1956年也是一个多事之秋，特别是社会主义阵营内部，因苏共二十大引发了"去斯大林化"的浪潮，并影响了国内思想界和知识分子阶层，中苏关系也由亲密无间转向求同存异状态。这些问题都对以后产生了巨大影响。

第一章
五亿农民的社会主义"积极性"

意气风发——1956年的中国

1952年底，随着国民经济恢复任务的胜利完成和国家转入大规模经济建设，毛泽东开始重新考虑经济发展与制度变迁的关系，经过近一年的酝酿，特别是全国财经会议的统一认识，中共中央于1953年底正式提出了"党在过渡时期的总路线"。过渡时期总路线的提出，标志着中国共产党关于经济发展与制度变革关系的认识发生重大转变，党的指导思想和政策基础开始从以"共同纲领"为标志的新民主主义转向苏联模式的社会主义，新民主主义经济体制不再是一个相对稳定的经济制度，以逐步消灭私有制为主要内容的社会主义改造提上议事日程，列入1953年至1975年的第一个五年计划，由此中国几乎不停顿地再次进入一个经济体制剧烈变动时期。

一、"鸡毛上天"

◎毛泽东认识的转变

◎"下马"与"上马"之争

◎"小脚女人"一词的由来

◎毛泽东夺了农村工作部的权

◎六中全会一锤定音

◎新中国成立后毛泽东主编的唯一一本书

◎毛泽东说：1949年解放时，他都没有这么高兴过

◎ "鸡毛"真的上天了

由于农业合作社发展过快，1955年初中央决定对合作社进行整顿。本来毛泽东是同意对合作社进行整顿的，"停、缩、发"方针就是他在1955年3月上旬听取邓子恢、陈伯达、廖鲁言、杜润生等人汇报时总结提出的。当谈到发展农业合作社的方针时，毛泽东说："方针是三字经，叫一曰停，二曰缩，三曰发。"当时议定：浙江、河北两省收缩一些，东北、华北地区一般停止发展，其他地区（主要是新解放区）适当发展一些。① 邓子恢5月6日在第三次全国农村工作会议的结论中，还谈到毛泽东在春天时关于合作社发展方针问题的意见，邓子恢说："原来我们说今年秋天停下来，以后毛主席说，干脆（现在）就停下来，到明年秋天再看，停止一年半。"② 在此前后，毛泽东还对邓子恢说：1957年入社农户发展到占总农户1/3就可以了，不一定要50%。邓子恢当时还坚持50%的设想，毛泽东表示不同意。因此，第三次全国农村工作会议就根据毛泽东和刘少奇的意见，将第一个五年计划（即到1957年）的合作社发展定为占农户的1/3。

四五月间，毛泽东外出视察，并于5月17日在杭州召开了15个省、市、自治区党委书记会议。在此期间，毛泽东发现不少地方干部对合作化是积极的，用毛泽东的话来说，就是

---

① 转引自薄一波：《若干重大决策与事件的回顾》上卷，中共中央党校出版社1991年版，第367页。
② 转引自薄一波：《若干重大决策与事件的回顾》上卷，中共中央党校出版社1991年版，第368页。

大家认为农业社"好得很",农业生产形势也不像原来听说的那样严重。这就使毛泽东感到中央农村工作部对农业合作化形势的反映不够真实。与此同时,1954年水灾和粮食统购较多造成的农村粮食紧张,也被地方证明为许多喊缺粮的农民并不是真缺粮——毛泽东将其概括为:"所谓缺粮,大部分是虚假的,是地主、富农以及富裕中农的叫嚣。"上述毛泽东对农村形势估计的变化,使他对邓子恢和中央农村工作部的合作化方针及整顿工作都产生了不同看法。

在这种情况下,毛泽东通过自己的调查研究,并经过反复思考,终于在1955年7月31日的省、市、自治区党委书记会议上作了著名的《关于农业合作化问题》的报告。

毛泽东《关于农业合作化问题》的报告,一开始就预言:"在全国农村中,新的社会主义群众运动的高潮就要到来。"他在回顾和总结了新中国成立以来党的合作化方针和实践结果后,对邓子恢领导的中央农村工作部进行了严厉批评,认为在合作化问题上,邓子恢及有些人低估了广大贫下中农的社会主义积极性和党的领导力量,已经落在了群众运动后面。毛泽东形象地比喻说:"我们的某些同志却像一个小脚女人,东摇西摆地在那里走路,老是埋怨旁人说:走快了,走快了。过多的评头品足,不适当的埋怨,无穷的忧虑,数不尽的清规和戒律……"毛泽东进一步分析说,"有些同志,从资产阶级、富农或者具有资本主义自发倾向的富裕中农的立场出发,错误地观察了工农联盟这样一个极端重要的问题。他们认为目前合作化运动的情况很危险,他们劝我们从目前合作化的道路上'赶快下马'。他们向我们提出了警告：'如果不赶快下马，就有破坏工农联盟的危险。'我们认为恰好相反，如果不赶快上马，就有破坏工农联盟的危险。这里看来只有一字之差，一个要下马，一个要上马，却是表现了两条路线的分歧。"

邓子恢在毛泽东严厉批评后，也发言，表示接受毛泽东的批评。①

8月1日，在省、市、自治区党委书记会议结束时，毛泽东说：和邓子恢同志的争论已经解决了……5月17日（毛泽东主持的十五个省、市、自治区党委书记会议）以前，说新区发展的合作社糟得很，这次会上大家说好得很。现在证明新区能发展，今冬明春明夏可大发展。准备工作加巩固工作不会冒险。准备工作第一项就是批评错误思想。以此次会议为标志，中国的农业社会主义改造进入高潮。

毛泽东《关于农业合作化问题》的报告实际上改变了农业合作化发展方针和进程。8月26日，毛泽东批示中共中央秘书长邓小平和办公厅主任杨尚昆："请电话通知中央农村工作部：在目前几个月内，各省、市、自治区党委关于农业合作化问题的电报，由中央直接拟电答复；并告批发此类来报的同志，不要批上'请农村工作部办'字样。"② 于是，毛泽东开始亲自主管农业合作化运动。从8月13日到10月2日中共七届六中全会开幕前夕，毛泽东亲自起草中央批语，连续批转了湖北、安徽、山西、河南、浙江等十个省委学习《关于农业合作化问

---

① 参见《邓子恢传》编辑委员会：《邓子恢传》，人民出版社1996年版。
② 《建国以来毛泽东文稿》第五册，中央文献出版社1991年版，第324页。

题》以及批判右倾保守思想、重新部署合作社发展计划、加快发展速度等方面的报告。

8月31日，毛泽东在批转安徽省委报告的批语中说："安徽省委尖锐地批判了在农业合作化问题上的右倾机会主义思想，这种批判是完全必要的。"① 这是中央文件第一次提出批判"右倾机会主义思想"。

8月26日，毛泽东亲自为中央撰写《通知》，将修改后的《关于农业合作化问题》的报告，正式发给各省、市、自治区党委，并请他们印发给各级党委，一直发到农村支部。

尽管毛泽东7月31日的报告事实上已经成为中共中央的主导意见，但毕竟还只是个人意见。为了把全党的思想统一到这个报告上来，将自己的农业合作化主张付诸实施，毛泽东认为有必要召开一次扩大的中共中央全会。

1955年10月4～11日，扩大的七届六中全会在北京召开。除了63名中央委员和中央候补委员出席外，各省、市、自治区党委书记和各地委书记、上海局书记、中央有关部门负责人388人列席会议。

在这次会议上，刘少奇、周恩来、朱德、陈云、邓小平、彭真等80人作了大会发言，167人作了书面发言，一致赞同毛泽东关于农业合作化的分析和主张。

邓子恢在会上也作了发言，主要是检讨自己在农业合作化问题上的"错误"。邓子恢的检讨主要分为以下五个方面：

---

① 《建国以来毛泽东文稿》第五册，中央文献出版社1991年版，第331页。

（一）中央农村工作部在我的主持下，曾于1953年春至1955年春先后犯了两次错误。第一次是1953年春将农村的"五多"与合作化运动的"急躁冒进"混在一起，片面强调"稳步前进"，结果变成"宁缓勿急""稳步不前"。第二次是1955年春，在全国农业合作化运动高潮即将到来之际，我却采取了相反的、消极的、错误的指导方针。对于某些地方因受"适当收缩"方针影响造成的错误行为和损失，应该完全由我负责任。

（二）产生上述错误方针的主要原因是我思想上的右倾，即对广大农民走社会主义道路的积极性估计不足，对党在农村中领导作用估计不足。

（三）此次错误除上述右倾思想外，还由于我长期存在两个错误的机械论点：第一是过分强调土改可以大胆迅速，而合作化则必须谨慎小心；第二是过分强调合作社"发展容易巩固难""建设容易办社难"。

（四）为什么我会产生上述右倾思想并长期存在不能改变？其根源是一部分富裕中农对社会主义改造动摇抵触情绪在我思想上的反映。其本质是资本主义思想隐藏在脑子里作怪。

（五）我此次错误之所以形成，还由于犯了组织纪律的错误。如浙江省合作社收缩的方针，未请示中央，即发出电报；5月以后，毛泽东几次批评，思想仍未通，总以为自己只是在合作社发展速度问题上同中央存在不同意见，而未认识到这是方针路线的不同。

农村工作部秘书长杜润生也在会上作了检讨。他说：从骨子里看,还是从1953年残存下来的安于小农经济现状的思想作祟。这种思想,实际上是反映着具有资本主义自发倾向的富裕中农对小私有制暂时性的满足情绪和对社会主义的抵触。会后,杜润生又于10月25日,再次向中央提交了检讨报告。

10月11日,即会议的最后一天,毛泽东作了长篇会议总结发言。毛泽东说:所谓"如不赶快下马,就要破坏工农联盟",这大概是中央农村工作部传下去的一个"道理"。中央农村工作部不仅出谣风,还出了许多"道理"呢!我看这一句话大体"正确",只改一个字,把"下"字改为"上"字就行了。你们农村工作部也不要悲观,你们给我这么多字都采用了,只改了你一个字。一字之差,我们的争论就是一个字,你要下马,我要上马。

……

中央农村工作部的一部分同志,首先是邓子恢同志犯了错误。他这一次所犯的错误,性质属于右倾的错误,属于经验主义性质的错误。邓子恢同志作了自我批评,虽然各小组会上有些同志觉得他讲得还不彻底,但是我们政治局的同志,还有一些同志,谈了一下,觉得基本上是好的。在现在这个时候,他有了这样的认识,已经是好的了。

……

会不会有人翻案?想翻案的人不少。他们认为合作社搞不成器,我们搞的这一套将来统统要翻,说我们并非马克思主义,而是机会主义。但是,据我看,大势所趋,这个案是翻不了的。

在此基础上,会议通过了《关于农业合作化问题的决议》,该决议除了对农业合作化运动的方针政策作了具体规定外,还对合作化速度作了如下大致规划:在互助合作运动比较先进的地方,到1957年春季以前基本上实现半社会主义的合作化,即农民基本上都加入初级社;在全国大多数地方,在1958年春季前,先后基本上实现半社会主义的合作化。

扩大的七届六中全会既落下了半年来关于合作化速度争论的定音锤,也敲响了农业合作化高潮的战鼓。

农业合作化高潮骤然而起,许多人,无论是高级干部还是农村基层干部,特别是广大的农民,是缺乏知识和经验准备的,国家甚至还没有一个正式规范的农业合作社示范章程(直到1955年11月9日,全国人大常委会才通过一个《农业生产合作社示范章程草案》;1956年6月,一届人大三次会议才通过《高级农业生产合作社示范章程》)。

为了推动合作化运动,给各级干部和农民提供一部发展合作社的参考书,毛泽东亲自主编并出版了一本书,即当时被称为"合作化运动百科全书"的《中国农村的社会主义高潮》。

早在1955年9月,毛泽东批评了邓子恢在农业合作化方面的"右倾保守主义"之后,为了推进农业合作化运动的发展,即着手编辑一本农业合作化经验的书,书名叫《怎样办农业生产合作社》。他先请廖鲁言和农村工作部的人从各种刊物上的1000多篇关于农业合作化的报告中,挑选了121篇比较好的报告,然后自己用了11天工夫,杜绝各种打扰,关起门仔细阅读了这121篇报告,并对这些报告进行了修改,撰写了按语。毛泽东说:"因为这些刊物是零零碎碎发下去的。它不是集中比较好的典型。现在农村刊物又叫党内刊物,秘密不外传,其实毫无秘密。这些刊物有什么秘密呀!现在我们的书准备公开出版,由人民出版社出,民主人士也要卖给他一本。"①

毛泽东着手编辑该书时,他的《关于农业合作化问题》的报告已经发到农村的党支部,各地已经开展了批判"右倾保守"思想,农业合作化指标正在层层加码。但是,毛泽东对此并不满意,他在为该书写的序言(一)中说:"目前,在这个问题上的主要的缺点,是在很多的地方,党的领导没有赶上去,他们没有把整个运动的领导拿到自己的手里来,没有一省一县一区一乡的完整的规划,只是零敲碎打地在那里做,他们缺乏一种主动的积极的高兴的欢迎的全力以赴的精神。""这些材料很有说服力,它们可以使那些对于这个运动到现在还是采取消极态度的人们积极起来,它们可以使那些到现在还不知道怎样办合作社的人们找到办合作社的方法,它们更可以使那些动不动喜欢'砍掉'合作社的人们闭口无言。"

《怎样办农业生产合作社》于9月份编好后,印了400本作为样本,发给参加扩大的七届六中全会的中央委员和各省、市、自治区党委以及地委的负责人。

七届六中全会上,代表们对此书称赞不已。但是不少人提出:有些材料过时,需要补充新材料,于是毛泽东嘱咐各省、市、自治区的同志回去后尽快将新材料送来。另外,参加全会

---

① 转引自薄一波:《若干重大决策与事件的回顾》上卷,中共中央党校出版社1991年版,第382页。

的教育部的同志还要求把一条涉及学龄儿童入学比例的数字加以更正,毛泽东也采纳了这条意见。

到10月25日,大部分省、市、自治区送来了补充材料。11月份,毛泽东又以中共中央办公厅的名义约了一些具有特点的稿件。例如,11月2日,中办致电黑龙江省委说:"《怎样办农业生产合作社》一书,需要有一篇文章介绍在土地特多、人口特少的地区农业生产合作社由初级社转到高级社的经验。这篇文章要说明在这种地区取消土地报酬比较容易,并且介绍牲畜公有化的条件和办法。希望你们能从已有的材料中挑选一篇,修改好文字,注明作者、写作时间、原载报刊等,于11月10日前送来。"

12月份毛泽东重新编这本书时,形势已经发生了重大变化,社会主义改造高潮已经形成,不仅农业,而且资本主义工商业和个体手工业的改造速度问题也已经解决。于是,毛泽东将批判"右倾保守"思想的焦点就从社会主义改造扩大到各个领域。毛泽东说:"现在的问题,还是右倾保守思想在许多方面作怪,使许多方面的工作不能适应客观情况的发展。现在的问题是经过努力本来可以做到的事情,却有很多人认为做不到。因此,不断地批判那些确实存在的右倾保守思想,就有完全的必要了。"

经过抽掉过时材料、补充新材料,毛泽东保留了样本121篇报告中的91篇,又补充了新报告85篇,总共176篇,并将书名定为《中国农村的社会主义高潮》(以下简称《高潮》)。12月20日,毛泽东看完该书最后一部分稿子后,给秘书田家英写了一张批条:"书名叫《五亿农民的方向》如何?如果用这个名称,那就要把那一篇《五亿农民的方向》放在第一篇的位置,请酌定。"田家英未改,仍然维持了原书名。

据当时与田家英一起协助毛泽东编辑该书的逄先知回忆:

> 毛泽东编《高潮》时,是那样认真地精选材料,认真地修改文字。在那段时间里,几乎把主要精力倾注到这部书的编辑工作上……毛泽东习惯于夜间工作,每天一清早,就退来一批修改好的稿子和写好的按语,再由我们进一步作文字加工……毛泽东还对大部分材料重新拟定了题目。把一些冗长、累赘、使人看了头痛的标题,改得鲜明、生动、有力,而又突出了文章的主题思想。例如,有一篇材料原题是《天津市东郊区詹庄子乡民生、民强农业生产合作社如何发动妇女参加田间生产》,共三十三个字,毛泽东改为《妇女走上了劳动战线》,只用九个字,简单明了,又抓住了主题,读者一看就有印象。又如,有一篇材料原题为《大泉山怎样由荒凉的土山变成了绿树成荫、花果满山?》,毛泽东改为《看!大泉山变了样》,多么吸引人!①

12月27日,毛泽东在杭州写的第二个序言脱稿,30日他在上海写信,请刘少奇、周恩来、陈云、邓小平审阅。同时,

---

① 逄先知等:《毛泽东和他的秘书田家英》,中央文献出版社1990年版,第23页。

毛泽东还指示田家英，将排出的该书清样送上述四人审阅。由此可见，毛泽东对这本书是非常看重的。

1956年1月，《中国农村的社会主义高潮》正式出版发行。尽管报纸、电台没有发消息，该书还是迅速传遍全国，人们争相购买。据逄先知回忆，该书出版时，毛泽东对田家英说，他很高兴，1949年全国解放时，他都没有这样高兴过。

从1955年7月31日毛泽东作了《关于农业合作化问题》的报告后，全国开展了批判所谓农业合作化运动中的"右倾保守"思想，这就给农业合作化造成巨大的政治压力，党内外各级干部不甘也不敢落后，于是在全国范围内很快就掀起了一场农业合作化高潮，其势头之猛、速度之快，甚至超过了七届六中全会的规划。到1955年年底，全国初级社的数量即由年中的65万个增加到190多万个，入社农户已占全国农户总数的63％左右。1956年1月，毛泽东编辑并亲自写了两篇序言和大量按语的《中国农村的社会主义高潮》一书公开出版，进一步推动了农业合作化运动。到1956年3月，全国就基本上实现了农业合作化，入社农户占全国农户总数的90％，到年底，则达到97％。农业合作化速度之快，甚至超过了毛泽东的估计。

初级社发展的辉煌成果，又诱发人们加快向高级社的发展速度。本来《中国农村的社会主义高潮》就大力提倡高级社和办大社，于是1956年春全国农村又掀起了建立高级社的高潮。6月30日，一届人大三次会议通过《高级农业生产合作社示范章程》，同时宣传舆论工具也大造声势，使得农村基层干部和农民争先恐后地将初级社转变成高级社。在1955年7月农业合作化高潮前，全国参加高级社的农民仅4万户，到1956年3月，参加高级社的农民已达6000万户，到年底则达到10742.2万户，已占入社农户总数的90%以上。至此，以实行生产资料公有制为特征的农业社会主义改造基本完成，原来计划用三个五年计划完成的事情，现在不到一个五年计划就提前完成了。

初级社向高级社的过渡，是农业社会主义改造过程中的一个带有本质性的重要变化。因为初级社是私有制基础上的劳动人民集体经济组织，土地和其他生产资料可以作为股份参加分红，社员入社退社自由，实行按劳分配为主和积累归公，初级社的规模也不大，1956年以前平均每社20余户农民。这种股份制形式的经济组织，虽然在当时被称为"半社会主义性质"，但它与当时农村的部分经济发展要求还能适应，这也是1951年至1954年初级社能够不断增加并巩固的根本原因。但是即使是初级社，它的普及也需要一个相当长的时间，需要一定的社会经济和文化条件。而高级社与初级社相比，不仅公有化程度高了，即土地和其他主要生产资料归集体所有，产权模糊了；而且规模也扩大了，平均每社拥有200户农民，相当于后来人民公社时期的生产大队。这种公有化程度高和组织规模过大的情况，对于基本上仍然处于传统农业水平的农村和农民来说，经营管理方面的困难和问题之多是可想而知的。

二、《农业发展纲要》和"浮夸"的苗头

◎《农业发展纲要》的出台

◎毛泽东过于乐观

◎麻雀被列入"四害"

◎"纲要"的粮食产量目标太高了

◎双轮双铧犁走入误区

◎在北方推广种植水稻

◎阳谷县的"养猪经验"

◎急于求成的"扫盲运动"

农业合作化的高潮使毛泽东非常兴奋,也激发了他由此推动农村经济和社会文化迅速发展的念头,以解决所谓"农业拖工业化后腿"问题。1955年11月中旬,毛泽东先后在杭州和天津召集华东、中南、东北和华北15个省、市、自治区党委书记开会,展望农业合作化和农业生产发展的远景,毛泽东将会议讨论的农村发展设想归纳为《农业十七条》。回到北京以后,毛泽东亲自起草中央通知,于1955年12月21日,将《农业十七条》发给上海局、各省、市、自治区党委。要求他们在1956年1月3日以前研究完毕,并准备好意见。

1956年1月5日至9日,毛泽东在杭州召开部分省委书记会议,讨论修改《农业十七条》,会议将农业十七条扩大为农业发展纲要,正式定名为《一九五六年到一九六七年我国农业

发展纲要（草案）》（以下简称《农业发展纲要》），并将其送给中央政治局会议讨论。1956年1月9日，刘少奇主持政治局会议，讨论了毛泽东和杭州会议起草的《农业发展纲要》。

1956年1月14日，中共中央将《农业发展纲要》作为知识分子问题会议文件之三印发给到会的代表。并在会议期间，邀请了在北京的工业、农业、文教卫生、社会科学等各方面的专家、民主党派、文化教育界的人士1375人，分组进行了讨论。经过广泛讨论和采纳意见，1956年11月23日，中央政治局会议讨论通过了修改稿，以中央政治局的名义，正式提出《农业发展纲要》，并将其提交最高国务会议讨论。

1956年1月25日，毛泽东主持最高国务会议，讨论《农业发展纲要》。毛泽东在会上说：

> 社会主义革命的目的是为了解放生产力。农业和手工业由个体所有制变为社会主义的集体所有制，私营工商业由资本主义所有制变为社会主义所有制，必然使生产力大大地获得解放。这样就为大大地发展工业和农业的生产创造了社会条件。

毛泽东还说：

> 去年夏季以前在农业方面存在的许多困难情况现在已经基本上改变了，许多曾经被认为办不到的事情现在可以办到了。

《农业发展纲要》就是在这个高潮基础上提出的。"农业以外的各项工作,也都必须迅速赶上,以适应社会主义高潮的新形势。"①

1月26日,《人民日报》公开发表了毛泽东的讲话要点、《农业发展纲要》以及廖鲁言的说明。从此,《农业发展纲要》成为我国农村经济发展的纲领性文件,不仅在1956年至1967年间起到了规定性的指导作用,而且由于它的许多指标没有实现,在十年"文革"期间仍然发挥着指导作用。

《农业发展纲要》在当时并对后来产生较大影响的内容主要有:

(一)1956年基本上完成初级形式的农业合作化;1958年基本上完成高级形式的农业合作化。

(二)农业合作社对缺乏劳动能力、生活无依靠的鳏寡孤独和残疾军人,实行"五保",即保吃、保穿、保烧(燃料)、保教(少年儿童)、保葬,使这些人的生养死葬都有依靠。

(三)粮食平均亩产在12年内,在黄河、秦岭、白龙江以北地区,由1955年的150多斤增加到400斤;黄河以南、淮河以北地区,由1955年的208斤增加到500斤;淮河、秦岭、白龙江以南地区,由1955年的400斤增加到800斤。棉花平均亩产(皮棉),在12年内,按照各地情况,由1955年的35斤(全国平均)分别增加到60斤、80斤和100斤。

(四)兴修水利、发展水电。在7至12年内,基本上消灭

---

① 《建国以来毛泽东文稿》第六册,中央文献出版社1992年版,第22~23页。

普通的水灾和旱灾；凡有水源可以利用的地方，在12年内，基本上做到每个乡或者几个乡建设起一个小型水力发电站。

（五）发展新式农具。在3至5年内，推广双轮双铧犁600万部和相应数量的播种机、中耕机、喷雾器、喷粉器、收割机、脱粒机、铡草机等。逐步地实行农业机械化。

（六）多种高产作物。首先是扩大稻谷种植面积。在12年内，增加3.1亿亩水稻、1.5亿亩玉米和1亿亩薯类。

（七）发展国营农场。12年内，国营农场的耕地面积由1955年的1336万亩增加到1.4亿亩。

（八）开展绿化。12年内，绿化一切可能绿化的荒地荒山。

（九）防治兽疫和消灭农作物病虫害。分别在7至12年内，在一切可能的地方，基本上消灭危害牲畜最严重的病疫；基本上消灭危害农作物最严重的病虫害。

（十）提高农村劳动力利用率。在7年内，做到农村男子全劳动力每年至少做250个工作日；女子全劳动力至少做120个工作日。

（十一）消灭严重危害人民健康的疾病。分别在7至12年内，基本上消灭危害人民最严重的疾病，如血吸虫病、钩虫病、黑热病、脑炎、鼠疫、疟疾、天花、性病。

（十二）"除四害"。分别在5年、7年或者12年内，在一切可能的地方，基本上消灭老鼠、麻雀、苍蝇、蚊子。

（十三）扫盲运动。按照各地情况，分别在5年或者7年内，基本上扫除文盲；在每个乡设立业余文化学校；在7年或者12年内，基本上普及小学义务教育。

此外，还有关于储备粮食，发展农业科技、交通、通信、广播、文化体育、商业、金融等许多内容。

《农业发展纲要》对1956年产生较大负面影响的主要有三项：一是单纯追求提高粮食产量；二是大力开展扫盲运动；三是盲目推广双轮双铧犁。后面两项在1956年6月20日的"反冒进"社论中被批评；关于第一项，毛泽东在1956年11月也承认："从去年冬季以来，集中搞粮食，忽略了副业和经济作物。后头又纠正这个偏差，来搞副业和经济作物。"

《农业发展纲要》对后来影响较大的有"除四害"，粮食过黄河、跨长江，实现农业机械化等。

由于当时粮食和棉花的严重不足是农业中的突出问题，毛泽东在制定《农业发展纲要》过程中比较强调提高粮食、棉花的产量问题。1956年初，毛泽东在公开出版的《中国农村的社会主义高潮》的序言中，即提出到1967年，粮食和许多其他农作物的产量，"比较人民共和国成立以前的最高年产量，可能增加100%到200%"[①]。1956年1月25日，经过毛泽东修改审定的廖鲁言对《农业发展纲要》的说明则说：全国粮食和棉花的产量，在1967年要分别由1955年的预计3652亿斤、3007万担增加到1万亿斤、1亿担（公开发表时改为粮食比1955年的产量增加一倍半，棉花比1955年产量增加两倍），就是每年要分别以8.8%、10.5%的速度递增。这个指标显然是太高了，远远超出了实际可能。

---

① 《新华半月刊》1956年第3期，第2页。

1956年农业生产热潮中一个影响颇大的事是推广双轮双铧犁问题。《农业发展纲要》提出："在三年至五年内，推广双轮双铧犁六百万部。"在急于求成气氛下，1956年原设想生产500万部，后来计划安排生产350万部，推销270万部，但仍然不能满足各地需要，以至中央在4月19日不得不致电各省、市、自治区党委，说明因钢材紧张，不能按原计划组织生产，要求各地降低生产和销售指标。但是实际情况如何呢？上述对双轮双铧犁的需求完全是政府和干部行为，并不是农民的真正需求，换句话说，并不是有效需求。特别是南方的水田，根本不能使用。地方政府和有关部门为了完成指标，大多数采用农业贷款的方式将双轮双铧犁贷给农业合作社，即使这样，农民仍然不愿意购买，不少地方不得不采取强迫命令。结果到1956年10月底，虽然生产出170多万部，却只销售出80万部，还退回15万部，没有退回的，也有相当大一部分变成只能挂在墙上无法使用的"挂犁""破烂犁"。

1958年2月，毛泽东在政治局扩大会议上谈及此事时，不得不承认："双轮双铧犁在北方还可以，在南方是名声很臭。这个东西对不对？现在看起来不对。"①

为了增加粮食产量，尽快实现"纲要"目标，1956年开始出现忽视科学规律和客观条件、对农业发展缺乏实事求是的态度。

1956年7月10日，《人民日报》发表社论《北方能大量种

---

① 转引自薄一波：《若干重大决策与事件的回顾》上卷，中共中央党校出版社1991年版，第539页。

水稻吗》，同时发表延边水稻丰产经验考察组的文章《延边朝鲜族自治州水稻丰产经验》。社论指出："在许多人的心目中，水稻总归是南方的农作物。近几十年来，北方的少数地区，也开始种植水稻，像天津附近的'小站稻'，便是全国著名的。北方可以种水稻，大家已经这样相信了。但是，北方的水稻种植面积毕竟不大，总产量也还不多，因此，许多人还有怀疑：这些地方所以能种水稻，是不是因为有什么特别优越的条件呢？本报今天发表的《延边朝鲜族自治州水稻丰产经验》，最有力地回答了这个问题。简直可以这样说，在我国，如果采取了适当的措施，到处都能种水稻。"

"现在黄河以北的水稻种植面积却只相当于耕地面积的1.65%左右。延边朝鲜族自治州的农民能够把水稻种得很好，别的地区为什么就不能这样做呢？"

社论还说：根据《农业发展纲要》，在12年内，我国水稻的种植面积将要从现有的4.3亿亩扩大到7.4亿亩。"这几亿亩水稻种植面积，究竟要在什么地方开辟出来？秦岭、淮河以南地区，早已是我国水稻的主要产区；这些地区可能继续扩大水稻面积，但数量是不会多的。因此，将来大量发展稻田的地区，将不是南方而是北方。"

文章发表后，北方13个省、市、自治区即组织了参观团到延边去学习其种植水稻的经验。1956年9月11日，《人民日报》再次刊登文章，说参观的结果确实证明了"在北方不但可以普遍种植水稻，而且也能够提高水稻单位面积的产量"。

作为中共中央的机关报一再刊登这样的文章，可以看出，

1956年实际上已经出现了"大跃进"的苗头。只是因为主管经济工作的绝大多数领导人还没有被社会主义改造的胜利"冲昏头脑"。

1953年实行粮食统购统销以后，特别是加快农业合作化步伐以后，农民养猪减少，据当时统计，全国生猪生产数量为：1951年是7000万头，1952年为8000万头，1953年是9000万头，1954年是1亿头，1955年是8700万头，1956年是8400万头。[①] 而同时随着城市的发展和城市居民收入的增加，城市猪肉的消费量却不断增加，从而使猪肉的供求矛盾自1953年以后日趋紧张。由于当时吃到猪肉往往是生活水平提高的重要指标，也是人民满足消费愿望的不可缺少的内容，对于一般农民和工薪阶层来说，吃上一顿猪肉，是非常大的满足，几乎是别的食品无法替代的消费。因此猪肉的短缺引起了许多人不满意，"过去是没有钱吃不起肉，现在是有了钱却吃不到肉"，其心情可想而知。陈云在1956年11月11日的八届二中全会上就说："猪肉供应不足，已经是人民普遍不满意的一个问题。广东、上海发了肉票，北京是每人一次只准买五角钱的。现在是半夜就去排队，排到天亮。如果以后排队也买不到肉，问题就大了。"[②]

由于养猪不仅费粮食，而且在当时是一个需要精心伺候的细活，因此一般合作社不愿也没有能力大力发展养猪业。这是农业合作化以后，毛泽东大力发展农业所需要解决的一个迫切

---

① 《大公报》社论：《怎样看待肉食问题》。1957年1月9日。
② 《陈云文选》（1956～1985），人民出版社1986年版，第15～16页。

问题。

1956年11月9日,毛泽东将阳谷县石门宋乡农业生产合作社副主任宋保恩写的《我们一个社要养两万头猪》批转给与会的各省、市、自治区负责同志,毛泽东说:"要知道,阳谷县是打虎英雄的故乡,可是这一带没有喂猪的习惯。这个合作社改变了这种习惯,开始喂猪。第一年失败,第二年成功,第三年发展,第四年大发展,平均每人约有猪二头,共计二万头。这个合作社可以这样做,为什么别的合作社不可以这样做呢?"毛泽东写道:"请各位省、市、自治区负责同志注意:如果你们同意的话,就把这篇文章印发给一切农业合作社,以供参考,并且仿照办理。"

据宋保恩说,他那个合作社1955年8月养猪308头,按当时计算,每户平均5头猪,每人平均1头猪,因此当时合作社的规模大概是62户农民,300多口人。到1956年下半年写该文章的时候,由于合作社扩大了,共有2740户,故计划1956年养猪2万头。怎样实现这个巨大的飞跃性目标呢?据宋保恩说,几乎各种各样的树叶、野菜以及农作物的叶蔓都可以直接或通过发酵变成饲料。按照当时的饲养水平,按照文章自己的说法,都是很难达到养猪2万头的,尽管阳谷县委肯定了宋保恩的计划。这种猪既长得好,猪又少吃粮食,又能够生产大量有机肥使粮食增产的好办法,大得毛泽东的欢心,别人也就不敢再去论证其是否可行了。退一步说,即使在阳谷县宋保恩社可以办到的事,由于种种条件不同,在别的地方也不一定能做到。

毛泽东的上述批语和宋保恩、阳谷县委的文章都于1956

年12月23日刊登在《人民日报》上面。好在毛泽东只是这样号召一下，并没有下指令性计划，因此1956年也就没有发生"养猪"方面的"大跃进"。

由于毛泽东在七届六中全会上要求再次开展扫盲运动。并将其列入《农业十七条》和后来扩充的《农业发展纲要》，从1955年底，全国农村再次掀起扫盲运动。

1955年12月6日《人民日报》社论说，这次扫盲运动与1953年扫盲工作的"冒进"是不同的，那次扫盲时农村中没有出现农业合作化高潮。"然而现在扫除文盲的主客观条件已经发生了变化，今天的问题已经不是冒进的问题，而是许多干部的思想落后于形势的发展，产生了保守倾向的问题了。"

社论说："全国要在七年之内扫除大约两亿左右的文盲。其中绝大多数文盲是在农村。因此，农村的扫除文盲任务更加艰巨，需要花费更大的力量。但是，即使在农村，我们也有条件来完成这个任务。""有些什么有利的条件呢？农业合作化的高潮已经到来，农村经济发生了深刻的变化。""同时，农业合作社的大量发展，使得统一地安排农民的生产和学习时间成为可能，这就使农民的学习时间有了保证。"

由于是在批判"右倾保守主义"和农业合作化的基础上开展扫盲运动，使得扫盲计划指标层层加码。《农业发展纲要》规定，从1956年起，在5至7年内基本上扫除文盲，到某些省里，则变成4至5年，到某些县里，则变成2至3年，到乡或合作社，则时间更短了。为了完成不切实际的扫盲计划，不少地方采取了行政命令和走"形式"的做法，严重违反了自愿原则。如有的农村将扫盲与"工分"挂钩，对不参加学习的人扣工分；有的乡村设立"识字岗"，"拦路识字"。给农村生活制造了麻烦，增加了农民负担，农民不胜其烦，效果很不好。《光明日报》6月8日发表的社论《纠正当前扫盲中的两种偏向》，即列举了不少这种急躁情绪和强迫命令的偏差。

三、"好的很"与"糟的很"

◎高潮留下的后遗症

◎铺张浪费是合作社普遍现象

◎年初的计划几乎都没有完成

◎王观澜发现农村副业普遍下降（只有王观澜敢提出问题）

◎毛泽东再用"阶级分析"方法

1955年下半年掀起的农业合作化高潮，使得大部分农民在一年的时间内，就由私有制的单干农民变成了公有制的高级社社员，这种急剧的变化一来是一哄而起，没有贯彻"自愿互利"原则，使合作社从建立之日起就存在矛盾，其中部分富裕中农的利益受到损害；二来由于合作社仓促建立、很快"升级"、规模又过大，合作社的干部即使一心为公，也因普遍缺乏管理经验而不能领导好合作社。因此，当合作社普遍建立起来、并基本完成由初级社向高级社的过渡以后，其经营管理问题就暴露出来。

第一个问题是经营管理中的浪费问题。1956年4月3日，中共中央和国务院发出"关于勤俭办社的联合指示"。"指示"说：在合作化基本完成的情况下，"有些农业生产合作社出现了铺张浪费、滥用民力的现象。农业生产合作社的少数干部和积极分子爱排场，摆大摊子，合作社成立不久，就忙于并村庄，盖新房，修俱乐部，修办公室，购置大量的和贵重的文化娱乐用品、桌椅板凳和托儿所用的小孩玩具，非生产性开支过大；同时，生产开支也不注意经济核算，购置过多的或者现时并不需要的大型农具和运输工具，大量投资兴办那些过多过早的基本建设。"

第二个问题就是计划不符合实际问题。正如当时的中央指示所说的："在大力反对保守思想以后，有些县、区和农业生产合作社规定的增产指标过高，脱离实际。" 1956年9月7日发表的社论《还要不要计划》也说："在很多地方，目前农业生产的实际情况同今年春天制订的生产计划有许多出入。"

第三个问题是副业下降、农民收入减少问题。1956年6月王观澜关于江浙农村副业的调查报告比较客观地反映了这种情况。

1956年6月12日，王观澜将他在浙江临海等县农村的调查情况报告中央。王观澜在报告中说：根据他的调查和采用"为农民算账"办法估计，他调查的两个县1956年农民的副业收入因合作化普遍大幅度下降，由于副业收入在农民总收入中一般占30%以上，因此1956年这两个县的农民收入不能增加，甚至会下降。王观澜的报告有理有据，分析细致具体，引起毛泽东和中共中央的高度重视，毛泽东亲自修改的中央批转指示说:"王观澜同志报告中所述临海县情况,是农民不能增加收入的情况,如果这种县多了,则事情未可乐观,值得严重注意。"①

当时担任中央农村工作部副部长的王观澜,由于身体不好不能参加较多工作,倒使他虽然身居漩涡中心而没有落水,没有受到1955年下半年的反对"右倾保守主义"的牵连。因此,在这种情况下,尤其是农口的干部不敢对合作化和农村经济说"不"的情况下,王观澜出来说话了。他使用了毛泽东在中央苏区言传身教给他的方法:通过调查研究来说话。

王观澜敢于出来说话,还因为他与毛泽东的关系非同一般。早在中央苏区的时候,他就在毛泽东的直接领导下从事农民工作,担任中央土地部副部长、中央土地委员会副主任,协助毛泽东开展了农村调查、查田运动,帮助毛泽东制定了一系列农村土地改革和经济政策,深得毛泽东的信任,并且也受到王明"左"倾路线的排挤打击。新中国成立以后王观澜身体不好,实际上养病的时候居多,毛泽东那封著名的关于对待疾病的信就是写给他的。

对于合作社存在的上述问题,中央也想尽办法予以解决,发出了一系列指示,批转了许多经验,《人民日报》还发表了很多社论和文章。如1956年6月30日通过的《高级农业生产合作社示范章程》;1956年9月12日中共中央、国务院发出的《关于加强农业生产合作社的生产领导和组织建设的指示》;

---

① 《建国以来毛泽东文稿》第六册,中央文献出版社1992年版,第132页。

1956年9月13日《人民日报》社论《全面地解决农业合作化以后的新问题》；1956年11月24日中共中央、国务院发出的《关于农业生产合作社秋收分配中若干具体问题的指示》；11月28日《人民日报》社论《打破民主办社的障碍》。但是，从1956年底许多地方农民"拉牛退社"和1957年初毛泽东在省、市、自治区党委书记会议上的讲话来看，农业合作社的问题并没有解决。

1957年1月，在省、市、自治区党委书记会议上，毛泽东说："农业合作化究竟是有希望，还是没有希望？是合作社好，还是个体经济好？这个问题也重新提出来了。去年这一年，丰收的地方没有问题，重灾区也没有问题，就是那种灾而不重、收而不丰的合作社发生了问题。这类合作社，工分所值，原先许的愿大了，后头没有那么多，社员收入没有增加，甚至还有减少。于是议论就来了：合作社还好不好？要不要？这种议论也反映到党内的一些干部中间。有些干部说，合作社没有什么优越性。有些部长到乡下去看了一下，回到北京后，放的空气不妙，说是农民无精打采，不积极耕种了，似乎合作社大有崩溃灭亡之势。有些合作社社长抬不起头来，到处挨骂，上面批评，报纸上也批评。有些党委的宣传部长不敢宣传合作社的优越性。农业部的部长廖鲁言，又是党中央农村工作部的副部长，据他讲，他自己也泄了气，他下面的负责干部也泄了气，横直是不行了，农业发展纲要四十条也不算数了。"

对于说合作社"不行""没有希望"的人，毛泽东又采用了他惯常使用的阶级分析方法。毛泽东说："前年反右倾，去年反

'冒进'，反'冒进'的结果又出了个右倾。我说的右倾，是指在社会主义革命问题上，主要是在农村社会主义改造问题上的右倾。我们的干部中间刮起了这么一股风，像台风一样，特别值得注意。我们的部长、副部长、司局长和省一级的干部中，相当一部分人，出身于地主、富农和富裕中农家庭，有些人的老太爷是地主，现在还没有选举权。这些干部回到家里去，家里人就讲那么一些坏话，无非是合作社不行，长不了。富裕中农是一个动摇的阶层，他们的单干思想现在又在抬头，有些人想退社。我们干部中的这股风，反映了这些阶级和阶层的思想。"

怎样反击否定合作社的"这股风"呢？毛泽东提出的办法就是："只要拿出一个办得好的合作社，就可以把反对合作化的一切怪论打下去。为什么这个社能办好，别的社就办不好？为什么这个社有优越性，别的社就没有优越性？你到处大讲这个社的经验。一个省总可以找出这样一个典型嘛！要找那个条件最差，地势不好，过去产量很低，很穷的社，不要找那个本来条件好的社。当然，你搞几十个也可以，但是，你只要搞好一个，就算胜利。"

1956年2月27日，毛泽东在最高国务会议上再次重申了上述观点："合作化完成了，这就解决了我国社会主义工业化同个体农业经济之间的大矛盾。合作化迅速完成，有些人担心会不会出毛病。幸好，毛病有一些，不大，基本是健全的。……现在有一些人却在说合作化不行，合作化没有优越性，吹来了一股小台风。合作化究竟有没有优越性呢？今天会场上发的文件里面,有一个关于河北省遵化县王国藩合作社的材料,大家可以看一看……王国藩合作社能做到的,别的合作社,在正常情况下也应该能做到,或者时间长一点也应该能做到。由此可见,那些说合作化不好了的议论是没有根据的。"

第二章
"先上船的有好座位"

意气风发——1956年的中国

从1953年开始的对私人资本主义工商业的社会主义改造，在1956年画上了一个圆满的句号。可以说，政府、工人和资本家皆大欢喜。党和政府终于提前并顺利地完成了向社会主义的过渡；私营企业的工人实现了与国营企业职工一样的待遇，没有了失业的后顾之忧，而且工资就高不就低；资本家也算松了一口气，不再是"十五个吊桶打水——七上八下"，并且"定息"不仅由"坐三望四"意外得到"五"，而且可以领取十五年。但是改造也有毛病，一是工作过粗，二是形式过于单一，三是公私合营企业的管理体制机制尚不成熟。

一、又一次"农村包围城市"

◎从"吃苹果"和"吃葡萄"

◎要"统筹兼顾"，不会"嫌贫爱富"

◎全行业公私合营方式的确定

◎毛泽东批评极左思想

从1949年10月到1956年底，中国的私营工商业大致经历了两个不同阶段。1949年至1952年为第一个阶段，在这个阶段，党和政府基本上是根据《共同纲领》提出的"公私兼顾，劳资两利"和在国营经济领导下"分工合作，各得其所"，对私营工商业实行"利用、限制、改造"的政策。即利用其有利于国计民生和恢复发展经济的积极作用，限制其不利于国计民生的消极作用，改造其从旧社会带来的不符合新民主主义社会要求的弊病。严格地讲，这个阶段还不能算作社会主义改造，只能说它为后来的社会主义改造准备了相当有利的条件。1953年到1956年为第二阶段，在这个阶段，党和政府对私营工商业的政策是以"改造"之名行"消灭"之实，即通过"公私合营"的形式，先是逐步地、有计划地"合营"，然后在1956年内迅速地实现了全行业"公私合营"。

政府与私人共同投资合作经营的企业，早在清末洋务运动中就已产生，当时称之为"官商合办"，在清末和国民党统治下，"官商合办"成为官僚资本控制民族资本和官僚侵吞国有资产及收益的重要方式。

新中国成立以后，在没收官僚资本和敌产过程中，一批企业成为公私合营企业，同时，由于一部分大型私营企业遇到困难，也希望国家投资（或将贷款转为投资）共同经营。针对这种情况，周恩来提出："公私合营是以国家为领导的国家资本主义经济，可以为社会主义创造条件。资本家也很希望合营，因为合营了，企业的原料供应等方面的问题就有保障了，并且还能得到贷款。但是，我们不得不有所选择，对那些与国计民生关系较重要而又对双方有利可图的企业，就可以先合营。总之，要分清轻重缓急，逐步发展。"[①] 为此，中财委专门发出指

---

① 《周恩来统一战线文选》，人民出版社1984年版，第170~171页。

示,提出国家投资私营企业与之合营,必须有三个前提条件:一是符合国家经济发展计划;二是私营企业主完全自愿;三是企业有发展前途,投资效益高。因此,在国民经济恢复时期,国家对工商运输企业的公私合营是采取慎重发展方针的,主要工作是对现有公私合营企业进行清理整顿和加强管理。为了吸收社会游资和侨资,使其投入有益于国计民生的产业,从1950年起,政府还在各地倡导成立了一些公私合营性质的投资公司,其中国家的股份一般不超过25%。

1949年至1952年,公私合营工业企业由193家增加到997家,增长4.2倍,产值增长5.2倍,在上述企业中,公股所占比重,1949年为70.7%,1952年则为60.7%。另据对695家公私合营企业的调查,公股中来自没收官僚资本及敌产的占62.18%,解放后国家的新投资则占31.14%。

1952年"五反"运动后,私营金融业由于信用低落、机构庞大和业务萧条,经营陷入困境,这对于将金融业视为有关国计民生重要行业、应由国家经营的党和政府来说,认为消灭私营金融业的时机已经成熟,于是采用了全行业公私合营的办法,将原有的私营行庄、公私合营银行合并为一个总的公私合营银行联合管理处,资本家交出"三权"(即经营、财务、人事),只拿股息,并根据能力安排适当工作。到1952年底,国家即通过上述方式,顺利地接管了拥有300多家机构、1万多名人员、1亿元存款、5000万元贷款、1.6亿元投资的私营金融业。

在1953年以前,中共中央对于工商业的公私合营是很谨慎的，严格遵循迫切需要发展、符合国家投资计划、资本家真正自愿三个原则。正如毛泽东在1953年评论的那样"南向让三，西向让再"。当时中财委之所以这样做，一是当时国家资金紧张，不得不考虑资金的使用效益；二是鉴于国民党曾用这种方式控制吞并民族工业，尽量避免因公私合营引起民族资产阶级的误会和不安。

1952年底至1953年春，毛泽东和中共中央开始考虑如何向社会主义过渡的问题。在这个背景下，中共中央统战部部长李维汉于5月27日作了《关于〈资本主义工业中的公私关系问题〉给中央并主席的报告》。该报告通过对新中国成立三年来国家资本主义经济发展情况的总结，指出"私营企业在改为合营之后大部分都获得很大进步，产量增加，质量提高，成本降低"，而私营大企业"其资本主义的外壳已经束缚了生产力的发展，特别在'五反'之后，工人不服管，职员不敢管，资本家消极，代理人原有的纷纷辞职甚至逃走，继起无人，开支日增，浪费严重，生产潜力难以发挥"，从而提出公私合营是私营工业过渡到社会主义的最有利形式。但是报告同时提出，对有利于国计民生和有发展前途的私营大工厂实行合营，在步骤上必须照顾需要、干部、资金、资本家自愿和政治影响等条件，有计划地进行，并设有一定的批准程序。李维汉的上述报告受到毛泽东的高度重视，并将其提交中央政治局扩大会议讨论，得到会议的赞同。

李维汉提出公私合营是改造资本主义企业的好办法，并被中共中央所接受，主要有三个原因：一是毛泽东和中共中央正酝酿过渡时期总路线,迫切需要寻找一种适合中国国情(主要指统一战线)而不同于苏联东欧没收方式的渐进改造方式,而公私合营恰好满足了这个要求(特别是对人的改造和利用,如周恩来所说的"慈航普度,同登彼岸")。二是企业内部,由于"五反"运动,资本家已不敢管理,而工人也不服从其管理(资本家又不能解雇工人),为国家通过参股接管企业创造了条件(可不必像过去那样,控制权取决于股份的多少);三是从外部看,国家已经进入大规模经济建设,原料、资金短缺和必须由国家统筹安排必不可少,公私合营,即从内部控制企业,比加工定货等从外部调控更有效,更易于将生产纳入国家计划,达到均衡生产。

1953年9月7日,毛泽东邀集民主党派和工商界部分代表座谈。毛泽东在会上谈了他对资本主义改造的如下设想:第一,"经过国家资本主义,完成由资本主义到社会主义的改造。"第二,"稳步前进,不能太急。将全国私营工商业基本上引上国家资本主义轨道,至少需要三年至五年的时间,因此不应该发生震动和不安。""至于完成整个过渡时期,即包括基本上完成国家工业化,基本上完成对农业、对手工业和对资本主义工商业的社会主义改造,则不是三五年所能办到的,而需要几个五年计划的时间。在这个问题上既要反对遥遥无期的思想,又要反对急躁冒进的思想。"第三,"实行国家资本主义,不但要根据需要和可能,而且要出于资本家的自愿,因为这是合作的事业,既是合作就不能强迫,这和对地主不同。"10月27日,在工商联全国代表大会上,李维汉又代表党对毛泽东的上述思想作了比较详细的论述。

按照上述设想，中央财经委员会于1953年12月召开了"全国扩展公私合营企业计划会议"。会后，李维汉向中央提交了《关于将资本主义工业纳入国家资本主义的轨道的意见》，这个汇报提纲提出在两个五年计划内基本上完成对雇佣10个工人以上私营工厂的公私合营。中共中央批准了这个提纲。1954年国家发展公私合营工业企业的计划即是按照上述设想制订的。

到1954年底，全国公私合营工业企业的户数已经达到1746户，职工人数为53.3万余人，产值51.1亿元，分别占全国公私合营和私营工业职工和总产值的23%和33%，实行公私合营的私营企业一般都是有发展前途并且职工人数在100人以上的大型企业。[①] 由于截至1954年底所实行的公私合营都是单个企业分别进行的，当时称之为"吃苹果"（称全行业公私合营为"吃葡萄"），所选择的企业一般都是发展有潜力、产品有市场的大型企业，加上国家又注入资金，因此这些企业合营后的劳动生产率和利润一般都明显高于合营前。

对于私人资本主义商业，毛泽东在前述的9月7日座谈会上即说"私营商业亦可以实行国家资本主义，不可以以'排除'二字了之"。同年12月，商业部部长曾山在全国工商联与在京各省商业厅厅长联席会议上说：私营商业有坐商187万户，人员437万；摊贩222万户，人员253万；还有行商30万

---

① 国家统计局：《社会主义建设统计资料汇编》，1956年10月，第59页。

户,从业人员33万,共约720万职工和大小老板。"其中将来除了排挤淘汰者外,大部分可以经过国家资本主义道路实现社会主义改造。"对于私营批发商,曾山提出:"战略部署上,五年内或稍多一些时间(除少数民族地区另行考虑外)应采取淘汰方针。策略步骤上,对批发商应采取限制、利用、排挤、淘汰,要根据各行业对国计民生关系、利害大小,采取分别行业、商品品种、地段,大、中、小批发商,按需要与可能,有步骤地进行。"对于私营零售商,"只要他们定期向国营商业批发站或公司提出自己的要货与销售计划,又能严格遵照国营所规定的零售商品牌价出售商品,不惜售,不囤积,不掺杂舞弊,享受国家的批零差价,这种零售商是符合国家资本主义的要求的。"[①]

1953年由于上半年投资规模过大引起的市场紧张和农副产品供不应求,一方面使国家采取了对主要农产品"统购统销",另一方面也使党和政府认为私营批发商业不利于国家的计划管理,应首先予以改造。于是以1953年底实行粮油统购统销为契机,国家首先对粮油私营批发商进行了令其转业或淘汰的改造。进入1954年后,国家又通过对重要生产资料和工业原料实行国营商业控制的计划供应、禁止私商自营一般商品的进出口业务,又迫使一批私营大批发商转业或停业。私营大批发商被基本消灭后,从1954年下半年起,国家着手改造剩下的经营次要商品的较小批发商,即根据不同情况,对这些批

---

① 《中国资本主义工商业的社会主义改造》中央卷,中共党史出版社1988年版,第482~484页。

发商采取"留、转、包"等不同的改造步骤和方式。"留",就是继续保留一部分私营批发商,但是其业务则转变为受国营商业和供销合作社委托而代其批发;"转",就是对有转业条件的批发商,引导他们把资金和人员转入其他行业;"包",就是国家将无法继续经营而又不能转业的批发商及职工包下来,逐步安排工作。经过上述改造,到1954年底,私营批发商的改造工作基本完成,继续存在的私营批发商虽然户数还不少,但是除经营零星商品的小户外,一般都成为国营和合作社商业的代理机构。

1954年,我国农业因严重自然灾害未能完成预定计划,从而产生1955年上半年工业因原料不足而不能完成计划的严重问题。在这种情况下,因国家首先要保证国营和公私合营企业的生产需要,因此私营工业遇到的困难最多。

1954年底以后,私营企业面临的困难主要有以下四个:

(一)原料缺乏。1955年除了农产品原料短缺外,工业产品原料因经济紧运行和国家加强计划供应,私营工业也得不到充分供应。据国家统计局1954年5～8月对10人以上私营工厂的调查,因原料不足,私营工业的设备利用率如下:日用橡胶业60%(重庆);棉织业60%(山东);针织业70%;缝纫业不到50%;木材加工业40%;面粉业25%;碾米业80%;机器榨油业80%;卷烟业25%;火柴业15%。而私营工业绝大部分属于轻工业。[1] 另据1955年上半年对若干重点行业的调

---

[1] 国家统计局:《十个职工以上的私营工业调查报告》,1955年2月22日。

查，与正常开工情况下应达到的时间和产量对比，从设备利用率来看，机器制造业中的车床为66%，钻床、铣床为30%多，印染业卷染机为49%，针织业手摇织袜机为26%，木材加工业中圆锯为35%；从生产能力利用率来看，棉布生产为57%，食用植物油生产为51%，卷烟生产为37%，胶鞋、碾米、固本肥皂生产则为20%左右，裸铜线生产仅为6%，如按三班制计算，则设备利用率更低。①

（二）资金不足。1952年底国家完成对私营金融业的社会主义改造后，短期资金市场即完全控制在国家手中，国家对私营工商业的贷款实行了"以存定贷"的方针，即贷款额不得超过私营企业的存款。但是由于国家经济建设（特别是地方政府）资金严重不足，实际上很难顾上私营工业了。1953年人民银行的私营工商业存款比1952年增加8000余亿元（1955年币制改革前币值，下同），而贷款却比1952年减少19000亿元，减少近2/3，在人民银行贷款总额中的比重由1952年的2.6%降至0.7%。②据1954年5~8月份国家统计局对10人以上私营工厂的调查，私营工业资金缺乏，尤以中小户更严重。重庆市有10人以上私营工厂559个，其中资金充足的仅占13.5%，资金能勉强维持生产的占28.2%，资金较困难的占54.6%。多数企业是靠银行贷款、预收国家工缴费和订金来维持生产的。

---

① 《中国资本主义工商业的社会主义改造》中央卷（下），中共党史出版社1992年版，第1315页。
② 中国人民银行党组：《关于人民银行工作检查的总结报告》，1954年4月7日。

（三）原有供销渠道被打乱。由于大多数私营工厂生产规模很小，没有承担国家的加工定货任务，其原料在过去基本上都是从市场购买，产品也是靠私营商业渠道销售。1954年国家加强了私营商业改造，私营批发商大部分被改造后，商业渠道变化大，私营工业企业一下子失去原有的供销渠道，而国营商业和供销合作社因这些小企业的产品标准化程度低、批量少，交易成本高，不愿意收购或推销其产品，因此1954年大多数私营工厂产品销售渠道不畅。

（四）经过两年的"吃苹果"（即单个企业公私合营），剩下的私营工业企业多是规模很小、技术落后或效益差的企业。据统计，1954年共有私营工业企业133962户，平均每个企业有职工13.40人，产值7.72万元；但是，在上述私营工厂中，职工在10人以上的企业只占总数的31.3%，而职工在50人以上的企业只占企业总数的3.74%。即使在这些10人以上的工厂中，仍有60%的企业使用手工工具，至于那些10人以下的小型工厂，绝大多数更是没有现代动力设备的手工业作坊，产品不能定型和按标准化大批量生产。国营和公私合营工业企业不仅在技术和生产规模上优于私营工业，而且在资金供给、原料供应、产品销售等方面也优于私营工业，使得私营工业所具有的灵活性难以发挥作用，在竞争中处于更不利的地位。

据1955年上半年上海市对私营工业困难户的调查分析，因产品不合要求的占28%，因原料不足的占22%，因过去盲目发展而过剩的占20%，因主要行业发生困难而相应发生困难的占18%，因销路不畅发生困难的占12%。①

尽管1955年上半年中央要求各地统筹兼顾、适当照顾私营工商业，但是由于剩下未合营的私营企业规模小、设备落后，产品标准化程度低和批量小，在原料缺乏、资金紧张的情况下，无论是地方政府还是国营商业机构，从经济的观点出发，都不会将原料和资金投向这些技术落后、产品标准化程度低、监督成本高的企业。私营工厂并没有摆脱困境。对于小企业来说，在困难的情况下，工人不用说了，即使企业主，也愿意合营，以求解脱。

为了解决上述问题，1955年4月，中共中央批转了《关于扩展公私合营工业计划会议和关于召开私营工商业问题座谈会的报告》。该报告提出对资改造应实行"统筹兼顾，全面安排"的方针。这就是在合营过程中，应着眼于整个行业，采取以大企业带中小企业，以先进带落后的办法，根据不同的情况进行改组、合并，然后再进行公私合营。这种按行业对私营企业进行整体改造、统筹安排的设想，实际上是全行业公私合营的开始。

在确定对私营资本主义工商业的改造方式和步骤过程中，还发生了这样一件事。1955年10月27日，上海市一名叫朱殿尊的个人给周恩来总理写信谈自己对资本主义工商业社会主义改造的看法。朱殿尊在信中说："我们认为目前资产阶级根本没有什么积极的一面可利用了"，"资产阶级还在向我们猖狂进

---

① 国家统计局：《一九五五年上半年私营工业生产情况报告》，1955年8月27日。

攻！""可恨的赎买制度""资本家比地主恶霸好一些吗？""资本家是不是能改造得好？"11月24日，毛泽东在中共中央召开的关于资本主义工商业社会主义改造问题会议上，严厉地批评了这封信所反映的极左思想。

二、"慈航普度，同登彼岸"

◎毛泽东对资产阶级"交底"

◎争相上船，唯恐落后

◎从"坐三望四"到"皆大欢喜"

◎资产阶级的"肺腑之言"

◎资本家"有名、有利、有权"

◎"包下来"与"量才录用，适当照顾"

◎公私共事关系"大多数不够正常"

◎毛泽东强调改造

◎陈云强调使用

◎章乃器受到批评

◎资产阶级"两面性"依然存在

1955年下半年，在毛泽东的推动下，中国农村出现了农业社会主义改造高潮。农业社会主义改造高潮的出现，一方面消灭了广大的农村私有经济，使私人资本主义工商业更加孤立，使其感到社会主义已是大势所趋；另一方面，也使党和政府产生了早日完成社会主义改造的急躁心情。同年10月，毛泽东邀集全国工商联执委召开座谈会，希望私营工商业者认清社会发展规律，接受社会主义改造，把自己的命运与国家的前途结合起来，掌握自己的命运。不久，在全国工商联会议上，陈云副总理又对全行业公私合营和定息等问题作了进一步说明。随后会议通过了《告全国工商界书》，要求全国各地工商业者响应中共中央号召，积极接受社会主义改造。同年11月，中共中央召开资本主义工商业改造问题座谈会和七届七中全会，会议确定了实行全行业公私合营的方针、政策和计划。根据会议部署，从1956年1月起，全国又掀起了资本主义工商业的社会主义改造高潮。

1956年1月12日的《人民日报》刊登了范荣康写的《掌握自己的命运》，以北京公私合营企业资方倪家玺的经历告诉资本家：社会主义改造的前途不仅大势所趋，而且对资本家来说也是件好事。

最早实行公私合营的北京义利食品公司的私股代表、公司副经理倪家玺，祖父是资本家、父亲是资本家，他自己也在资本主义市场上立足20余年。1951年，他的义利食品厂接受国家投资，从上海迁到北京以后，即变成公私合营企业，改名为义利食品公司。经过"五反"运动和企业民主改革，企业稳定下来，有了前途。倪家玺的生活也稳定下来，也有了前途。——这个前途，就是接受社会主义改造，放弃剥削，变成一个自食其力的劳动者。

在这个前途面前，倪家玺犹豫了一阵，一度表现消极。但是，永远消极下去是不行的。路只有两条，不走那条，就走这条。倪家玺是企业中的一分子，企业在改造，他在这个企业里工作，同公股代表坐在一幢房子里，天天和工人见面，也不得不改造自己。倪家玺的家庭是社会的一个细胞，社会在进步，他的家庭也在进步，他的四个儿子有的是共产党员，有的参加了部队，他们督促着他进步。倪家玺是一个识时务的聪明人，发展资本主义的道路既然走不通，接受社会主义改造确实还有前途，也就跨上了接受社会主义改造的大路。

跨上了这条大路以后，倪家玺才发现这条路比自己最初设想的要宽广得多。公股代表尊重他的职权，工人也主动与他改善关系，他觉得自己在企业中并不是一个可有可无的人，他的一切正确意见都能被公司采纳。

义利食品公司日益发展起来，成为北京市公私合营企业的成功榜样，倪家玺也先后被选为北京市工商联执行委员、北京市糖果行业公会主任委员、北京市人大代表。

在这种大势所趋的浪潮中，许多资本家于是抱着"先上船能有好座位"的心理，积极加入了全行业公私合营行列。

1956年1月1日，北京市的私营工商业者首先向政府提出实行全行业公私合营的申请，要求政府批准。到1月10日，仅用了10天时间，北京市就实现了全市私营工商业的公私合营。紧接着，这种方式就在全国各个城市迅速推广。到1956年1月底，私营工商业集中的上海、天津、广州、武汉、西安、重庆、沈阳等大城市，以及50多个中等城市，相继实现了全行业公私合营。到1956年3月底，除西藏等少数民族地区外，全国基本上实现了全行业公私合营。到1956年底，全国私营工业户数的99%，私营商业户数的82.2%，分别纳入了公私合营或合作社。

私营企业是在经营困难的背景下，当1955年下半年社会主义改造高潮到来时，出于早合营早占据有利地位的考虑，出现积极踊跃要求全行业公私合营，反过来倒逼政府在准备不足的情况下急忙同意实行全行业公私合营（原来准备在两年内分期分批实现全行业公私合营）。正如陈云当时所说：他们要求得很厉害，天天敲锣鼓，迎接公私合营，就只好倒个头，先承认公私合营，再来进行清产核资、生产安排、企业改组、人事安排。① 这种情形与当时的农业合作化形成鲜明的对照。

1956年9月24日，陈云会见瑞典共产党代表团，在向客人介绍中国的公私合营情况时，陈云对中国资本家的状况作了简要分析，这个分析很能说明资本家为什么争先恐后接受改造。陈云说，资本家是这样打算盘的：如果再投资，国家又会没收，故大部分是想把钱留下，准备将来过日子用。在中国，大资本家与小资本家差别很大，大资本家少，小资本家则很多。小资本家都愿意献给公家资产。例如，一个有5000元的小资本家，每年只得250元，平均每月只收得20元，数量很少，还要戴上资本家帽子，所以愿意把资金献给国家，他们注意的问题是有无工作。大部分资本家注意的都是工作安排，薪水多少，职位高低。②

---

① 转引自李维汉：《回忆与研究》（下），中共党史资料出版社1986年版，第766~767页。

② 石仲泉等主编：《中共八大史》，人民出版社1998年版，第314~315页。

农业合作化是国家为增加农业增产以保障工业化需要的情况下,诱导农民进行的,并不是家庭经营效益太低或已经存在不下去了(对富农和中农尤其如此)。特别是1955年的合作化高潮,对于部分农民来说,带有较大的外部强迫性。而1955年工业部门的全行业公私合营高潮,对大型的私营企业来说,可能受政治影响和社会压力,更多地出于"早晚要合营,晚合营不如早合营,越早越主动""早上船能有好座位"的考虑;但是对于那些规模很小、处境艰难的小企业主和资本家(这部分资产和产值虽不大,却人数众多)来说,由国家包下来的合营,不啻是一种经济上、政治上甚至是心理上的解脱。1955年底开始的私营工业的社会主义改造,对于大多数私营企业主来说,是先陷入经营困境,后接受合营改造的。

截至1956年底,全国公私合营的私股为24亿元人民币,其中工业17亿元,商业6亿元,交通运输业1亿元。按照政府与工商联共同商定的意见,对上述私股实行定息,年息5%,由政府统一发放,先规定发10年,然后视情况再定。据1957年统计,全国拿定息的私方在职人员81万余人,平均每人每年拿定息148元,由此可见当时的私营工商业规模是很小的。大多数即使按照当时的标准,也属于个体经济。1956年12月,在全国工商联第二届会员代表大会上,薄一波就代表中共中央说:90%的人因资本很少,本人也参加劳动,可以称他们为"小资产阶级"。[①] 这一点也为1979年重新甄别的结果所证明。

---

① 《薄一波文选》,人民出版社1992年版,第263~264页。

对资本家采取"赎买"的办法，即通过公私合营的形式进行社会主义改造确定下来后，剩下的问题就是国家付出多少"赎金"。

1956年2月8日，国务院通过《关于在公私合营企业中推行定息办法的规定》。"规定"说："定息，就是企业在公私合营时期，不论盈亏，按季付给私股股东以股息。""对全国公私合营企业私股实行定息的息率，规定为年息1厘至6厘；个别公私合营企业，如果情况特殊，息率可高于6厘。"根据上述原则，中共中央和国务院指示各地：确定定息息率的精神为"根据资本家过去几年实得利润，参照他们在四马分肥①办法下应得的股息来决定，并使定息后的资本家所得不少于过去的实得"。实际上，在1956年以前，除1953年以外，公私合营工业企业的私股股息没有超过5厘的，1950年和1954年为3.6厘，1955年为3.9厘，而同期的私营工业企业资本家的股息红利还低于这个数。② 因此上述规定出台后，大多数资本家都是抱着"坐三望四"的思想，即估计能够得到3厘定息，但盼望得到4厘定息。有的资本家说："定3厘稍低，4厘不好讲，5厘不敢想。"

1956年7月28日，国务院发出《关于对私营工商业、手工业、私营运输业的社会主义改造中若干问题的指示》，其中

---

① 四马分肥：是我国社会主义改造时期对民族资本工商业利润分配形式的形象说法。即将利润按国家所得税、企业公积金、工人福利费和资方利润四个方面进行分配。

② 李定主编：《中国资本主义工商业的社会主义改造》，当代中国出版社1997年版，第263页。

规定："全国公私合营企业的定息户，不分工商、不分大小、不分盈余户亏损户、不分地区、不分行业、不分老合营新合营，统一规定为年息五厘。即年息百分之五。个别需要提高息率的企业，可以超过五厘。过去早已采取定息办法的公私合营企业，如果它们的息率超过五厘，不降低；如果息率不到五厘，提高到五厘。"①

1956年11月28日，陈云在全国公私合营企业工会基层干部大会上解释了这样做的原因："民族资本家经过了反帝、反国民党反动派的战争的一关，又经过了土改斗争的一关，这两关都过来了，他们又参加了抗美援朝和恢复经济的工作，在通过社会主义改造这一关，就是今年一月前后全行业实行公私合营的时期，我们能抛开他们吗？当然不能，而且更不应该采用没收企业的政策了。政府决定对他们的资产在一定时期内给以五厘定息，这样做，对资方、对国家和人民都是合情合理的。"②

定息的息率定为5厘以后，超出了资本家"坐三望四"的预期，大多数资本家很高兴，但是对于定息到底能拿多久，心中仍然没有底，担心这是共产党和国家为改造顺利给的甜头，拿不了多久。

1956年12月5日晚上，毛泽东约见全国工商联主任委员、著名实业家陈叔通先生。陈叔通当面向毛泽东提出了三个问

---

① 李青等主编：《中国资本主义工商业的社会主义改造》中央卷，中共党史出版社1993年版，第1152页。

② 《党的文献》编辑部：《共和国走过的路——建国以来重要文献选编》，中央文献出版社1991年版，第143~144页。

题：一是资本家对定息能拿多久心里没有底，怕取消太快；二是资本家现在还给安排工作，怕再过几年会不会被一脚踢开；三是合营以后，资本家如何进行自我改造。

关于定息问题，毛泽东提出：除了小的可以取消以外，大资本家继续维持定息，而且定息时间要延长，"拖到三个五年计划，带个尾巴进工会。"全行业公私合营，谁也没有料到这样快，下一步的国有化就不要这样快了。快了，对国家对民族都不利。大资本家拿了定息，也是"楚弓楚得"，"肥水不落外人田"，是国家的购买力，资本家也可以把定息作投资，继续开工厂。①

关于安排问题，毛泽东说："作为一个阶级是要消灭的，但人都包下来。工商业者不是国家的负担，而是一笔财富，过去和现在都起了积极作用。中国资产阶级在经济上是现代化的，不是手工业的。""对资本家要解决的两个问题，一个是物质问题，一个是思想问题。物质问题就是有职有权问题，有工资可拿，拿到工资能生活。思想问题要资本家改造自己，发挥他们的作用，不但使用老经验，而且使得他们能够发展新经验。譬如荣毅仁年纪轻轻的，这种人来日方长，还可以学新的经验。"

关于划分资产阶级与小资产阶级界限问题，毛泽东认为："现在资本家当中大体有70%左右对定息没兴趣。一个月拿几毛钱，他们要求放弃定息，摘帽子入工会，享受劳保待遇。我看也可以放弃吧！""把小的占百分之八十到九十的不划入资产阶

---

① 薄一波：《若干重大决策与事件的回顾》上卷，中共中央党校出版社1991年版，第435页。

级范围内，拿到的定息只能买几包香烟的，就叫他们小资产阶级。资方代理人也是属于小资产阶级范围，叫上层小资产阶级。"①

12月8日晚，毛泽东又邀请参加全国工商联第二次会员代表大会的各省市代表团负责人座谈，刘少奇、陈云、陆定一、薄一波也参加了座谈。

12月10日上午，全国工商联第二届会员代表大会召开。薄一波代表中共中央在会上宣布了毛泽东关于定息至少七年不变和定息很少的资方人员改为"小资产阶级"的政策，薄一波说："毛主席说，定息要'七年虎头，五年蛇尾，到第三个五年计划。如果还需要，没有解决问题，第四个五年计划还可以拖下去。'"②薄一波的讲话，使得参加会议的资产阶级和小资产阶级心中一块石头落地，心情舒畅。"听薄一波副总理的报告，听到有关定息和摘帽子问题时，台上台下掌声响成一片，经久不息。"

会后许多省市工商联负责人发表谈话说，过去他们一般都估计拿定息不会超过三年。薄一波副总理的报告说定息至少拿七年，"是出乎一般工商业者意料的。"

当天下午，大会代表分成49个小组讨论上午陈叔通、薄一波的两个报告。每一个小组都集中讨论了定息问题和"摘帽子"问题。"大户代表对至少七年内不取消定息，非常满意，

---

① 薄一波：《若干重大决策与事件的回顾》上卷，中共中央党校出版社1991年版，第435～436页。
② 《薄一波文选》，人民出版社1992年版，第261页。

小户代表对于改为小资产阶级,更是欢欣鼓舞。""领导小组讨论的组长们,都用'皆大欢喜'四个字来概括说明他们小组的讨论情况和代表们在讨论中流露出来的情绪。"①

1956年9月,旧中国"企业大王"刘鸿生在自述中说:"解放以后,刘氏企业开始公私合营,到了1956年初全部公私合营了。有的朋友说我心中实在是舍不得的。我告诉你实话:作为一个资本家,要放弃自己的企业是有些心痛的。但是我已经告诉过你,国营企业这几年来在不断地壮大。同时,公私合营也并不是一条走不通的路。西南、西北几个企业由于有官僚资本投资,很早就公私合营了。那些企业发展的速度远远超过了我的梦想。这几年来上海的企业也在很快的发展。我有过几十年办厂的经验,因此深知照目前规模发展,即使我在年轻力壮时的精力,要想独自担当下来也有困难。我过去总担着心事,怕这份家业要败在孩子手上。他们说不定会变成瘪三……我还没有在中国看见过了三代仍然兴旺的资本家。尽管我对孩子们的教育是十分严肃的,但是我仍然担着这份心事。如今,我在国内的孩子们都各有岗位,他们在新社会中都逐渐地真正熟悉了专门业务。"

"你问我为什么拥护共产党?我是一个企业家,我的企业,无论水泥、毛纺、码头、火柴、煤矿、银行业目前都在发展着,规模远较过去大得多。共产党能推动企业,能使中国变成工业化的国家,这是我过去五十年的梦想,我为什么不拥护

---

① 《大公报》1956年12月12日。

它？解放以后，我和我的家属生活仍然和过去一样。"

"我拥护共产党还有一个最主要的原因：我是一个中国人，中国资本家。现在我身体不好，不能陪你去黄浦滩头看看。在过去几十年中，从杨树浦到南码头，沿着黄浦江一带是各国的码头，一长串的外国兵舰插着各式各样的国旗。人们走过这里，会不知道这儿究竟是哪国的土地？我自己是搞码头企业的，往往站在码头上摇头。如今呢，这一带地方每个码头上都是五星红旗迎风飘扬，你想想看：一个看过上海五十年变迁的中国人，他心中会不高兴吗？"①

1956年初，当时40岁的荣毅仁，是拥有24个企业的荣氏家族的代表。记者就社会主义改造采访他，请他谈谈感想。荣毅仁说：

> 对于我，失去的是我个人的一些剥削所得，它比起国家第一个五年计划的投资总额是多么渺小；得到的却是一个人人富裕、繁荣强盛的社会主义国家。对于我，失去的是剥削阶级人与人之间的尔虞我诈、互不信任；得到的是作为劳动人民的人与人之间的友爱和信任，而这是金钱所买不到的。因为我积极拥护共产党和人民政府，自愿接受改造，在工商界做了一些有利于社会主义的工作，受到了政府的信任和人民的尊重，得到了荣誉和地位。从物质生活上看，实际上我并没有失去什么，我还是过得很好。

---

① 杨友：《民族资本家刘鸿生的自述》，《新华半月刊》1957年第1期。

消灭剥削，建成繁荣富强的社会主义社会，是全国人民的愿望。

他指着坐在一起的孩子们笑着说：

他们有的要做音乐家，有的要做工程师，就是没有一个想做资本家。他们的前途，用不到我拿金钱去买。谁都认识到只有实行社会主义，走人人富裕的道路，中国才能够强盛繁荣。①

资本家愿意接受社会主义改造的心情，是与我国社会主义改造的方式直接相关的。正如薄一波在1956年底所说："事实证明，大多数资本家是愿意接受改造的，其中少数进步分子对学习马列主义发生了兴趣。马列主义是要推翻资产阶级的，而我国资产阶级却反过来要学习马列主义。毛主席听到这个消息很高兴。资本家经过学习后，进入社会主义就会很愉快，这是好事。他们将有名、有利、有权：有利，就是有定息可拿；有权，就是有选举权和被选举权；有名，在学习了马列主义后，逐步改变为自食其力的劳动者。"②

资本家的家属怎样看待社会主义改造呢？1956年1月4日《解放日报》发表的《上海市私营工商业者家属代表会议告全市工商界家属书》反映了她们的想法："俗语说：'有钱不传三

---

① 徐中尼：《访上海资本家荣毅仁》，《新华半月刊》1956年第4期。
② 《薄一波文选》，人民出版社1992年版，第262页。

代',第一代吃盐不吃醋,第二代光穿绸不穿布,第三代有了长衫没有裤。这说明在旧社会里资本家是掌握不住自己的命运的。而我们家属呢,丈夫的企业要是经营失败,我们一起倒霉,要是企业有盈余赚了钱,丈夫吃喝玩乐,腐化堕落,我们也不会幸福,更谈不到掌握自己的前途和命运了。""我们已懂得了私营工商业接受改造走社会主义道路是我们的光明前途。"

资本家的子女怎样想呢?上述的告全市工商界家属书中说:"我们的子女更加认识了这点,他们已不愿意继承父母的财产做资本家。"1956年1月1日,上海市工商联主任委员、著名实业家盛丕华在《人民日报》上发表《放大眼光,努力学习,掌握自己的命运》。文章引用了一个工商界老先生的话:"我的十个子女,有的在厂里工作,有的在做人民教师,有的在大学里读书。以前我们想多积些资产,用金钱替儿女们安排将来的生活。我曾经将企业的一部分股本分写了儿女的名字。可是他们在国家的教育和培养下,思想转变了,纷纷表示坚决不要,弄得我只好再收回来。当时我还很不开心,现在明白他们是对的。"

著名私营企业家季慕卿兄弟准备将家藏的495两黄金投入企业参加公私合营,他们说:他们有一个最小的弟弟,大学毕业后分配到国营企业工作,他们总想给他寄点钱和物品。他一再来信表示不要。并表示不要他应继承的那60两黄金和企业中的股份,只要求将他的名字从厂里的股东册上抹去,以便做一个自食其力的光荣的劳动者。①

刘鸿生也说："我的两个儿子和一个媳妇被选为上海市人民代表。我的孙子孙女早就戴上了红领巾，有四个是全国少年游泳选手。要是和他们谈股票、利息，等等，他们准会大笑我。在他们的头脑中，想的都是一个光明伟大的社会主义社会。"

针对很多继承了股份的资本家子女不愿意当资产阶级，不愿意再继承股份，担心这会影响他们进步和进入共产党、共青团甚至少先队，1956年12月薄一波代表中共中央表示："目前中国的大学生中，70%以上是从剥削阶级家庭出来的。对于他们，要一视同仁，要信任；只看思想意识如何，不论阶级出身如何，入党入团都按这个标准。"②

全行业公私合营以后，国家对原私营企业的所有在职人员采取了"包下来"的政策，进行了全面的人事安排。另外，对于原来参加企业辅助劳动的私方人员（主要是小厂小店）的家属，也参照过去的情况，适当地吸收她（他）们参加工作；如果安排确实有困难，也要在生活上加以照顾。以便使私方人员各得其所，更加安心地接受改造。

当时安排私方人员的原则为"量才录用，适当照顾"。所谓"量才录用"，就是根据私方人员的政治态度、在社会主义改造工作中的贡献和经营管理才能，妥善地安排他们的工作，

---

① 季音：《"传家宝"》，《人民日报》1956年1月8日。
② 薄一波：《谈谈党对民族资产阶级的政策》，1956年12月10日。《薄一波文选》，人民出版社1992年版，第261页。

使人尽其才,各得其所;所谓"适当照顾",是指在安排工作时,考虑其原来职务、在工商界的代表性以及过去对企业的贡献等因素,并以此给予适当的照顾。

具体的安排方法,一般是"私提公批,公私协商"。即先由工商联、同业公会与私方人员协商提出初步方案,然后与企业职工商量讨论,再由公方代表将安排方案报请政法有关部门审批。在步骤上,则是"自上而下,逐级安排"。

根据1957年的统计,全国拿定息的71万在职私方人员和10万左右的资本家代理人,全部安排了工作。据几个大城市的统计,安排直接参加生产经营的占40%~65%,安排为管理人员的占35%~40%。①

另外,对部分资产阶级上层分子,国家还安排了政治职务。如荣毅仁为上海市副市长,乐松生为北京市副市长,周叔弢为天津市副市长。据1957年底的统计,民建和工商联会员被选为全国人大代表有70人,被选为全国政协委员有65人。

在公私合营企业内部,过去的"劳资对立关系"已经变成了"公私共事关系"。所谓"公私共事关系",是指企业职工、公方代表、资方人员三个方面为共同搞好企业的合作关系。但是由于"三反""五反"以来对阶级矛盾的强调、全行业公私合营的"四过"、盲目的"合并"等因素,使得公私合营企业中公私关系正常、资方人员"人尽其才"的并不多。

对于这个问题,当时党和国家也曾想办法加以解决。1956

---

① 李定主编:《中国资本主义工商业的社会主义改造》,当代中国出版社1997年版,第268页。

年9月4日,《人民日报》发表社论《公股人员必须善于同私股人员共事》;1956年9月11日,《人民日报》发表国家工商行政管理局副局长管大同文章《正确认识私方人员在公私合营企业中的职权》。在此前后,《人民日报》《大公报》都多次刊登这方面的经验。

1956年8月,毛泽东在与音乐家协会负责人谈话中也提到要使用好资产阶级及其知识分子。毛泽东说:

> 对资产阶级,对知识分子的问题处理不好的话,对革命事业是不利的。对资产阶级的办法,中国就与苏联不同。中国的资产阶级和他们的知识分子,人数虽少,但是他们有近代文化,我们现在还是要团结他们。地主阶级也有文化,那是古老文化,不是近代文化。做几句旧诗,做几句桐城派的文章,今天用不着。拿工人农民来说,工人比较有文化,他们有技术,但还不能当工程师,比较资产阶级和知识分子就差。农民不能说没有文化,精耕细作,唱民歌、跳舞也是文化。但是他们大多数不识字,没有现代的文化技术,能用锄头、木犁,不能用拖拉机。资产阶级在近代文化、近代技术这些方面,比其他阶级要高,因此必须团结他们,并且把他们改造过来。资产阶级掌握的文化,有些是旧的、用不到的,但是许多东西用得到。音乐家中的许多人在思想上是属于资产阶级的。我们这些人过去也是这样。但是我们从那方面转过来了,他们为什么不能过来呢?事实上已经有许多人过来了。团结他们是有

利于工人阶级的革命事业的。要团结他们，帮助他们改造，把他们化过来。①

1956年11月28日，陈云《在全国公私合营企业工会基层干部大会上的讲话》中教育工会干部说：

> 现代化的生产是要技术的，虽然工人阶级的劳动是重要的，但是必须有技术。在目前，工人阶级自己的技术人员还极少，而资产阶级和他们的知识分子是现在最有文化的一个阶级，这种情况短期内还难以改变，因此，我们便需要团结这部分人参加社会主义建设。虽然资方人员中也有没有本领的人，但多数是有生产技术和经营管理知识的。如果我们对他们不采取赎买政策而采取没收政策，那么，资方人员和他们的知识分子便不会像现在这样积极地为社会主义建设服务。如果我们不用这些人，我们又不可能从国外招请这样多的专家帮助我们进行建设，企业在生产技术上和经营管理上将会受到很大损失。②

1956年，随着私营工商业的社会主义改造的完成，资产阶级是不是还像过去那样具有"两面性"？这开始成为资产阶级关心的问题。

---

① 《建国以来毛泽东文稿》第六册，中央文献出版社1992年版，第178～179页。
② 《党的文献》编辑部：《共和国走过的路——建国以来重要文献选编》，中央文献出版社1991年版，第145页。

1956年11月17日《人民日报》摘要刊登了民建一届二中全会通过的《关于讨论当前几个重要原则问题的决议》。其中谈到社会主义改造完成后民族资产阶级的"两面性"问题。决议说:"在关于当前中国民族资产阶级两面性问题的讨论上,会议肯定了在资本主义工商业全行业公私合营后,中国民族资产阶级的两面性还是存在的。"只是积极面在不断地增大,消极面在不断减少或缩小。同日《大公报》发表的记者"二中全会旁听记"则不点名地报道了否认"两面性"的观点和冯梯云、千家驹等人的反驳。据1956年12月3日新华社《内部参考》第2068期刊登的《民建一届二中全会批评章乃器的一些情况》介绍,上述观点是出自章乃器,民建曾经于10月份召开的中央常委扩大会议上就对章乃器进行了批评。章乃器认为:"民族资产阶级政治上和经济上的两面性已经基本上消灭了;留下来的只是残余或者尾巴罢了。""工商界进入社会主义,能交出企业而无所留恋,比那些赤手空拳、喊口号、贴标语的人进入社会主义要好些。"① 毛泽东将上述这期"内参"的文章批给刘少奇和陈云看,却没有表示自己的看法。但是从毛泽东12月4日给民建负责人黄炎培的信来看,毛泽东是赞成民建对章乃器的批评的。

1956年12月10日,在全国工商联第二届会员代表大会上,薄一波代表中共中央说:

---

① 转引自《建国以来毛泽东文稿》第六册,中央文献出版社1992年版,第251~252页。

现在，有人说资产阶级已经只有一面性了，是"红色资产阶级"了。这种说法不对。我看现在仍是两面性。既有两面性，是否会发生对抗呢？不一定对抗……特别是全行业公私合营以后，他们愿意接受改造，已经向工人阶级完全妥协了，不能再说是对抗性的了……但不对抗并不等于说没有矛盾。阶级矛盾解决了，思想意识方面的矛盾还存在。特别是还会有坏分子和反革命分子的捣乱，大家要注意，提高警惕。①

1956年12月15日，《大公报》发表社论《重要的是加紧改造》，说明民族资产阶级在社会主义改造基本完成后，仍然具有"两面性"。16日，又发表了冯和法的长篇文章《关于民族资产阶级分子的转变问题》，也论述了资产阶级的两面性问题。12月23日，在全国工商联第二次会员代表大会上，国营企业代表许涤新专门谈了资产阶级的两面性问题。许涤新说：民族资产阶级的两面性在各个时期表现不同，"在全面公私合营和实行定息以后，民族资产阶级的两面性则以是否进一步接受改造，是否克服其资本主义的思想意识，是否贡献其才能为社会主义建设服务，作为标准。"许涤新还说积极性是主要的一面，但也不能忽视消极性，不能忽视资产阶级的自我改造。

总之，1956年底关于资产阶级两面性的讨论，是与中共八大关于社会主要矛盾的论述基本上是一致的，即资产阶级与

---

① 《薄一波文选》，人民出版社1992年版，第262～263页。

工人阶级的矛盾虽然已经不是主要矛盾,也已经不是对抗性的,但是阶级差别和阶级斗争还存在,不能忽视。

三、手工业者也走上社会主义道路

◎个体手工业改造形式的确定

◎手工业合作社的初步进展

◎手工业社会主义改造的高潮

◎高潮兴起后的纠偏

个体手工业的社会主义改造,既不像农业合作化那样涉及这么多人,也不像资本主义工商业改造那样对社会的震动那么大,相比之下,它显得平淡而简单,可以说是顺流而下,没有费多少周折。

由于我国现代工业起步较晚,1949年新中国成立以后,手工业生产在国民经济中仍然占有相当大的比重,据1952年的统计,全国手工业从业人员为736.4万人,加上兼营手工业生产的农民,约为2000万人,其产值为72.17亿元,占工业总产值的21.36%,占工农业总产值的8.8%。我国的手工业就其与农业分离的程度和与现代工业的关系来说,大致可分为四种类型:一是从属于家庭农业的家庭手工业;二是作为农民家庭兼业的手工业;三是独立经营的个体手工业;四是雇工经营的工场手工业。其中第三种类型在数量上最多。根据过渡时期总路线,手工业社会主义改造的对象主要是指第三种,至于第一、二两种则纳入农业社会主义改造范畴，第四种则纳入资本主义工商业改造范畴。

早在新中国成立以前的革命战争时期，中国共产党在革命根据地就曾建立和积极发展过手工业合作社。新中国成立以后，党和政府在积极恢复手工业生产的同时，即重视通过合作组织来促进手工业走向现代化和集体化。1950年7月，全国合作社工作者第一次代表大会在京召开。会议期间，刘少奇、朱德都曾到会讲话。关于手工业合作社，刘少奇在讲话中强调："关于手工业生产社的问题，应以组织独立手工业者和家庭手工业者为主。这种合作社主要是供给原料，推销成品，尽量不采取开设工厂的方式。"①朱德的讲话也强调先不要改变所有制形式。到1950年底，全国手工业生产合作社发展到1326个，社员26万人。

1951年6月，全国合作总社召开全国合作社第一次手工业生产会议。会议制定了《手工业生产合作社示范章程（草案）》。会后，各地根据会议要求和上述章程，对现有的合作社进行了整顿。因为当时许多手工业生产合作社是以土改斗争果实入股、采用劳资分红办法组织的，大部分社员并不参加合作社生产，因此不符合合作社性质。经过整顿，到1951年底，手工业生产合作社社员由26万减至13.9万，但是合作社却是名实相符了。

当时手工业生产合作组织有三种组织形式，一是手工业生

---

① 《中国手工业合作化和城镇集体工业的发展》第一卷，中共党史出版社1992年版，第40页。

产合作小组，即在原料采购、产品推销和接洽加工订货方面实行统一安排，而生产和核算则是独立的，其规模比较小；二是手工业供销合作社，即在生产上虽然仍保持原来生产方式和独立核算，但在原料采购和产品销售方面已实行合作制，其成员实际上已经成为合作社的来料加工者；三是手工业生产合作社，即实行"平股平权"、按劳分配为主，生产集中，统一核算，这种形式也被视为手工业合作组织的高级形式，在管理体制上，手工业生产合作组织像供销合作社一样，各合作社必须参加政府控制的合作社组织，并作为基层社，受上级组织的领导。到1952年底，全国共建立手工业生产合作社2600多个，社员达到25.7万人，年产值将近3976万元。

党在过渡时期总路线确定之后，手工业生产合作社的发展遂成为社会主义改造的主要形式。1953年12月公布的《关于党在过渡时期总路线的学习和宣传提纲》对此解释说：

> 分散的个体手工业的生产是十分落后的，不能使用新的技术，在生产和销售中会遇到许多不可克服的困难，并且也是不稳固的，如果听其自然的发展，也会走资本主义的道路，就是少数人发财，大多数破产的痛苦的道路。因此，必须对个体手工业进行社会主义改造，引导手工业劳动者走社会主义的道路……把手工业者逐渐组织到各种形式的手工业合作社（手工业生产小组、手工业生产供销社、手工业生产合作社）中去，是国家对手工业实行社会主义改造唯一的道路。手工业者一方面是劳动者，但同时

又是私有者，因此，必须经过说服、示范和国家援助的方法，提高手工业劳动者的社会主义觉悟，使他们自觉自愿地组织到手工业合作社中。①

1953年11月20日，第三次全国手工业生产合作会议在北京召开，朱德在会上作了《把手工业者组织起来，走社会主义道路的报告》。会议根据过渡时期总路线的精神，确定了对个体手工业进行社会主义改造的方针和政策。即"在方针上，应当是积极领导，稳步前进；在组织形式上，应当是由手工业生产小组、手工业供销生产合作社到手工业生产合作社；在方法上，应当是从供销入手，实行生产改造；在步骤上，应当是由小到大，由低级到高级"。会议还确定手工业合作化的对象是手工业独立劳动者、家庭手工业者、手工业工人；发展合作社的重点应是手工业比较集中的城市和集镇。

根据上述方针政策，到1953年底，全国手工业生产合作社发展到4629个，从业人员达到27.1万人，产值4.86亿元，分别占同期手工业从业人员和总产值的3.5%和5.3%。发展还是比较平稳的，合作社的效益也比较好。由于1953年大规模经济建设导致经济进入紧运行状态，为缓解生产资料和消费资料供求矛盾，国家加强了计划管理，如对主要农产品统购统销，对大部分生产资料实行国家统购包销和计划供应，这样就使个体手工业在原料供应方面遇到较多困难。1954年12月，

---

① 《中国手工业合作化和城镇集体工业的发展》第一卷，中共党史出版社1992年版，第144~145页。

第四次全国手工业生产合作会议在北京召开。会议鉴于手工业遇到的上述情况，提出"统筹兼顾，全面安排，积极领导，稳步前进"方针，并决定1955年手工业社会主义改造工作的中心任务为：把手工业主要行业的基本情况摸清楚，分别轻重缓急，按行业拟订供产销和手工业劳动者的安排计划，有准备、有步骤、有目的地进行改造、整顿、巩固和提高现有社（组）；每个县（市）分别总结出主要行业的社会主义改造和整顿的典型经验，为进一步开展手工业的社会主义改造奠定稳固的基础。会议计划1955年合作社（组）人员要由1954年底的113万增加到170万。在会上，陈云指出：手工业合作化过程中应注意综合平衡，要有全局观念。"对手工业合作社生产的发展，要加以管理和控制。手工业合作社是一定要发展的，但要防止产量超过需要，并注意原料是否有保证……手工业合作化宁可慢一点，使天下不乱。如果搞得太快了，就会出毛病。"① 会议还提出，在手工业社会主义改造中以不提"依靠手工业工人，团结个体手工业者"这样的阶级路线为宜；对那些"上不接天，下不踏地"的雇佣十人以下的手工业资本家（据典型调查推算，仅有3%～7%属于劳资关系），只要放弃剥削，可以归队，即参加合作社。

1955年5月，中共中央批准《关于第四次全国手工业生产合作会议的报告》，肯定了上述方针政策。并要求各地在两年内把手工业重点行业的基本情况摸清楚，以便对手工业进行安排

---

① 《陈云文选》（1949～1956），人民出版社1984年版，第269～270页。

和改造；同时要求各地建立与健全手工业管理机构，充实各级手工业管理部门的干部，对手工业的经营管理普遍地进行一次整顿。由此可见，在1955年上半年以前，手工业合作化并不存在快速发展的条件，党和政府也没有加速手工业社会主义改造的设想。

1955年下半年，在全党批判"右倾保守"思想、掀起农业和资本主义工商业社会主义改造高潮的形势下，手工业的社会主义改造也不得不改变原来计划，加快步伐。

11月24日，陈云提出："对手工业的社会主义改造，要有一个全面规划的方案，不能做得太慢。农业合作社发展很快，私营工商业改造速度也加快，手工业的改造要赶上。"① 12月5日，中共中央召开座谈会，刘少奇传达了毛泽东的指示，即要求各条战线批判"右倾保守"思想，加快社会主义改造和社会主义建设的步伐。刘少奇批评手工业社会主义改造"不积极、太慢了"，要求手工业合作化到1957年达到70%～80%。12月20日，刘少奇在听取中央手工业管理局负责人汇报时又指出：手工业改造不应比农业慢。与其怕背供销包袱，还不如把供销包袱全部背起来好些。他要求手工业合作化在1956、1957两年搞完，说"时间拉长了，问题反多"。

根据上述中央指示，12月21日至28日，中央手工业管理局和中华全国手工业合作总社召开第五次全国手工业生产合作会议。会议决定："必须在'全面规划，加强领导'的方针下，

---

① 《中国手工业合作化和城镇集体工业的发展》第一卷，中共党史出版社1992年版，第318页。

坚决克服右倾保守思想，加速对手工业的社会主义改造，积极发展合作组织。要求组织起来的比重在1956年达到74%，1957年达到90%以上。同时，要求完全社会主义性质的生产合作社社员，1957年达到社（组）员总数的80%以上，最迟在1958年把其余的半社会主义性质的生产合作社（组）全部过渡完毕。"中共中央很快批准了这次会议的报告，并在批示中指出："加快手工业合作化的发展速度，是当前一项迫切的任务。"① 于是从1956年1月起，全国开始掀起手工业合作化的高潮。到1955年12月底，全国共有手工业生产合作社7万多个，社员200多万人，约占手工业从业人员785万人的25%强，而且这些都是条件比较好，便于组织的部分，其余75%要在两年内组织起来，速度已经是太快了。

1956年1月12日，北京市的手工业全部实现了合作化，其他各大城市纷纷学习北京的经验，改变了原来以区为单位、按行业分期分批分片改造的办法，采取全市按照行业全部组织起来的办法。到2月底，全国即有143个大中城市和691个县基本实现了手工业合作化，全国参加手工业合作组织的新成员达到300万人。对于这种高速度，毛泽东是很高兴的。3月4日他在听取中央手工业管理局负责人汇报时即指出："个体手工业社会主义改造的速度，我觉得慢了一点。今年一月省市委书记会议的时候，我就说过有点慢。1955年以前只组织了200万人，今年头两个月就发展300万人，今年基本上可以搞完。

---

① 《中国手工业合作化和城镇集体工业的发展》第一卷，中共党史出版社1992年版，第362页。

这很好。"

毛泽东的意见促使手工业合作化的速度进一步加快。到1956年6月底,全国组织起来的手工业者已占手工业者总数的90%。到年底,全国手工业合作社(组)成员已占全部手工业从业人员的91.7%,手工业合作组织的产值已占全部手工业产值的92.9%,可以说全国手工业的社会主义改造基本完成。

1956年8月11日至9月1日,全国手工业改造工作座谈会在北京召开。会议研究了手工业合作化以后的集中生产与分散生产、增加社员收入、社员的劳保福利、供产销等问题。会议提出:发展生产、适应社会需要、增加社员收入是办好手工业合作社的标志。应该根据实际情况,使大社、小社、小组以及某些流动修理服务的个体户共同存在。"不论大社、小社、小组以至加入合作社的个体活动社员都应该看作是社会主义的性质。"[1]

由于手工业行业广,还有相当大部分属于修理和服务行业,不仅生产规模小、分散,而且产品品种多样化,销售渠道和范围也是各自长期形成和分散的。这种简单地、大规模地全部合并,显然不符合手工业的特点和生产经营水平。因此,改造高潮兴起后,尽管毛泽东、刘少奇、朱德、陈云等告诫手工业改造时要注意其生产特点,避免单一化和过于集中。1956年3月和4月分别召开的全国城市手工业改造工作座谈会和全国农村手工业改造工作座谈会即针对这些问题提出了具体政策

---

[1] 新华社新闻稿:《全国手工业改造工作座谈会》,1956年9月11日。《新华半月刊》1956年第19期。

和办法。6月5日,中央手工业管理局和中华全国手工业合作总社筹委会党组又共同向中央提出《关于当前手工业合作化运动中几个问题的报告》,再次对手工业产供销、改造范围和归口管理、集中生产、保护和提高特种工艺等问题,提出政策和办法。7月9日,中共中央批转了此报告。但是由于将改造速度放在第一位,将单一公有制作为这次经济体制变革的根本目标,因此这种情况仍然难以避免。

四、"消灭了资本主义还可以再搞资本主义"

◎"资本主义绝种"的后遗症

◎陈云最先发现问题

◎"东来顺"的羊肉不好吃了

◎"全聚德"的烤鸭也不好吃了

◎药片"顽固不化"

◎香皂被称为"皮香肉不香"

◎"消灭了资本主义还可以再搞资本主义"

1956年1月15日,天安门广场锣鼓喧天、鞭炮震耳,北京市20万人在天安门集会,庆祝北京市率先完成社会主义改造,进入社会主义社会。毛主席在天安门城楼上高兴地接受了北京市农民、工人、资本家代表的喜报。市长彭真宣布:"我们已经进入社会主义了。"

但是,在人们怀着兴奋心情庆祝社会主义改造这么快速容易实现的同时，却发现产品质量下降了、品种减少了、日常生活中出现了许多不便。

陈云在1956年1月公私合营高潮刚兴起时就发现：北京有个"东来顺"，涮羊肉很有名，现在不好吃了。为什么呢？就是因为我们轻易地改变了它的规矩。它原先只用35斤到42斤的小尾巴羊，这种羊，肉相当嫩。我们现在山羊也给它，老绵羊也给它，冻羊肉也给它，涮羊肉怎么能好吃？羊肉价钱原来一斤是一块二角八，合营以后要它和一般铺子一样，统统减到一块零八，说是为人民服务，为消费者服务。这样它就把那些本来不该拿来做涮羊肉的也拿来用了，于是羊肉就老了。本来一个人一天切30斤羊肉切得很薄，合营后要求提高劳动效率，规定每天切50斤，结果只好切得厚一些。羊肉老了厚了，当然就不如原来的好吃了。

陈云还发现，北京"全聚德"的烤鸭也不好吃了。"北京'全聚德'用的鸭子，原来从小喂起，大概要喂一百天左右，饲料主要是绿豆和小米，粮食统购统销以后，给它劳改农场养的老鸭子，烤的鸭子就不好吃了。"[1]

早在1955年下半年批判"右倾保守主义"导致社会主义改造高潮后，工业产品的质量下降就引起中共中央和国务院的重视，为此专门发出改进产品质量问题的指示。1956年6月，一届人大三次会议上，国务院第四办公室主任贾拓夫说：1955年某些轻工业产品质量存在问题，如群众反映："是醋不酸，

---

[1] 《陈云文选》（1949～1956），人民出版社1984年版，第295页。

是酒不辣";少数药片"顽固不化";不少卷烟烟支偏松、偏细、烟味刺鼻、呛喉;部分棉布次布率上升,被称为"芝麻布";部分色布缩水率大、颜色不牢靠,被称为"落花有意,流水无情";部分质量差的热水瓶被称为"冷瓶""定时炸弹";质量差、漏水的钢笔被称为"流鼻涕";有的香皂被称为"皮香肉不香"。

公私合营以后,不仅有些商品质量下降,而且由于盲目合并,许多工业品的品种规格也明显减少了。陈云在1956年7月就说:

> 工业品的品种规格减少。有许多东西减少得很多,只剩下几种大路货。人家说,什么叫社会主义,社会主义就是大路货,许多有特色的东西都没有了。①

1956年3月30日,陈云说:

> 北京脚踏车很多,解放初十八万辆,现在有四五十万辆,那时修理脚踏车的也很多,每条马路都有,可以就地修理,很方便,后来认为一家一家干是低级的,合起来才是高级的,统统合并起来,高级化了,结果找半天才能找到修理的地方,老百姓很不方便。又如,城市里的剃头担子,在马路上、在工作场所、在家里给人剃头,对群众很

---

① 《陈云文选》(1949~1956),人民出版社1984年版,第331页。

方便。公私合营、合作化以后,有些地方把剃头担子都合到理发铺子去了。本来理发铺子就不多,再把剃头担子并掉,对群众特别是码头工人和郊区农民更不方便。①

据《大公报》1956年11月23日"读者来信述评"说,最近接到大量群众来信,反映合作社缝制的衣服质量太差。另外,《大公报》还收到不少读者来信,反映城市、农村因商业、服务业网点撤并过多,人民的生活很不方便。

一年以前,毛泽东在中央七届六中全会上,大气磅礴地说:"农业合作化使我们在无产阶级社会主义的基础上,而不是在资产阶级民主主义的基础上,巩固了同农民的联盟。这就会使资产阶级最后地孤立起来,便于最后消灭资本主义。在这件事情上,我们是很没有良心哩!马克思主义是有那么凶哩,良心是不多哩,就是要使帝国主义绝种,封建主义绝种,资本主义绝种,小生产也绝种。在这方面,良心少一点好。我们有些同志太仁慈,不厉害,就是说,不那么马克思主义。使资产阶级、资本主义在六亿人口的中国绝种,这是一个很好的事很有意义的好事。我们的目的就是要使资本主义绝种,要使它在地球上绝种,变成历史的东西。"

但是,一年以后,当资本主义、小生产真的如毛泽东所盼望的那样基本"绝种"后,没有想到的问题也就随之而来了。毛泽东、刘少奇、周恩来等都看到了小生产绝种在当时还是不

---

① 《陈云文选》(1949~1956),人民出版社1984年版,第296~297页。

利于生产发展和人民生活的。

最早提出社会主义应该允许一部分个体经济存在的是陈云。由于陈云具体领导经济工作，又长期负责金融、市场，他对计划与市场的关系、多种经济成分之间的关系非常了解，社会主义改造高潮，特别是城市个体手工业和资本主义工商业改造高潮兴起后，陈云即开始思考社会主义改造完成后的经济体制问题。

1956年1月25日，陈云在最高国务会议上就说：

> 北京的馄饨担怎么办？上海弄堂里的白糖莲心粥怎么办？对他们应该很宽很宽。他要求加入合作社，也只能是挂个牌子，报个名，登记一下就算了。把他们组织起来，每个人要在一个小组，统一进货，统一经营，统一核算，那就有一种危险，即馄饨皮子就不是那么薄，而是厚的了；肉不是鲜的，而是臭的了。所以要长期保留这种单独经营的方式。①

1956年3月30日，陈云又说：

> 夫妻店担心进不了社会主义，我看到了社会主义，长时期内还需要夫妻店。因为老百姓还要买小杂货油盐酱醋，还要吃大饼、油条、馄饨、汤团。②

---

① 《陈云文选》(1949～1956)，人民出版社1984年版，第294页。
② 《陈云文选》(1949～1956)，人民出版社1984年版，第305页。

1956年9月，陈云在党的八大上发言，明确提出了"三个主体、三个补充"思想，其中之一就是以国营经济和集体经济为主体，一定数量的个体经济作为补充。陈云的上述思想为八大接受，被写进"政治报告"和决议中。只是当时陈云还不可能提出一定程度恢复私人资本主义经济。

1956年11月30日，黄炎培写信给毛泽东，反映自全行业公私合营以后，由于社会商品短缺，不少人又开了地下工厂、地下商场，"白天社会主义，夜里资本主义"。12月7日，毛泽东利用全国工商联第二次会员代表大会在北京召开的时机，会见了黄炎培和工商联负责人陈叔通等人。毛泽东对他们说：

> 现在我国的自由市场，基本性质仍是资本主义的，虽然已经没有资本家。它与国家市场成双成对。上海地下工厂同合营企业也是对立物。因为社会需要，就发展起来。要使它成为地上，合法化，可以雇工。现在做衣服要三个月，合作工厂做的衣服一长一短，扣子没眼，质量差。最好开私营工厂，同地上的作对，还可以开夫妻店，请工也可以。这叫新经济政策……可以开私营大厂，订条约，十年、二十年不没收。华侨投资的二十年、一百年不要没收。可以开投资公司，还本付息。可以搞国营，也可以搞私营。可以消灭了资本主义，又搞资本主义。当然要看条件，只要有原料，有销路，就可以搞。①

---

① 《党的文献》编辑部：《共和国走过的路——建国以来重要文献选编》，中央文献出版社1991年版。

随后，薄一波在全国工商联第二届会员代表大会上讲了毛泽东的上述思想。薄一波说：

> 目前，一些城市出现了地下工厂，上海有一千多家，北京、天津等地也有。所以发生地下工厂，是因为我国生产落后，产品供不应求，说明人民需要。既然地下工厂的发生有它客观的原因，是否让它合法化，让它存在下去行不行？请大家考虑。我看可以。这样做有好处，在经营管理上可以和国营唱对台戏，有比较，才能促使生产经营不断得到改善。今天社会上产品不足，拿资本主义来补充社会主义的不足，没有坏处。既然可以有国家领导下的自由市场，也可以有在国家领导下的私营企业。当然，基本上大量发展的应该是社会主义企业。①

12月29日，在全国人大常委会第52次会议上，刘少奇在介绍了毛泽东的上述提议后，刘少奇接着说道：

> 有人要开私人工厂，可以不可以呢？毛主席说可以开。我们国家有百分之九十几的社会主义，有百分之几的资本主义，我看也不怕，它是社会主义经济的一个补充嘛！从这方面也可以看到我们国家经济的苗头。刚才先念同志讲到，同等质量的花生，合作社卖两角四一斤，自由

---

① 《薄一波文选》，人民出版社1992年版，第261页。

市场卖四角一斤。这就可以看到我们国家物资足不足，供求平衡不平衡……有这么一点资本主义，一条是它可以作为社会主义经济的补充，另一条是它可以在某些方面同社会主义经济作比较，看你的花生好不好，看你的猪肉好不好。关于这个问题，现在要通过什么决议，颁布什么法律，还为时过早，需要积累经验，还要看趋势。①

对于个体经济，1956年底由于发现问题，也放宽了政策。1956年12月24日，毛泽东在中共中央转发广东省委报告的批语中写道：

> 各地合作社对于富裕中农急急忙忙叫他们入社，或者让他们入社，本来是不策略的。……今年分配所得，他们的收入一般都有些减少，因此怨言甚多，有些人要求退社。中央认为让一部分（不是大部分，更不是全部）坚决要求退社的富裕中农退社，不但无害，而且有益。②

1956年12月20日，《人民日报》发表社论《怎样对待手工业个体户》。文章指出："近几个月来，各省市的手工业个体户都有了很大的发展……手工业个体户的发展，一方面满足了人民的需要，增加了市场的商品供应；另一方面又扩大了城市

---

① 《党的文献》编辑部：《共和国走过的路——建国以来重要文献选编》，中央文献出版社1991年版，第309～310页。
② 《建国以来毛泽东文稿》第六册，中央文献出版社1992年版，第278页。

的就业人数。这是对国家有利无害的事情。"24日,《人民日报》又发表社论《正确解决少数手工业合作社社员退社问题》。社论承认退社的主要原因是改造过急和管理不当,忽视了许多手工业分散生产和经营的特点,要求各合作社及其管理机构从克服经营管理中的缺点来减少社员退社,不能简单地说成由于"缺乏思想教育""自由市场的诱惑",严厉禁止对退社社员扣以"资本主义思想严重""抗拒改造"等大帽子。

第三章
冒进与反冒进
意气风发——1956年的中国

一、批判"小脚女人"波及建设速度

◎毛泽东审定的元旦社论

◎"右倾保守主义"被列为"两次重大的斗争"之一

◎反保守导致了冒进

◎毛泽东的一篇序言成为冒进的"罪魁祸首"

◎经济建设反保守事出有因

◎经济建设的全面冒进

◎"三管齐下"与经济"紧张"

1956年元旦，作为中共中央机关报的《人民日报》发表了社论《为全面地提早完成和超额完成五年计划而奋斗》，社论总结说："两年以来，我们党内有过两次重大的斗争。反对高岗饶漱石反党联盟的斗争，这是同反革命性质的个人主义野心家和反党集团的斗争。反对保守主义的斗争，同反对高饶反党集团的斗争是性质不同的，抱有保守主义思想的人是有思想问题，是可以改正的。但是这种思想是右倾机会主义性质的，是妨碍我们社会主义事业的。"社论还说，"按常规走路，拖拖沓沓，害怕困难，看不见新鲜事物，看不见新问题，看不见先进经验，其结果是时间拉得很长，工作成绩不大，正气不振，邪气高涨，这是保守主义，而不是稳步前进。"社论陶醉于社会主义改造的迅猛发展，并以为这会带来农业和工业同样迅猛的发展："现在，在我国，农业不是拉住工业的后腿，恰恰相反,农业生产的迅速发展将要起极大的推动作用,要求工业提高自己的发展速度。同时,农业生产的大发展,又给工业的发展准备了空前未有的有利条件。"这种"上纲上线"而又缺乏划分"保守"与实事求是界限的提法,无疑造成广大干部唯恐"落后",害怕被戴上"右倾机会主义"或"保守主义"帽子的心理。

毛泽东在1956年年初出版的《中国农村的社会主义高潮》序言中进一步提出:现在提到全党和全国人民面前的问题,已经不是批判在农业的社会主义改造速度方面的右倾保守思想的问题,这个问题已经解决了。也不是在资本主义工商业按行业实行全面公私合营的速度方面的问题,这个问题也已经解决了。手工业的社会主义改造的速度问题,在1956年上半年应当谈一谈,这个问题也会容易解决的。现在的问题,不是在这些方面,而是在其他方面。这里有农业的生产、工业(包括国营、公私合营和合作社营)和手工业的生产,工业和交通运输的基本建设的规模和速度,商业同其他经济部门的配合,科学、文化、教育、卫生等项工作同各种经济事业的配合等等方面。在这些方面,都是存在着对于情况估计不足的缺点的,都应当加以批判和克服,使之适应整个情况的发展……但是现在的问题,还是右倾保守思想在许多方面作怪,使许多方面的工作不能适应客观情况的发展。

这样一来,批判右倾保守思想就从社会主义改造扩展到各个方面。如果说过去的"冒进"还主要是出于"大干快上"的热情和良好愿望,那么1956年年初经济建设的"过热",则就有了唯恐落后、唯恐被戴上"右倾保守"帽子的被迫因素。

事后毛泽东在1958年年初的南宁会议上说："1955年12月写了《中国农村的社会主义高潮》一书序言，反了右倾保守，对全国产生了很大影响。是个人崇拜也好，偶像崇拜也好，不管是什么原因，各地大小报纸刊物都登了。这样，我就成了'冒进'的罪魁祸首。"①

1956年经济建设中出现的冒进，与1953年经济建设中的小冒进相比，其形成原因是有所不同的。前者是自发形成的，主要是各部门建设热情过高、计划不周造成的，原因比较单纯，纠正起来也比较容易。

由于1955年下半年出现的社会主义改造高潮是在批判右倾保守主义的斗争中形成和发展起来的。随着社会主义改造高潮的产生，党在胜利面前不够谨慎了，特别是1955年10月召开的七届六中全会，在开展了反对农业合作化方面的右倾保守主义之后，还认为在经济建设和文化建设的各个方面，都多少存在右倾保守思想，应该批判和克服这种右倾保守思想。1955年12月5日，中共中央在中南海召开座谈会，由刘少奇向在京中央委员、党政军各部门负责人传达毛主席关于批判右倾保守思想、争取提前完成过渡时期总任务的指示。毛泽东指示的大意是：经济发展的速度应该快一点，不要出现"两翼"（指"三大改造"）走在前面而"主体"（指工业化）落在后面的现象。毛泽东的这个思想在1956年年初公开出版的《中国农村

---

① 转引自李锐：《"大跃进"亲历记》，远东出版社1996年版，第64页。同时参见薄一波《若干重大决策与事件的回顾》上卷，中共中央党校出版社1991版，第526页。

的社会主义高潮》一书的序言中也表示出来,并为全国人民所知。1956年元旦,《人民日报》社论《为全面地提早完成和超额完成五年计划而奋斗》,从题目到内容都充满了形势喜人、形势逼人的气息。

上述思想和舆论的变化,反映出党尤其是毛泽东同志在经济建设方面产生了急躁情绪。这种情绪的产生,不完全是社会主义改造高潮和心血来潮的产物,它有着一定的经济背景。

第一,1955年的经济发展速度由于受1954年农业自然灾害的影响(工业原料不足),增长速度较前几年大幅度下降,工农业总产值仅增长5%,其中工业总产值仅增长6%。到1955年年底,第一个五年计划只剩下两年时间,尽管工业已完成"一五"计划增长额的61%,农业已完成"一五"计划增长额的63%。但是基本建设计划投资额只完成"一五"计划的51%。

第二,由于缺乏经验、估计不足,在制定和实施1955年度计划时,曾不适当地削减了某些非生产性建设项目,结果不仅年底财政结余18.1亿元,而且钢材、木材、水泥等物资也有较多剩余,使得1955年计划显得保守了一些。按照1955年经济建设的速度,"一五"计划是难以如期完成的。这既是毛泽东掀起农业合作化高潮的重要原因之一(解决农业拖工业后腿问题),也是毛泽东对1955年计划工作不满意,认为存在保守思想的原因。另外,也有不少国营企业和部门的经营管理者为了增加完成任务的保险系数、减轻压力,在制定生产计划和预期利润时,都尽可能地压低指标。当时的财政部长李先念即深有体会地说：一些企业和部门在提高生产和增加利润时是保守的，而在增加投资和建设新项目（即向上要钱、增加投入）时则是冒进的。① 这种多数企业在生产上仍有潜力可挖的现象，在反对官僚主义和保守主义时曾不时被揭露出来，毛泽东肯定会有所觉察。

第三，1955年农业取得大丰收和当年财政物资的结余，也为1956年的工业和整个国民经济的发展创造了较好的条件，使1956年国民经济的高速增长有了可能。

第四，1956年，苏联援助的许多建设项目将进入施工高峰，为了避免建设任务过多地拖到1957年（即"一五"计划的最后一年）造成被动，基建部门也都希望加快1956年的经济建设速度。

由于上述经济因素的作用，加上政治上反右倾保守以及社会主义改造高潮的推动，1956年1月第三次全国计划会议在编制1956年度国民经济计划草案时，就对经济发展速度考虑较多，而对国家的经济发展潜力、财力、物力等条件研究不够，结果提出1956年工业总产值比1955年增长21.7%，达到"一五"计划规定的1957年的水平；粮食产量比丰收的1955年增长9.2%，棉花增长18.3%，均超过"一五"计划规定的1957年应达到的指标。为了保证上述增长指标的实现，1956年的基本建设投资、职工工资总额和农业贷款三个方面自然要突破原订计划，有较大增加。结果出现"三管齐下"的经济过热现

---

① 参见《李先念论财政金融贸易》上卷，中国财政经济出版社1992版，第100页。

象。这主要表现在以下几个方面：

第一，基本建设规模过大。1955年9月国家计委预定的1956年度基本建设投资额为112.7亿元，而1956年1月的全国计划会议则将其增加到147亿元，结果1956年的计划投资额比1955年增长71％，占"一五"计划基本建设投资额的35％左右。由于要大干快上，1956年2月召开的全国基本建设会议，又将"一五"计划期间的限额以上基建项目由原定的694个追加到745个，铁路建设也由原计划恢复和新建4084公里线路增加到8000公里线路。同年6月，限额以上基建项目又猛增到800多个，从而使1956年继续施工和新开工的建设项目大大超过了"一五"计划的规定。

基本建设规模过大，又造成以下两方面的问题。

一方面，从财政上看，基本建设增长速度超过了财政收入增长速度。1956年国家预算的基本建设投资实际比上年增长62％（经过反冒进压缩后），占全部财政支出的45.5％，这个数字超过了历年基本建设占国家预算支出的比例（过去是35％～38％）。而同期财政收入只比上年增长7％。更重要的问题是，自1955年开始，"低打收入"的情况已经改变，1956年的预算收入不仅超过了实际可能，而且将上年结余的10亿元也列入，这部分结余已经被银行作为信贷资金。从而造成资金供给紧张，财政出现赤字。①

另一方面，基本建设投资增长速度超过了生产资料生产的

---

① 参见王子英：《1956年国家预算编造和执行中有些什么经验教训》，《财政》1957年第1期。

增长速度。1956年基本建设比上年增长62%，而以生产资料为主要产品的重工业产值只增长了40%，虽然动用了70万吨库存钢材，钢材仍然供不应求，其他建材和若干机械设备也供不应求，结果使建设工作中出现不少停工待料和窝工现象。仅1956年4月份，因建筑材料和设备供应不足而未能如期开工的项目即占同期应开工项目的1/5。另外，由于基本建设使用的物资增加过多，因此国家在原材料分配时，为保证重点建设的需要，对于一般为市场服务的生产（主要是生活消费资料）则照顾不够，分配减少，使这类生产受到限制，产品品种和数量不能满足社会需要，造成市场供应紧张。以钢材为例，1955年供给轻工业市场的钢材占当年钢材供应量的23.2%，而1956年则降为18.7%，但是1956年因农业投入和职工工资总额大增，以钢铁为原料的农具和消费品的需求也大增，结果1956年出现手工业者到处抬价抢购废钢铁现象。

由于物资供应紧张，1956年在许多协作企业之间，普遍流行所谓"自带粮票"的办法，即如果甲厂要向乙厂定做部件、配件或非标准设备时，乙厂就要求甲厂自带原材料，如果不自带原材料，则乙厂就不接受该项协作任务。另外，1956年在企业之间还发生了以物易物的现象。

第二，职工总数增长过快。1956年计划增加职工84万人，大干快上的结果是新增加职工230万人，超过计划近2倍，增幅达到37.7%。这一年，因职工人数增加和职工升级调资（职工平均工资比1955年增长14%），全国职工工资总额比1955年增长45.8%，而同期国民收入仅增长11.9%，以生产消费品为主的轻工业，产值只比上年增长不到20％，农副业总产值仅比上年增长4.9％，而农副产品的交售量反而低于1955年。由于职工工资总额的增长超过消费资料的增长，使得1956年出现生活消费品供不应求的紧张局面，造成持币待购，影响了货币回笼。

第三，信贷突破计划，货币发行增加。从银行信贷情况来看，冒进主要表现在两个方面：一是1956年的存款增长计划订得过高。1956年财政预算列入动用上年结余10亿元，这意味着财政存款要减少，但是中国人民银行在编制信贷计划时，反而把财政存款定为增加3.5亿元，实际上当年财政存款减少19.7亿元。对其他存款也有估计过高的倾向，例如农村存款原计划增加18亿元，实际仅增加1.9亿元。结果，1956年银行各项存款增减相抵，反比1955年减少7.6亿元。二是贷款增长过猛，大大超过原计划。1956年农业贷款计划增加11.2亿元，结果却增加到20.3亿元，使得农贷增加额是1955年增加额的8.46倍，大大超过前三年增长的总和。同时，对城市公私合营企业的贷款，原计划1956年比1955年增加2.9亿元，但实际增加了9.4亿元，也大大超过了原计划。到1956年年底，银行各项贷款余额比上年增加29.7亿元，增长14.5％。由于存款减少，贷款却大量增加，遂导致存贷差额扩大，货币发行增加。1956年年底，市场货币流通量比1955年增加42％，大大超过了工农业总产值和社会商品零售总额的增长速度。

第四，农业生产急于求成，指标订得过高。1956年1月，中共中央政治局通过并颁布《全国农业发展纲要》，这个草案所提出的农业增产目标，按当时世界农业的发展经验来看，即使大量增加投入（水利、化肥、农药、品种改良、机械），也不容易达到。而1956年年初，由于受合作化高潮和批判右倾保守思想的影响，许多地方都主张三至五年实现纲要指标。结果在制订农业生产计划时，指标一再追加，使得1956年粮、棉产量计划指标变动多次。粮食产量指标，1955年9月提出：1956年比丰收的1955年增长1.7%，到同年12月则改为8.1%，1956年2月又改为9.2%；棉花产量指标，1955年9月提出：1956年比1955年减少1.3%，同年12月则改为增长16.9%，到1956年2月又改为增长18.3%。不仅如此，各省市制订的计划，则比中央制订的上述计划指标还要高（粮食、棉花的增产指标平均比中央计划指标分别高4.3%和11%）。实际上，我国农业当时还靠天吃饭，加上1956年农村经济体制剧烈变动和缺乏足够的投资，上述指标是根本不可能实现的。因此，尽管1956年不断追加农业投资，使得农用物资供应紧张，但是由于当年自然灾害严重和合作化过急两个因素的影响，粮食产量仅比1955年增长4.4%，棉花产量反比1955年下降4.8%，其他农副产品产量也远没有达到计划指标。1956年年初农业计划指标订得过高，其影响不仅是农业本身，由于农业为轻工业提供60%以上的原料，农业税在财政收入中占11%（1955年）的份额，因此农业计划指标过高必然影响工业和基本建设提高指标。

由于以上原因，尽管经过反冒进的压缩，1956年执行国家预算的结果，仍出现财政赤字18.3亿元，支出超过收入

6%，打破了1951年以来收支平衡、略有结余的局面。加上当年多放的贷款，1956年共多支出30亿元。财政信贷的多支出引起银行货币投放的增加，市场货币流通量比1955年年底增加17亿元。同时社会购买力比上年增加14%以上，而同期生活消费资料的产量仅比上年增长7%左右，致使国家不得不动用库存物资，1956年商业库存物资比1955年减少17亿余元，但是市场供求关系仍然很紧张。

上述情况表明，1956年国民经济建设中确实存在着急躁冒进倾向，建设规模和发展速度超出了国家经济承受能力。这种经济过热现象如果不及时纠正降温，必将影响国民经济的持续稳定发展并可能引发市场混乱，同时也会导致经济效益下降，"反冒进"就是在这种情况下提出的。

二、反冒进

◎周恩来最先提出"反冒进"

◎《人民日报》受到周恩来严厉批评

◎使毛泽东生气的"反冒进"社论

◎"一幅不成联"——民主党派也认为冒进了

◎周恩来一再压缩计划指标

◎双轮双铧犁由500万部压缩到175万部以下

◎陈云、李富春、李先念、薄一波都认为"冒"了

1955年下半年开始的农业合作化高潮和由此带动的工商

业和手工业社会主义改造高潮,又促进了人们掀起经济建设的热潮,特别是毛泽东主持制定的《全国农业发展纲要》公布以后。对于毛泽东反对保守主义、加快经济发展速度的设想,周恩来在1955年年底是赞同的,他在1955年12月5日中共中央召集的座谈会上(刘少奇传达毛泽东的有关指示)表示:最近政府在各方面的工作,"或多或少都存在着保守。""反对盲目冒进是对的,但又带来了副作用,必须打破这个副作用。"周恩来还说:我对毛主席指示的体会可以用一副对联来反映,"上联:客观的可能超过了主观的认识;下联:主观的努力落后于客观的需要。新大陆早就存在,而我们发现得太晚了"①。

但是,随着各地区、各部门批判所谓"右倾机会主义"和"保守主义",不断提出一些超出实际可能的投资和发展计划时,对于经济建设中的冒进倾向,具体抓全面工作的周恩来最先察觉并感到不妥。1956年1月20日,周恩来在中共中央召开的知识分子问题会上就呼吁:不要搞那些不切实际的事情,要"使我们的计划成为切实可行的、实事求是的计划,而不是盲目冒进的计划"。"这一次我们在国务院召集的计划和财政会议,主要解决这个问题"。1月30日,在全国政协第二次会议上,周恩来在《政治报告》中重申了上述观点。他说:现在,摆在全国人民面前的问题,是要把各项建设事业做得又多、又快、又好、又省,以便使各项事业的发展,适应已经变化了的情况,适应国家和人民的需要。我们应该努力去做那些客观上

---

① 转引自金冲及主编:《周恩来传》,中央文献出版社1997年版,第259页。

经过努力可以做到的事情，不这样做，就要犯右倾保守的错误；我们也应该注意避免超越现实条件所许可的范围，不勉强去做那些客观上做不到的事情，否则就要犯盲目冒进的错误。①

2月7日，在会议闭幕时，周恩来又就有人提出政治报告中为什么没有提早完成工业化问题解释说：讲提早完成工业化应慎重。这就是说，工业化比三大改造困难得多。要实事求是，不要没有根据地提，要区别提，不要混同提。因此，政治报告中说加快速度，但不是提前完成工业化。大家要认识工业化是需要时间和知识的。"诸葛一生唯谨慎"，用这句话形容作为总理的周恩来也比较恰当，也正是这种细腻谨慎的性格，使得他成为具有诗人气质的毛泽东不可缺少的搭档。

2月6日周恩来与计委主任李富春、财政部长李先念等开会，在研究如何在计划会议和财政会议上压缩指标时，周恩来指出：反右倾保守，轰轰烈烈，这是社会主义的喜事，但也带来一个缺点，不小心办事，有冒进、急躁倾向。各部门专业会议提的计划都很大。既然已经存在不小心谨慎办事，有冒进急躁现象，计委、财政部就要压一压。后来周恩来曾多次把这两个压指标的会议戏称为"二月促退会议"。

2月8日，周恩来在国务院第二十四次全体会议上又一次指出："现在有点急躁的苗头，这需要注意。社会主义积极性不可损害，但超过现实可能和没有根据的事，不要乱提，不要乱加快，否则就很危险。""绝不要提出提早完成工业化的口

---

① 载《新华半月刊》1956年第5期。

号。冷静地算一算，确实不能提。工业建设可以加快，但不能说工业化提早完成。""领导者的头脑发热了的，用冷水洗洗，可能会清醒些。各部专业会议提的计划数字都很大，请大家注意实事求是。"① 4月10日，在国务院常务会议上，周恩来又一次提出搞计划必须实事求是。

3月23日，周恩来主持召开国务院常务会议。在会上，周恩来对《人民日报》报道预计1967年我国平均每人可食肉80多斤的消息提出批评。周恩来说：这个消息是不可靠的，因为我们对那时的人口、猪、粮食饲料数字均无法知道。新华社和《人民日报》要进行检查，哪个部门批准的就批评哪个部门；并发表短评，公开更正。以后要发表的经济数字，应经过各主管部门或国家计委审查，如果拿不准时，应报总理或主管副总理审批。

4月下旬，毛泽东在中共中央政治局会议上主张再追加20亿元基本建设投资，与会的大多数人不赞成，周恩来更是竭力劝阻。据胡乔木回忆说："会上尤以恩来同志发言最多，认为追加预算将造成物资供应紧张，增加城市人口，更会带来一系列困难等等。毛泽东最后仍坚持自己的意见，就宣布散会。会后，恩来同志又亲自去找毛主席，说我作为总理，从良心上不能同意这个决定。这句话使毛主席非常生气。不久，毛主席就离开了北京。"②

6月5日，在国务院常务会议讨论1956年预算报告时，周

---

① 《周恩来选集》下卷，人民出版社1984年版，第190~91页。
② 转引自金冲及主编：《周恩来传》，中央文献出版社1997年版，第269页。

恩来提出:"右倾保守应该反对,急躁冒进现在也有了反映。这次人大会上要有两条战线的斗争,既反对保守,也反对冒进。"①

6月12日,周恩来在国务院第30次全体会议讨论《关于1955年国家决算和1956年国家预算的报告》时又说:"去年12月以后冒进就冒头了,因此,现在的情况和去年不同了,已经不是预防而是需要反对冒进了!如果冒进继续下去,又会脱离实际,脱离群众,脱离今天的需要和可能。不能向群众泼冷水,但也不能把少数积极分子的要求当成群众的要求。"②

可以说,作为直接领导建设工作的周恩来,在1956年上半年不断地抑制因批判"右倾保守主义"带来的盲目冒进情绪,这显然与毛泽东的思路有所不同。因为周恩来实事求是,处理的又都是具体问题,无可挑剔,毛泽东也不好说什么。但是,1956年6月20日《人民日报》发表的反冒进社论,则引起了毛泽东的强烈不满。

1956年5月,在中共中央开会讨论一届人大三次会议(6月召开)文件起草问题,会议由刘少奇主持,毛泽东未参加。会上各地反映基本建设太快、财政增加、人力增加,上得太快了。与会同志认为对此应该控制、压缩,1957年的计划也应该压下来。会议最后决定我国经济发展要实行反保守、反冒进、坚持在综合平衡中稳步前进的方针。另外,与会同志还一致主张写篇社论,反一下急躁冒进。于是刘少奇要求中宣部代《人民日报》写一篇社论。6月1日,中宣部部长陆定一在部分

---

① 《周恩来经济文选》,中央文献出版社1993年版,第262页。
② 《周恩来经济文选》,中央文献出版社1993年版,第264页。

省市委宣传部长座谈会上传达了这个精神:"反对右倾保守,现在已高唱入云,有必要再提一个反急躁冒进。中央要我们写篇社论,把两个主义反一反。"①

中宣部起草的社论为《要反对保守主义,也要反对急躁情绪》,经过陆定一、刘少奇、胡乔木三人先后修改,加重了反急躁冒进的分量。尤其是陆定一修改时加以突出的"扫盲"例子和胡乔木修改时加写的"双轮双铧犁"例子,都直接涉及毛泽东亲自主持制定的《全国农业发展纲要》。由于1956年做的这两件事不符合实际,特别是"推广双轮双铧犁"是个明显的失误,因此在当时这是比较敏感的两件事。刘少奇在修改该社论稿子后,曾批示:"主席审阅后交乔木办。"而毛泽东接到稿子后却批了"不看了"三个字。

社论于6月20日在《人民日报》头版头条位置刊出。社论虽然题为反对两种倾向,但主要的篇幅和重点是反对急躁冒进。社论还指出:"急躁冒进所以成为严重问题,是因为它不但是存在在下面的干部中,而且首先是存在在上面的领导干部中,下面的急躁冒进有很多就是上面逼出来的。"这篇社论的发表,标志着具体工作中的反冒进扩大到在舆论宣传上也公开明确地反冒进。事后证明毛泽东对这篇社论是很不满意的。

如前所说,《全国农业发展纲要》是新中国成立以后毛泽东亲自主持制定的第一个经济发展规划,毛泽东对它比较满意。由于它是1956年经济建设产生冒进的重要原因之一,因

---

① 转引自薄一波:《若干重大决策与事件的回顾》上卷,中共中央党校出版社1991年版,第534页。

此，1956年6月20日《人民日报》的反冒进社论就两次点了它的名。社论说：

> 下面的急躁冒进有很多就是上面逼出来的。《全国农业发展纲要》四十条一出来，各个系统都不愿别人说自己右倾保守，都争先恐后地用过高的标准向下布置工作，条条下达，而且都要求得很急，各部门都希望自己的工作很快做出成绩来。
>
> 在反保守主义之后，特别是中央提出"又多、又快、又好、又省"的方针和发布《全国农业发展纲要》之后，在许多同志的头脑中就产生了一种片面性，他们以为既然要反对保守主义，既然方针是"又多、又快、又好、又省"，既然要执行四十条，于是一切工作，不分缓急轻重，也不问客观条件是否可能，一律求多求快，百废俱兴，齐头并进，企图在一个早晨即把一切事情办好。

这里实际上是在不点名地批评毛泽东。1955年下半年以后，毛泽东亲自抓农业合作化，并采用批判"右倾保守主义"的政治惩罚办法掀起了农业合作化高潮，随后又将反对"右倾保守主义"的斗争扩大到各个领域。从而导致了1956年上半年出现的冒进。对于上述批评，毛泽东是不满意的。在当时面对冒进导致的供求紧张局面，以及刘少奇、周恩来、陈云、李先念、薄一波等主管经济工作的大多数人都反冒进，毛泽东没有公开表示反对意见。

与此同时，党外人士也看到了经济建设中的冒进问题，认为在反保守思想的同时，应该防止急躁冒进。

1956年6月一届人大三次会议上，陈叔通发言：

> 有一些错误，是不可避免的，是没有法子进行事前防止的；但有一些错误是可以预见得到的，是可以事前防止的。比如，像全行业公私合营高潮到来的时候，要进行这样一种广泛迅速而缺乏经验的改变，我们的工作不可避免地会粗糙一些，并在工作中会发生一些缺点和错误。即使我们能够在事前估计到这种缺点和错误，也是很难完全防止的。但是，在我们进行批判保守思想的同时，是应该考虑到急躁冒进的一面的；在我们号召粮食增产的同时，是应该注意到经济作物及其他副业生产的一面的。这里我想到了毛主席说的："对联是两幅的，一幅不成联。"是不是先挂出一幅，劲头来得大，两幅同时挂出，会把第一幅冲淡呢？我的意见，要发动一个大运动，对联是不是挂出一幅劲头来得大，还是可以考虑的。至于经常措施，还是两幅同时挂出来好，不然，就会发生错误。①

实际工作中，反冒进也取得初步成效。

2月10日，周恩来主持国务院常务会议。会议对1956年度的计划指标进行了压缩：中央各部基本建设投资额削减6%；

---

① 《陈叔通委员的发言》，载《新华月报》1956年第14期。

全国基本建设投资由170多亿元削减为147亿元；双轮双铧犁产量由500万部削减为350万部。

5月15日，周恩来主持国务院常务会议。在讨论双轮双铧犁问题时，周恩来说：我们并不否定它的作用，但根据陈云同志讲，在南方水田中牛不能合作，需要训练，尤其是淤泥田中很难使用，因此，不要生产得太多，可考虑减为180万部，到第四季度不够时，还可以设法生产。又将双轮双铧犁的产量压缩了近一半。22日，在国务院常务会议上，有人提出双轮双铧犁是个问题时，周恩来又说：既然不行，何必提倡？绝对不要强销给农民。会议决定：双轮双铧犁的生产，有些省如果还能压缩的，还可研究再压缩。

7月18日，周恩来主持国务院常务会议。在会议讨论双轮双铧犁产销问题时，周恩来说：东北有大片旱地、大马匹，马比牛听话，推行双轮双铧犁比较好。南方是水田，用的是牛，条件不同了。据陈正人说，江西90%以上的双轮双铧犁没有用。"上面有官僚主义，下面有强迫命令。反下面的强迫命令，必须检查上面的官僚主义。官僚主义和强迫命令的结合，是我们行政工作部门的大问题，是我们国家制度上的一个问题。"会议发出《关于双轮双铧犁减产问题的决定》，指出：今年双轮双铧犁的生产计划最高方案曾达500万部。根据估算，全年最多能销售140万到150万部，因此决定今年的生产计划削减到175万部以下。[①]

[①] 参见中共中央文献研究室编：《周恩来年谱（1949—1976）》上卷，中央文献出版社1997年版，第601页。

6月1日，周恩来和陈云主持召开国务院常务会议，研究再次压缩1956年计划指标和编制1957年计划问题。周恩来提出：1956年的基本建设投资额尽管经过"二月会议"由170亿元压缩到147亿元（仍比1955年增长近68%），但是这么大的数字还是不可能完成，要好好计算一下。经过研究，会议认为1956年钢材只能增长45%，而水泥为负增长，原材料缺口这样大，147亿元的基本建设投资额仍然不能完成。于是6月5日的国务院常务会议决定，将1956年的基本建设投资额再由147亿元压缩到140亿元。由于削减谁的投资谁都不愿意，于是主管财政的李先念和主管基本建设的薄一波两个人商量，只好采取"剃一次平头"，即大家都削减5%。周恩来同意了这个办法，于是投资额降低到140亿元。周恩来在会上说：这次人大会上，要有两条战线的斗争，既要反对保守，也反对冒进。

6月10日，在刘少奇主持下，中央政治局讨论并基本通过国务院的上述意见，同时，指定胡乔木根据讨论意见对这个预算报告草案加以修改。胡乔木的修改，明显增加了反对冒进的分量："生产的发展和其他事业的发展都必须放在稳妥可靠的基础上。在反对保守主义的时候，必须同时注意反对急躁冒进的倾向，而这种倾向在过去几个月中，在许多部门和许多地区，都已经发生了。急躁冒进的结果并不能帮助社会主义事业的发展，而只能招致损失。"6月30日，全国人大三次会议通过了上述的1956年预算报告。

6月16日，《人民日报》发表社论《读1956年的国家预算》。社论说预算报告"最值得注意的一点，是在反对保守主义的同时，提出了反对急躁冒进的口号，这是总结了过去半年中执行国民经济计划的经验得来的结论"。

社论列举了如下几种急躁冒进的表现：

（一）例如许多农业合作社的增产计划过大，而且片面地着重粮棉而忽视副业，生产和非生产的投资都过多。

（二）例如许多建设部门的计划过大，超过了材料和设备供应的限度。

（三）例如一部分生产企业的产品计划没有详细研究原材料的来源和用户的实际需要，许多企业在生产过程中也是片面地追求多和快，忽视好、省和安全。

社论号召："希望全国各级组织和各个部门的工作人员，都认真地重视这一个警号，在实际工作中正确地进行两条战线的斗争——既反对保守主义，又反对急躁冒进。"

但是令人遗憾的是，毛泽东却没有重视这一个"警号"，也许是这篇社论没有报送他审阅。反正未引起他的注意。

由于刘少奇、周恩来以及几位主管经济工作副总理的努力和毛泽东尊重多数人的意见，到1956年年中，经济建设中来势较猛的急躁冒进势头基本上被遏制住了。但就全年来看，1956年的经济建设还是表现出前面所述的冒进和过热。

1956年11月9日，周恩来在国务院常务会议上就说：1956年度各种计划指标到底怎样，我们觉得应该说冒了。虽然后来控制了一下，纠正了几项，但"上马"就跑，而且是千军万马，齐头并进，"下马"不那么容易。在"三大改造"高潮之下，各部门提出的计划都是大的，从乡政府到各部的司、局都想多和快。2月的财政、计划会议是促退会议,但已不能挽回。从2月的促退会议以后到现在,国务院会议每次都在"下马",总是下不好,速度、质量都受了影响。①

1957年1月8～10日,毛泽东在颐年堂召集小范围会议,座谈1956年的经济工作。陈云、李富春、李先念、薄一波四个人的发言,都一致认为1956年的经济工作"冒"了。李富春甚至说了"冲昏头脑"的话。

三、八大前后的继续反冒进

◎压缩"二五"计划指标

◎周恩来说:"必须采取退的方针"

◎陈云说:"慢一点,右一点,还有回旋余地"

◎这件事情并没有完

6月份全国人大会议通过1956年国家预算之后,周恩来立即把主要精力转入"二五"计划建议的编制工作中,这是为中共八大准备的一个重要文件,也成为1956年反冒进的第二个回合。

1956年夏,国务院在北戴河召开重要会议,各部曾在会上提出第二个五年计划的指标,国家计委加以汇总后,于10月份报送党中央和国务院。11月间,当毛泽东提出"农业十

---

① 《周恩来经济文选》,中央文献出版社1993年版,第332页。

七条"和随后部署各方面批判"右倾保守"思想后,各部委不约而同地索性把北戴河会议上提出的"二五"计划方案否定了,有的重新提出"二五"方案,有的索性把"三五"计划方案改为"二五"计划。例如粮、棉、钢的产量指标,有关部门在北戴河汇报1962年将分别达到4600亿斤、4300万担、1100万吨;而1956年1月计委汇总的各部重新拟定的指标则为:粮6400亿斤、棉7000万担、钢1200万吨。毛泽东对各部重拟的方案是比较满意的,但仍认为钢产量指标还低,主张1962年"把钢搞到1500万吨",因此国家计委又将1500万吨钢列入"二五"计划。中央粮、棉、钢指标订得过高,不仅地方要跟上来,而且其他部门和行业也都要跟上来。到1956年6月,一届人大三次会议批准既反保守又反冒进,坚持在综合平衡中稳步前进的经济发展方针,但是有关部门却迟迟拿不出一个符合这个方针的"二五"计划草案。

7月3~5日,周恩来连续召开国务院常务会议,讨论计委先后报送的两个"二五"计划方案。周恩来指出:第一方案冒进了,第二方案也是不可靠的、危险的。周恩来、陈云、薄一波都主张将粮、棉、钢的指标降下来。周恩来强调:现在要精打细算,搞一个比较可行的方案,作为向八大的建议。会后,在周恩来的直接指导和帮助下,计委于7月下旬又编出一个新方案。

8月3~16日,周恩来、陈云在北戴河召开国务院常务会议,审查计委新编的"二五"计划方案。会议对部分指标又作了调整。回京后,周恩来又邀集计委有关同志将方案推敲了一遍，才提交给中共中央。

国务院最后确定提交给中央的"二五"计划方案，将1962年的粮食产量指标定为5000亿斤，棉花产量定为4800万担，钢产量定为1050万～1200万吨，比1956年1月计委汇总的指标下降了很多，从而使"二五"计划指标较为可行，即既可能达到，但也非轻易能达到。国务院最后确定的这个方案为中央和毛泽东所采纳。这个降低指标的方案之所以被中央和毛泽东采纳，还有一个原因，那就是在此期间，苏共中央于9月1日复信中共中央，认为我党原拟"二五"计划指标过高，希望考虑实现的可能性，同时表示苏联没有力量按原订"二五"计划方案的要求提前提供有关设备。

1956年9月，"二五"计划方案在中国共产党第八次全国代表大会上得以通过，同时大会还肯定了刘少奇、周恩来、陈云等人提出的既反保守又反冒进、在综合平衡中稳步前进的经济建设方针。

八大以后，经济建设中的冒进倾向并没有从根本上消除，影响还很大。因此在制定1957年度经济计划时，冒进和反冒进又进行了第三个回合的交锋。

八大以后，当选为中央副主席的周恩来和陈云，开始将工作重点放到编制1957年的计划和预算上来。1957年的计划由新成立的国家经委从7月份开始编制。当时各部门向经委提出的1957年基本建设投资额高达243亿元，当国家经委压缩到150亿元时，受到各部门、各地区的强烈反对，不同意再往下压了。经委再次根据财政、物资和市场等方面情况进行平衡计算，结果发现即使压缩到 140 至 150 亿元，仍然偏高，必须有 320 亿元的财政收入与之相匹配，而 1957 的财政收入要达到这个数字几乎是不可能的（1956 年仅为 287.4 亿元）。

根据这种情况，周恩来和陈云感到基本建设规模不往下压，财政支出就必然会继 1956 年后再次出现赤字，物资供应紧张程度会比 1956 年更加严重，积累与消费关系也会过于紧张。因此，要使国民经济运行回到正常的轨道，就必须将基本建设投资额压缩到明显低于 1956 年水平（即使 1957 年财政收入有所增加）。

1956 年 10 月 20 日～11 月 9 日（党的八届二中全会前夕），周恩来连续召开了 10 次国务院常务会议，检查 1956 年计划执行情况，研究 1957 年的主要经济控制指标。出席会议的有陈云、李富春、李先念、薄一波、习仲勋、贾拓夫、宋劭文、谷牧等。在 10 月 24 日的会议上，周恩来提出：现在"不但年度计划冒了，远景计划也冒了，而且把年度计划带了起来"。现在我们"主要应该批'左'"。周恩来又表示："各部提出不能减的理由，就是完不成第二个五年的数字，达不到第三个五年的水平。我们答复他们：可以达不到。"在 29 日的会议上，周恩来又介绍说：苏联 1936 年冒进了一次，结果"物资不够了，工资增加了，消费品供应不上，人民骂娘"。"可难受了，退了三年才扭转过来"[①]。

为了统一各部门思想，周恩来请各部党组负责人参加了 11

---

① 转引自金冲及主编：《周恩来传》，中央文献出版社 1997 年版，第 288 页。

月9日的国务院常务会议。在11月9日的会议上,周恩来又明确提出:"必须采取退的方针。"并说,"这样做,不发生'左'倾、右倾的问题。不像政治方面,'左'了就说盲动,右了就说投降。"陈云也提出:宁愿慢一点,慢个一年两年。稳当一点,就是说右倾一点。右倾比"左"倾好一点。① 会议终于统一了思想,对压缩基本建设投资取得了大体一致的意见。

11月10日,中共中央召开八届二中全会。这次会议的重要议题之一是讨论1957年国民经济计划和财政预算控制数字,因此为争取1957年度经济稳定发展而进行的反冒进就集中在这次会议上。毛泽东后来也把这次会议看作反冒进的"集中表现"。

八届二中全会议程有三项:时局问题,1957年国民经济计划和财政预算控制数字问题,粮食和主要副食品问题。刘少奇在作时局问题报告时,结合波、匈事件教训,提出:我们应遵照毛主席关于"又要重工业,又要人民"的指示,不能把同人民的关系搞得太紧张。我们应该注意把工业建设速度放在稳妥可靠的基础上。他赞同陈云讲的"慢一点,右一点,还有回旋余地;过了一点,左了一点,回旋余地就很少了"。

周恩来就第二项议程作报告,他也联系波、匈事件的教训,并根据"一五"计划和1956年度计划执行情况,提出1957年应实行"重点发展,适当收缩"的方针。他说:八大的建议和《农业发展纲要》四十条中的有些指标,都是建议性

---

① 参见薄一波:《重大决策与事件的回顾》上卷,中共中央党校出版社1991年版,第555页。

质，在执行中如果跟不上去，不要勉强，可以修改。

1956年的生产指标多数已接近"一五"计划所规定的1957年应达到的水平，到1957年，46种工业生产指标，估计有39种一定超过。"一五"计划规定基本建设投资为427亿元，当时提出第二年投资131亿元，同前四年的投资加在一起，将达到480亿元，超过计划50亿元。在预算收支、人才培训、劳动工资等方面，都将超过或四年就已经超过五年计划规定的指标。1956年生产建设成绩很大，但有些方面"冒"了，因为当年"冒"了，第二年的计划安排就非常困难。"冒"了的就要收缩一下，使整个国民经济协调发展，不然站不稳。为此，周恩来明确提出："明年的计划方针应该是，保证重点，适当退却或者适当收缩。"

会议在分组讨论中，除对某些具体指标安排有意见外，一般都同意1957年实行"保证重点，适当收缩"的经济建设方针。华北组认为：1956年各方面都"冒"了，1957年应该收缩。董必武在中南组上说：批评冒进从6月就开始了，但冒进的思想并未得到清除。经济建设是长期的，偶然突击一下可以，但不能经常采取突击的方法。冒进不清除，第二个五年计划还会发生问题。

毛泽东在大会上的讲话则反映出他对这次会议的反冒进是有不同看法的，他在11月15日的讲话中谈了七点意见。他说："要保护干部和人民的积极性，不要在他们头上泼冷水。我们曾经泼过冷水，在农业社会主义改造问题上泼过冷水，不也是促退吗？"① 但是毛泽东没有直接和明确提出批评，并且也同意1957年实行"保证重点，适当收缩"的方针。

12月27日，陈云主持召开国务院常务会议，继续商讨压缩1957年基本建设投资问题。陈云说："不要怕别人说机会主义。"明年的投资"削了以后，不仅明年平衡，将来也可以平衡"。陈云还强调："明年要削减投资，必须搞些死办法，灵活了不行。"有的项目"不搞就是不搞，人不准增加就是不能增加，要砍就砍下来"。② 会议决定将基本建设投资再压缩至114亿元，并待进一步核算后提交中央讨论。

1957年2月8日，中共中央发出《关于1957年增产节约运动的指示》，该指示在肯定了1956年经济建设取得巨大成绩的同时，还承认1956年的年度计划有进展过快的缺点，并解释了1957年对经济建设规模和速度作适当调整的必要性。2月22日～3月1日，第四次全国计划会议在京召开。会议根据上述方针调整了1957年的计划草案。同年6月，在一届人大四次会议上，薄一波代表国务院作《关于1956年国民经济计划执行结果和1957年国民经济计划草案的报告》，提出1957年工业总产值比1956年增长4.5%；基本建设投资111亿元，比上年实际完成数减少20.6%。该草案得到会议的批准。这样，1957年的经济建设终于抑制住冒进的干扰，缓解了1956年因经济增长过快造成的全面紧张局面，为"一五"计划的顺利完成和实现国民经济发展的综合平衡创造了条件。

---

① 转引自金冲及主编：《周恩来传》，中央文献出版社1997年版，第293页。
② 转引自金冲及主编：《周恩来传》，中央文献出版社1997年版，第295页。

由于1956年的经济建设出现冒进，造成财政收支出现赤字、信贷规模过大、物资供应十分紧张。因此，在制定1957年的计划时，就如上所述，采取了"保证重点，适当收缩"的方针，将基本建设规模和经济增长速度都适当地降了下来，从而使国民经济的运行基本回到相对平衡的轨道。但是，毛泽东对这种压缩是不满意的，特别是1957年开展开门整风期间，有些民主人士对1956年的冒进提出批评后。因此，在1957年9～10月间召开的八届三中全会上，毛泽东开始公开批评1956年的反冒进。在10月9日的闭幕会上，毛泽东说：1955年来了一个高涨，1956年吃了亏，来了一个右倾，来了一个松劲。主要是扫掉了三个东西：一是多快好省，二是《全国农业发展纲要》，三是促进委员会。共产党应该是促进委员会，只有国民党才是促退委员会。毛泽东表示要"复辟"被扫掉了的这三个东西。会议还通过了上述所谓被"扫掉了"的《全国农业发展纲要》。10月26日，《人民日报》公布了这个纲要。

11月13日，《人民日报》发表社论《发动全民，讨论四十条纲要，掀起农业生产的新高潮》；12月12日，《人民日报》又发表经过毛泽东修改和政治局讨论过的社论《必须坚持多快好省的建设方针》。这两个社论都批评了1956年的反冒进，把批评反冒进的问题公开了。毛泽东当时认为北京的空气沉闷，华东的空气活跃，想以地方来促进北京。于是他在12月8日离京去华东。毛泽东在杭州召开的部分省市负责人会议上，继续批评1956年的反冒进。还说：批评右倾保守，就很舒服，愈批评愈高兴，要愉快地批评右倾保守。

第四章
探索自己的建设道路
意气风发——1956年的中国

一、三个伟人的调查研究

◎刘少奇首先开展调查研究

◎刘少奇说：用消费刺激生产是进步的

◎"流动的个体劳动者无论如何不能减少"

◎毛泽东"床上地下"，连续听取汇报

◎"汇报"中提出的问题

◎《论十大关系》的形成

◎薄一波对公开发表的《论十大关系》的补充

◎邓小平说："这篇东西太重要了"

◎《论十大关系》的历史局限

◎长达三个半月的体制会议

◎周恩来提出"改进体制，逐步实现"

1955年12月5日，中央政治局召开各省、市、自治区党委负责人座谈会。刘少奇主持会议，传达了毛泽东关于召开八大的指示，刘少奇特别提出，为了起草八大政治报告，他准备找各部门的同志谈话，请各部门同志作准备，同时，有关的材料也请送到中央来。

会后，刘少奇从1955年12月7日至1956年3月9日，先后约请了国务院工业、交通、财贸、邮电、文教、体育等30多个部门的负责人座谈，详细听取他们对其部门实际情况和今后发展意见的汇报。据当时列席汇报会的邓力群回忆："座谈会基本上是一个部门谈一天,个别部门也有谈两天的,经常从白天一直开到过午夜。这样一天连着一天谈,进行七八、十来天,算一个段落,然后间隔个把星期的样子,再谈七八个部门。""每次汇报中间,少奇同志都讲了很好的意见。他是边听边记,时而插话、提问,画龙点睛地讲了一些话。"① 刘少奇的不少插话和意见即使从今天来看仍然很有意义,如:

12月27日,听取地方工业部副部长张劲夫汇报时说:"过去有些资本家天天在想产品新花样,实行社会主义改造之后,有些产品已经没有人在想新花样了,为了研究新产品,要把资本家中会搞设计的养起来。"②

12月28日,听取纺织部副部长钱之光等人汇报时说:"纺织品和针织品的品种花色要增加……不断增加品种花色,用刺激人民更高的消费欲望来促进生产,是进步的,这和腐化不同,腐化是妨碍生产破坏生产的,而刺激生产则是进步的。"③

12月30日,听取手工业管理局局长白如冰汇报时说:"修修补补的、磨剪刀的、修农具的,这些分散的、流动的个体劳动者无论如何不能减少,而且要加多。分散流动,生产上门是手工业的一个好特点,要维持,要保持。"

1956年1月2日,听取粮食部副部长陈国栋等人汇报时说:"农业合作化以后,粮食征购制度如何改变值得慎重研究,我国和苏联情况不一样,不要单纯学苏联的经验。"

---

① 邓力群:《我为少奇同志说些话》,当代中国出版社1998年版,第58～59页。
② 《刘少奇论新中国经济建设》,中央文献出版社1993年版,第269页。
③ 《刘少奇论新中国经济建设》,中央文献出版社1993年版,第273页。

1月3日,听取商业部副部长姚依林等人汇报时说:"小商贩可以组织起来,但不要完全并掉,留下百分之十也不要紧。不要改变他们的经营方法。"

1月7日,听取劳动部部长马文瑞等人汇报时说:"现在采用的固定工与临时工的办法是错误的,临时工到处呼吁转正式工,使企业背包袱。过剩的劳动力应由国家负责,不能叫企业包下来。今后新工人或学徒都应实行合同制,签订一年或两年的合同。"①

刘少奇听取汇报时,曾经提出了要重视发展轻工业和农业;重视发挥沿海工业的潜力;重视发挥地方的积极性;重视发挥技术人员的作用;学习苏联应该有所学有所不学等观点,这些观点对于后来毛泽东概括十大关系提供了重要参考作用。

毛泽东从1955年12月21日到1956年1月12日正在外地调查,不在北京。毛泽东回到北京后,从薄一波那里听说刘少奇正在听取各部门负责人汇报,这对于历来强调"没有调查就没有发言权"的毛泽东来说,自然很感兴趣,就要求薄一波也给他组织一次这样的汇报。于是,毛泽东也开始了他新中国成立以后第二次重要调查。毛泽东调查的第一个方面,是听取34个部委汇报,时间是从2月14日到3月22日。

第二个方面是听取各省、市自治区党委汇报,时间是从4月下旬开始。3月30日,毛泽东批发的"各地经济工作汇报提纲"列出十项需要汇报的内容:

---

① 转引自《刘少奇年谱》下卷,中央文献出版社1996年版,第350~357页。

（一）本省、市、区的主要经济情况。

（二）本省、市、区"一五"计划预计完成情况和经验教训。

（三）对全国和本省、市、区"二五"计划和"三五"计划的主要意见；本省、市、区的主要资源情况和主要发展方向。

（四）当前工人群众社会主义竞赛高涨的情况；工业、农业、交通、商业、财政各方面的潜力表现在哪里；如何具体地在生产、基建、运输、流通各方面发掘潜力。

（五）如何在中央的统一领导下发挥地方的积极性，对中央和地方在事业、财政、计划的体制划分的意见。

（六）地方党委对地方各种企业和中央国营企业如何更好地加强领导，如何进行统筹安排。

（七）执行《农业发展纲要》的情况和发生的问题。

（八）私人工商业、私人运输业社会主义改造和手工业合作化中的问题和意见。

（九）对国营商业和供销合作社分工的意见，对工农产品的价格政策的意见。

（十）对资金积累、负担政策和改善人民生活的意见。

"指示"要求："这种汇报应当有形象的材料，有批评，有议论，有主张。不要枯燥无味、千篇一律，同时，应当写成书面文件报送中央，字数以一万五千字左右为宜。但要看内容如何，内容好，写得有骨有肉，生动活泼，不妨长一点，否则宜短，几千字也可以。上开十项如果一次写不完，分别写成几个报告也可以。如果一时写不好许多问题，先写两三个或者三四个问题也可以。"①

第三个方面，是要求工交部门约 200 到 300 个工厂和建设工地向中央和毛泽东写一个书面报告，时间是从 2 月份开始布置。

据薄一波回忆，毛泽东在听取汇报的日子里，十分疲劳。有次听完汇报，毛泽东带着疲乏的神情说，他现在每天是"床上地下，地下床上"，起床就听汇报，穿插着处理日常工作，听完汇报就上床休息。毛泽东听取汇报劳累，除了时间紧凑，"连续作战"以外，还因为一些经济部门整理的汇报材料很不理想，只有干巴巴的条条或数字，没有事例，使毛泽东听起来非常枯燥吃力。有一次，听一位部长汇报，毛泽东紧皱眉头，忽然抬起头来说：听这样的汇报，"是使我强迫接受，比坐牢还厉害。坐牢脑子还有自由，现在脑子也不自由，受你们指挥。""你们这些条条，一定是从许多具体材料中得出来的，应把具体问题写清楚。""要请我的客，又不给我肉吃，是不是自己要留一手！""半个月来的汇报，都存在这个问题。"② 这是毛泽东继《中国农村的社会主义高潮》按语之后，对经济部门文风的又一次尖锐批评。

经济部门向刘少奇和毛泽东的汇报，内容大致是相同的。提出的问题，除了各部门的具体业务问题外，带有全局性的问

---

① 《建国以来毛泽东文稿》第六册，中央文献出版社 1992 年版，第 54~55 页。
② 转引自薄一波：《若干重大决策与事件的回顾》上卷，中共中央党校出版社 1991 年版，第 470 页。

题主要有以下几个：

（一）关于产业结构问题，主要是农、轻、重的比例关系问题。

（二）生产力布局问题，主要是沿海工业与内地工业关系问题。

（三）国防工业建设的规模和速度问题，实际上是重工业内部的国防工业与民用工业关系问题。

（四）经济体制问题，主要是国家、集体、个人的权利、责任、利益分配问题。

（五）国家对经济和其他事业的管理体制问题，主要是中央和地方的关系问题。

34个部委汇报结束以后，中央政治局还开过几次会进行讨论归纳。由于如何部署我国的经济建设与国际形势密切相关，直接涉及国防建设与经济建设的关系、沿海工业与内地工业的关系等问题，因此对未来战争爆发可能性的估计，也成为十大关系之外的另一个讨论重点。政治局会议认为，1955年召开的万隆会议、日内瓦会议以后，国际形势趋向缓和，新的侵华战争或世界大战短时间内打不起来，可能会出现十年或者更多一点和平时间。

4月25日，毛泽东在中央政治局扩大会议（有省、市、自治区党委书记参加）上，作了《论十大关系》报告，毛泽东讲完以后，会议连续讨论了三天，"百花齐放，百家争鸣"方针就是在讨论过程中提出来的。

5月2日，毛泽东主持召开最高国务会议。毛泽东在上午的会议上，再次讲了《论十大关系》，下午进行讨论。讨论结束时，毛泽东又作了结论。

毛泽东两次讲《论十大关系》，十个小标题相同，但内容有所不同。4月25日的讲话，批评斯大林的内容多一些；5月2日的讲话，理论分析多一些，补充了政治局扩大会议三天讨论和四天省、市委书记汇报（湖北省、广东省、武汉市、广州市）时提出的一些意见。

1965年12月，根据刘少奇的建议，经毛泽东同意，中央将《论十大关系》作为党内文件印发县、团以上党委学习。这次印发稿是以4月25日讲话为基础，吸收了5月2日讲话中的部分内容。整理时，删掉了对苏联和东欧国家在处理农轻重关系和民族关系方面的批评、对斯大林的批评以及过高估计战争危险等内容。

1975年，邓小平向毛泽东建议，重新整理《论十大关系》讲话。重新整理稿于7月13日报送毛泽东。毛泽东批示："同意。可以印发政治局同志阅。暂不公开，可以印发全党讨论，不登报，将来出版选集时再公开。"毛泽东逝世以后，《人民日报》于同年12月26日公开发表了《论十大关系》。后来，《毛泽东著作选读》《建国以来毛泽东文稿》也都将其收录。薄一波在他1991年出版的《若干重大决策与事件的回顾》一书中，还对因受当时国内外形势影响没有被整理发表的部分内容作了介绍。

《论十大关系》的主要内容为：

（一）重工业和轻工业、农业的关系；

（二）沿海工业和内地工业的关系；

（三）经济建设和国防建设的关系；

（四）国家、生产单位和生产者个人的关系；

（五）中央和地方的关系；

（六）汉族和少数民族的关系；

（七）党和非党的关系；

（八）革命和反革命的关系；

（九）是非关系；

（十）中国和外国的关系。

《论十大关系》是在充分调查、集思广益的基础上，由毛泽东归纳而成，反映了苏共二十大揭开"盖子"后，党对苏联模式的看法和自己的探索，可以说，基本上代表了毛泽东探索中国自己的建设社会主义道路的最高水平之一。邓小平在1975年7月10日给毛泽东的信上就说："这篇东西太重要了，对当前和今后都有很大的针对性和指导意义。"[①] 毛泽东对此也看得较重，他在后来写的《十年总结》中就说，探索中国自己的建设道路，是从十大关系开始的。但是，《论十大关系》也毕竟有它的历史局限，如毛泽东对当时两个最重要的问题：所有制结构、计划与市场的关系，就没有涉及。而在此前后，刘少奇、陈云都有较好的认识，可惜毛泽东没有吸收进去。实际上，这两个问题是决定经济体制和政策的关键，1957年以后经济和社会发展的曲折，就与毛泽东在这两个问题上的认识失

---

① 转引自薄一波：《若干重大决策与事件的回顾》上卷，中共中央党校出版社1991年版，第491页。

误有非常大的关系。

毛泽东通过视察和听取中央有关经济部门的汇报，结合苏联暴露出来的问题和教训，整理出来了《论十大关系》报告，提出了中国的经济建设应从实际出发避免走苏联弯路的设想，由此拉开了计划经济体制改革的序幕。而贯彻实施的领导者则是周恩来。

为了研究有关经济体制改革的问题，在周恩来的主持下，国务院于1956年5月到8月间召开了全国体制会议。为了开好这次会议，国务院于1956年5月4日向各省、市、自治区发出通知，通知说：国务院定于5月11日召开体制会议，研究有关计划、财政、经济、事业、组织等方面的体制问题。要求各省、市、自治区派政府一把手或副职或党委副书记参加会议，并准备有关上述体制的问题和材料，于5月10日前到京报到。同时，国务院还要求有关部委和直属机构，必须确定一位行政副职参加会议。会议于5月11日开始，8月28日结束。参加会议的有27位省、市、自治区负责同志，还有一些国务院有关部委的负责同志也参加了会议。

会议成立了七个体制问题研究小组：

一是财政组：组长金明，副组长骆耕漠；日常工作问题请示李先念解决。

二是计划组：组长张玺，副组长杨英杰；日常工作问题请示李富春解决。

三是工业组：组长贾拓夫，副组长彭涛、谷牧、宋邵文；日常工作问题请示贾拓夫解决。

四是事业组：组长王首道，副组长廖鲁言、钱俊瑞、牛佩宗；日常工作问题请示王首道解决。

五是基本建设组：组长孔祥帧，副组长万里、周荣鑫；日常工作问题请示薄一波解决。

六是政法组：组长罗瑞卿，副组长高克林、陶希晋、王翰；日常工作问题请示罗瑞卿解决。

七是综合组：组长习仲勋，副组长张策、常黎夫；日常工作问题请示习仲勋解决。

重大问题提交国务院常务会议讨论解决。

会议大致分两个阶段进行。第一阶段从 5 月 11 日至 7 月 22 日，主要是按七个小组分别讨论有关体制，检查问题，提出改进意见。第二阶段从 7 月 25 日至 8 月 28 日，在前一阶段分组讨论的基础上制定和讨论《国务院关于改进国家行政体制的决议（草案）》。周恩来自始至终主持和参加了会议，并在 6 月 23 日的全体会议和 8 月 28 日国务院第 36 次全体会议上就体制问题发表了重要讲话。周恩来在讲话中，就体制改革的指导思想、目的、将要解决的问题，以及领导问题、改革的步骤等谈了看法，对会议起到了指导作用。周恩来提出的体制改革要"全面规划，加强领导""改进体制，逐步实现"，反映了他将毛泽东和中央的思想转变成具体办法的高超艺术，这种改革方式的思路和方式是非常值得后人借鉴的，可惜它在 1958 年以后没有得到贯彻。而改革开放以来我国经济体制改革所走的道路则充分证明了这个办法的高明之处。

《国务院关于改进国家行政体制的决议（草案）》共包括以

下十三项内容：关于中央与地方关系；关于计划；关于财政；关于工业；关于基本建设；关于农林水利；关于交通运输邮电；关于商业；关于文教科学卫生；关于政法；关于劳动；关于机构编制；关于少数民族。

这个方案实际上是将当时党的探索成果，由思想和理论变成了可以实施的计划、方针和步骤。例如决议的第一项就规定了划分中央和各省、自治区、直辖市行政管理职权的以下七项原则：

（一）划分中央和各省、自治区、直辖市有一定范围的计划、财政、企业、事业、物资、人事的管理权。

（二）凡关系到整个国民经济而带全局性、关键性、集中性的企业和事业，由中央管理；其他企业和事业，应该尽可能地多交给地方管理；企业和事业下放的时候，同他们有关的计划、财务、人事管理一般应该随着下放。

（三）企业和事业的管理，应该认真地改进和推行以中央为主、地方为辅或者以地方为主、中央为辅的双重领导管理办法，切实加强对企业和事业的领导。

（四）中央管理的主要计划和财务指标，由国务院统一下达，改变过去许多主要指标由各部门条条下达的办法。

（五）某些与地方管理的企业、事业关系密切的主要计划指标和人员编制名额等，应该给地方留有一定的调整幅度和机动权。

（六）对于民族自治地方的各项自治权利，应该作出具体实施的规定，注意帮助少数民族地区政治、经济、文化事业的发展。

（七）改进体制要逐步实现，某些重大的改变，应该采取今年准备、明年试办、到第二个五年计划期间全面实施的步骤，稳步进行。

二、"党委领导制"的形成

◎苏联的"一长制"和民主革命时期的经验

◎新中国成立初期因地制宜，企业领导体制多样化

◎1953年全面推行厂长负责制的原因和效果

◎毛泽东肯定党委领导制

◎1956年重新选择党委领导制

1956年经济体制突破苏联模式的一个重要标志，就是在企业管理方面，突破了苏联的"一长制"，实行"党委领导制"。

"一长制"也叫厂长（或经理）负责制，即厂长由国家委派，向国家负责，是该企业经营管理的最高领导人，在企业内实行层层负责制。列宁是主张实行"一长制"的，他认为集体管理制是苏维埃政权初期产生的一种萌芽的管理企业的形式。到1918年底，苏联的工业基本上实现了国有化。在这种情况下，列宁认为，在社会主义生产资料公有制形式已经确立、已经比较稳定的情况下，要组织社会化的大生产，要进行实际的工作，必须采取"一长制"来统一指挥。他强调"一长制"应

建立在民主管理的基础上,群众有权选择或撤换领导者。但厂长对所管的工作一定要完全负责,除重大问题和决策应由集体讨论作出外,厂长在某种纯粹执行方面只能实行个人独裁制。列宁逝世以后,斯大林继续在企业中推行"一长制",直到1930年,斯大林还强调指出,不保证实行"一长制",不建立工作过程中的严格的责任制,我们就不能解决改造工业的各项任务。可以说,苏联国营企业"一长制"的形成,既在一定程度上符合了社会化生产和现代企业管理的客观要求,也带有当时因国际形势紧张而强行推进工业化的烙印。

新中国成立以前,中国共产党有着长期经营管理根据地公营企业的经历。早在土地革命时期,中央苏区就于1934年4月发布了《苏维埃国有工厂管理条例》,规定国有工厂的负责者为厂长;厂长由各该隶属的上级苏维埃机关委任,对于厂内的一切事务有最后决定权,并向苏维埃政府负绝对的责任;在厂长之下,设工厂管理委员会,由厂长、党支部代表、工会代表、团支部代表、工厂其他负责人、工人代表等五至七人组成,开会时以厂长为当然主席,以解决厂内的重大问题。管理委员会内组织"三人团",由厂长、党支部代表和工会代表组成,来协调处理厂内的日常问题。这种领导体制实际上是受当时苏联"一长制"影响制定的。抗日战争后期,由于根据地扩大,工厂数量增多、规模扩大,经营管理也比过去复杂,原来的"三人团"领导体制则显露出容易导致"三足鼎立",不利于统一指挥的弊端。在这种情况下,根据地的公营企业开始实行以厂长为主的"一元化"领导体制,由"厂务会议"代替了

"三人团"。厂长代表政府负责工厂的经营管理,在企业内部,厂长应依靠党支部、工会和全厂职工进行管理。这种体制扩大了厂长的权力,实际上带有"一长制"的性质。

"厂务会议"制度在实行后,一些工厂曾出现了削弱党支部作用、妨碍和不利于工会独立工作的倾向,以致不能充分调动广大职工参加管理的积极性。针对这种情况,中共中央于1946年5月发出《关于工矿企业政策的指示》,强调企业应实行民主管理,工人应参与企业管理。1948年1月,中共中央根据个别解放区试行"工厂管理委员会"的成功经验,要求各解放区的公营企业建立工厂管理委员会和职工代表大会制度。工厂管理委员会由厂长、工程师、工会主席和工人代表联合组成,统一管理工厂的生产,但管理委员会的主席仍由厂长担任。职工代表大会对工厂的行政工作有检查、批评和建议权。上述体制以1949年8月华北人民政府颁布的《关于在国营、公营工厂企业中建立工厂管理委员会与工厂职工代表会议的实施条例(草案)》表述得最为完整和最具代表性。

上述法规规定:

(一)工厂管理委员会由厂长、副厂长、总工程师、工会主席(以上为当然委员)、其他生产负责人(由厂长提名,上级决定)和相当于以上人数的职工代表(职工代表由职工大会或职工代表大会选举产生)组成。

(二)厂长由上级机关任命。

(三)工厂管理委员会以厂长为当然主席。管理委员会多数委员通过的决议,如果厂长认为它与该厂利益抵触或与上级指示不合时，厂长有停止执行之权，但须立即报告上级，请求指示；如果管理委员会的多数委员认为厂长的上述措施不合适或对其报告有异议，亦可将自己的意见同时报告上级，一并请求指示；但是在未经上级指示前，应执行厂长的决定。

可以看出，工厂管理委员会制度是苏联"一长制"与我党长期提倡的企业民主管理相结合的产物。从实质上说，它是以"一长制"为主，以职工代表大会为辅的领导体制，这里没有提出企业党组织的地位和作用，估计是由于当时企业内的党组织尚不健全，同时"一长制"已被苏联和当时的战时环境证明是较好的体制。

新中国成立以后，在改革、整顿国营企业之初，中共中央在著名的《学会管理企业》社论中即提出国营企业应普遍建立工厂管理委员会制度，随后政务院财经委员会发出了《关于国营、公营工厂建立工厂管理委员会的指示》，要求国营企业普遍建立这种领导体制，并附发了1949年8月华北人民政府颁布的《关于在国营工厂企业中建立工厂管理委员会与职工代表会议的实施条例（草案）》，以供各地参照执行。

但是，上述这种带有"一长制"性质的工厂管理委员会领导体制，一开始就受到了来自企业党组织的挑战。首先，此时的国营企业绝大部分是通过没收官僚资本而建立的，在对这些企业的接管和改造过程中，党组织发挥了重要作用，在新的领导体制（工厂管理委员会）成立之前，一般是实行军代表制，由于企业行政人员往往是旧有人员，对党的各项政策不熟悉，一般无力领导企业民主改革，上级机关对他们也不可能完全放心，因此一旦企业的党组织建立起来，它就成为上级机关和军代表依靠的对象，承担起领导企业各项改革的角色。因此，企业党组织这种先入为主的事实，不能不影响到工厂管理委员会领导体制的贯彻。其次，由于管理委员会带有"一长制"的性质，就要求厂长须具备较高的政治素质和业务能力。而在新中国成立初期，对于绝大多数国营企业的管理人员来说，两者往往是分离的。一般来说，企业原有的管理人员有一定的专业知识和业务能力，但是刚刚从旧社会过来，政治素质和觉悟较低；而党和政府派去接管或转业来的新管理人员，又因刚接手新的工作，普遍缺乏专业知识和业务能力。国营企业缺乏又红又专的高级管理人员，是工厂管理委员会领导体制难以迅速推行的重要原因。

由于上述两个原因，新中国成立初期，在国营企业中，工厂管理委员会领导体制并没有普遍建立起来，不仅大部分地区（关内）因民主改革尚未完成而实行党委领导制，而且不少人甚至认为党委领导制比较符合当时我国的国情和国营企业的管理水平。

由于随着企业民主改革运动的开展和党加强了在企业中的组织建设，党组织通过指导民主改革、镇反等政治运动使其在企业中的地位和作用越来越大，同时也由于镇反、抗美援朝以后对干部的政治面貌要求越来越高，而党内缺乏又红又专的干部来担任厂长统一指挥，因此在许多国营企业中，党组织实际处于领导地位。因此，如何理顺企业内部的党政关系，就自然提上了党和政府的议事日程，成为需要尽快解决的问题。如何确定及协调企业内党政关系遂成为1951年中央和各大行政区有关国营企业管理的一项重要议题。

1951年7月，中共中央东北局拟定了一个"关于党对企业领导的决议"。这个决议实质上是实行"一长制"。决议提出：

（一）厂矿中的生产行政工作实行厂长负责制。厂长由国家的经济机关委派，并由国家取得必要的生产资料和资金，实施对企业行政工作的负责管理，厂长领导下的企业管委会，是实行职工参加管理的民主制度。

（二）党是独立的政治组织，对企业中的政治思想领导负有完全的责任，对企业的行政、生产工作负有保证和监督的责任。企业党委应根据国家法令、上级机关计划和上级党委的指示，用政治思想工作方法，来统一思想，保证企业党、政、工、团在思想上、行动上的一致。此外，决议还对党委领导制提出了批评，认为它容易造成党政不分，妨碍党在企业中的政治思想工作和保证监督作用的实现。这个决议草案报到中央后，受到中共中央有关领导人的高度重视，刘少奇、李富春、陈云等同志提出了如下意见：厂长负责制固然是国营企业较理想的管理体制，但是要根据我国目前的实际情况实施；同意厂长负责制在东北试行，东北的上述决议草案在作个别修改（删去对党委领导制的批评等）后可颁布实施。

在东北提出实行厂长负责制的同时，华东、华北地区的城市工作会议则提出国营企业中应实行党委领导制。华北城市工作会议对企业实行党委领导制还是厂长负责制，经过热烈讨论，最后同意实行党委领导制。其理由为：根据目前华北各厂矿的实际情况，许多大厂矿都是旧人员当厂长，实际无法解决党政工团的统一问题；而许多小企业虽然换了共产党员当厂长，但他们很多人不懂生产管理。因此，要在企业中统一思想、统一工作步调，目前的厂长均不能胜任，现在的问题是缺乏技术上和政治上都行的"文武双全"的干部。而党的"一元化"领导，则有长期的经验，抗日战争、解放战争、土地改革皆在党的"一元化"领导下取得胜利，并且军队也实行了党"一元化"领导，效果很好。因此，在目前缺乏政治素质和业务水平兼备的干部情况下，应实行党委领导制。于是，华北、华东都决定实行党委领导制，即：凡党、政、工、团的上级指示及其在企业中的具体实施方案和措施，一律经过企业党委讨论，作出决定，分工进行；企业中一切重要事项，最后的决定权属于党委，厂长要对同级党委负责。党委实际上成为企业的最高决策和领导机构。

这时期，中南、西南的国营企业正处于全面民主改革阶段，政治任务多，颇感党委领导制的必要性和好处，因此也主张实行党委领导制。西北地区则反映，由于企业党的干部质量低（多为陕北农村干部转来）、数量少，目前只能做发展党员、教育党员的工作，很少可能过问生产，因而暂时谈不上党的统一领导。

中央的看法与华北、华东的观点基本一致。1951年5月16日，刘少奇就此问题写信（经过毛泽东审阅）给东北局书记高岗。信中说：我们暂时还没有或少有既懂得经济工作和技术又懂得党与群众工作的干部来管理工厂，因此，目前在工厂中实行"一长制"是难于管好工厂的，而以党委方式来实行集体领导，则既可补足厂长的缺点，又可统一各方面的领导，就像在军队中那样。因此，党委领导制是目前比较好的管理工厂的方式，"一长制"则要等以后条件成熟后再普遍实行。①

1951年12月，中共中央政策研究室召集各大区和中直机关、中央各工业部、全国总工会及产业工会的代表讨论《中共中央关于国营工厂管理的决定（草案）》，这个讨论会在企业的党政关系上基本统一了认识。会议认为：东北的厂长负责制是好的，将来工厂管理必须走向厂长负责制。但是由于关内各地具体情况不成熟，必须经过过渡时期。即厂长负责制必须在民主改革完成、生产改革有了一定基础才能实行，而在此期间，以党委领导制较为适宜。关于过渡到厂长负责制的条件，东北的经验是：

（一）民主改革基本完成；

（二）工厂已能实行计划管理和经济核算制；

（三）专业管理机构建立，有了技术管理规程；

（四）党群工作有了基础，干部有了管理经验。此外，华东还加了一条：企业外部的领导步调一致，克服了多头领导现象。

1953年，我国转入大规模经济建设，并开始执行第一个五年计划。为了适应"一五"计划的要求，党和政府逐步加强了中央集权和经济部门的"条条"管理，同时在企业管理方

---

① 《1949~1952中华人民共和国经济档案资料选编》工商体制卷，中国社会科学出版社1993年版，第195~196页。

面，也更加强调责任制和规范化。在这种背景下，中央按照原来的设想及其当时的客观需要，开始在全国范围推行"一长制"。

在试点的基础上，经过中共中央批准，以全国总工会的名义，在全国范围内推广东北"五三"工厂贯彻"一长制"、正确处理党政关系的经验。1954年4月，华北局发出"关于在国营厂矿企业中实行厂长负责制的决定"，提出，为了消除企业内无人负责与职责不明的混乱现象，树立工矿企业中正常的工作秩序，决定取消党委领导下的厂长负责制，实行厂长负责制。在实行厂长负责制后，企业中党组织的任务是："对政治思想领导负有完全的责任；对生产行政工作负有监督、保证的责任；对工会、青年团等群众组织负有领导的责任。"

1954年5月，中共中央批转华北局"关于在国营厂矿企业中实行厂长负责制的决定"，认为随着国家进入有计划的经济建设和中央各部及各地区日益加强了国营厂矿的领导，"有必要也有可能在全国各国营厂、矿（包括地方国营厂矿）中实行厂长负责制，以便进一步地提高工业企业的领导水平，更好地完成国家计划"①。并希望各地区各部门将实行厂长负责制中所发生的问题和经验，随时上报中共中央，以便积累全国的经验。

但是，在国营企业领导体制问题上，党内并没有达成共识。特别是高、饶事件和七届四中全会后对个人主义的批判，

---

① 全国总工会政策研究室编：《中国企业领导制度的历史文献》，经济管理出版社1986年版，第198页。

又加剧了认识上的分歧。

1955年1月21日，中共中央批转了中纪委钱英同志《关于东北地区工矿中党的组织和干部的思想情况和存在的问题以及解决这些问题的意见》（1954年10月26日）（以下简称《意见》）。《意见》说，东北受高岗的个人主义、夸大个人作用的错误思想影响，接受了高岗的"党、政、工、团统一于行政"的错误口号，许多企业都或多或少存在着忽视党的政治思想领导的倾向。这种倾向主要表现在：

（一）在执行"一长制"当中，放松党的政治思想领导，甚至使党委处于行政的从属地位。

（二）在干部配备上，厂长的级别通常比党委书记高二、三级，有的高得更多，不少党委书记是由厂长培养和提拔起来的，或者是其老下级，党委书记与厂长相比，普遍很弱。因此，书记往往成了厂长的"尾巴"；有些企业将较好的党群干部调去搞行政工作，而把毛病较多的干部调去搞党群工作，因而就流传着"有才有德搞行政，无才无德搞党群"的谬论。

（三）由于党的工作干部太弱，党在群众中的威信也就很低，许多党群干部长期不安心工作。另外，这种倾向也表现在有些党委或党委书记热衷于抓行政事务而忽视了党的工作。《意见》提出必须正确解决"一长制"与党委的关系问题，必须在工矿企业中建立起坚强的党委和配备坚强的党委书记。目前东北工矿企业中的党委书记一般都太弱，必须有计划地加以调整，使党委书记和成员在政治能力上、资历上一般不弱于厂长、副厂长。2月11日，中共中央发出《关于调整国营厂矿党委、行政干部的通知》（以下简称《通知》），并同时批转《东北局关于调整和加强国营厂矿企业党务工作干部问题的请示报告》。《通知》说，忽视党的思想政治领导，取消党组织对企业行政工作的监督的倾向，实质上是资产阶级思想在我们党内的反映，如不迅速地有效地加以克服，就要给社会主义建设招来极大的危害。《通知》责成各省（市）委对本地区国营厂矿企业的党委书记和厂长配备情况进行一次调查，并根据二者条件大体相当的原则，对不合适的党委书记进行调整。

1955年2月，湖北省委即作出"关于加强党对工业基本建设和工业生产领导的决议"，确定工业企业的党组织必须实行集体领导和统一领导，批判了脱离党委统一领导而片面强调"一长制"的错误。要求企业实行党委统一领导下的分工负责，在行政管理上则是厂长负责制。

上述措施虽然没有否定"一长制"，但是突出地强调党委的政治领导作用和配备较强的党委书记，已反映出中共中央对"一长制"削弱了企业党组织作用的忧虑和不满。但是，加强党委书记的能力，并不能解决企业中"谁说了算"的问题，而这又是一个很实际并需要明确的权力问题，因为"政治领导"毕竟要体现在具体的决策上。

1955年4月，为了总结一年来推行厂长负责制的经验，完善企业领导制度，中央书记处第三办公室邀请了出席全国党代表会议的24位代表召开了"工矿企业的领导问题座谈会"。会议对于国营企业的党政关系形成了三种意见。第一种意见是主张实行党委领导下的"一长制"，这主要是湖北省委同志的意见。这种意见认为，在工厂中领导核心一定要是党组织，而不能是厂长个人。党委集体领导制是党的基本原则，工矿党组织自然不能违背这个原则。这种意见并以军队中实行党委领导下分工负责制的经验来证明工矿中同样可以实行党委领导下的厂长负责制。第二种意见不同意实行党委领导下的"一长制"，主张实行厂长负责制，即企业的生产管理工作由厂长对国家负完全责任，党组织只负监督保证责任。这主要是河北、山西、北京和东北部分同志的意见。这种意见认为党委领导制有多头领导、无人负责、生产秩序混乱、政治工作薄弱等缺点。他们认为，计划经济和工业生产要求集中统一的特点，决定了工业管理机关必须自上而下都实行个人专责制，而不能实行集体负责制。第三种意见是：既不主张实行党委领导下的"一长制"，也不完全赞同第二种意见。这主要是沈阳、鞍山等地的意见。他们认为，"一长制"和党委制是不同组织的两种制度，生产管理工作中应实行"一长制"，党内则是实行民主集中制，企业党组织对生产管理工作应是监督保证，而不是统一领导。党组织的监督工作应是全面的，不能把监督缩小到只有建议权，也不能说对某些问题无权作决定。经过党组织决定的问题，厂长作为党员必须服从和执行，如果厂长有不同意见时，只能一面执行党组织的决议，一面将自己的意见报请上级解决。

经过讨论，大多数同志不同意在工矿企业中实行党委领导下的"一长制"，但对于党组织监督的范围和党组织在生产管理方面的决定厂长是否必须服从的问题上，与会同志还未取得一致意见。至于各地现行的不同领导制度，不宜草率改变，厂矿企业中厂长负责制及其他责任制度建立不好的地方应继续建立与加强，党的政治思想工作薄弱的地方要迅速加以改善，这些，与会同志的意见则始终是一致的。

1955年5月，薄一波、黄敬等在苏联访问（参加了全苏工业工作者会议），曾专门就"一长制"问题请教苏联主管经济工作的领导人，苏方介绍了苏联实行"一长制"的历史经过，并指出"一长制"对干部的素质要求比较高。

同年6月4日、6日、13日，中共中央第三办公室分别邀请了50个厂的党委书记和厂长举行了三次座谈会。到会干部普遍反映：一是目前工厂中的领导制度相当混乱；二是自1953年下半年各地推行"一长制"（东北是1951年开始推行）以来，虽然已近两年，但真正贯彻了"一长制"管理原则的工厂并不多，许多厂长不熟悉业务，不敢大胆负责，遇事都要找党委商量；三是党的政治思想工作薄弱，对经济工作的监督保证软弱无力。1955年10月24日，中共中央批转"中共中央第三办公室关于厂矿领导问题座谈会的报告"，要求："企业中的党组织必须认真帮助确立和巩固企业管理反冒进的'一长制'，并教育一切工作人员严格遵守企业行政纪律和秩序。党组织必须把确立'一长制'作为自己的一个基本的政治任务。因为在企业中只有建立了严格的'一长制'，才能确立有效的经济秩序和工作秩序，这种秩序正是办好一个企业所必需的，而无人负责是一种最可怕的不良现象。"[①]

---

① 全国总工会政策研究室编：《中国企业领导制度的历史文献》，经济管理出版社1986年版，第202页。

1955年12月26日，中共中央书记处第二办公室《关于济南、青岛在工厂推行"一长制"的情况、问题和意见的报告》（以下简称《报告》）反映了山东推行"一长制"的情况。《报告》列举了实行厂长负责制后的好处和存在的问题。好处是各级职能部门和人员的职责明确了，拖延不决、无人负责、多头领导等现象减少了；各级干部和职能人员的责任心强了，学习研究业务的积极性提高了；生产均衡了（扭转了过去生产"前松后紧"，月底年底赶任务的现象）；党组织能专心于自己的事务了。存在的问题则是：命令主义有所发展；党政关系不协调（过去就存在，现在更明显）；政治思想工作不知如何开展；厂长的管理、技术水平低。

尽管当时"一长制"比党委领导制更能体现责任到人，减少多头领导、推诿、扯皮等现象，但是它本身存在的如下缺陷，却造成其难以达到预期的效果。

第一，"一长制"无法有效协调企业内部的党、政、工、团、妇等组织的关系和工作。这个问题在新中国成立初期就已经提出来。由于我国国营企业并不仅是一个生产单位，它还是一个社会生活的基层单位。企业中除了生产经营活动归行政部门领导外，还有党、工会、共青团、妇联等组织的活动。这些活动都超出了厂长职权管理和协调范围。特别是直接影响经营而又由党出面领导的政治运动和肃反审干等，更不可能由厂长统一指挥、统筹安排。此外，厂长如果是党员，其作为厂长的权力与作为党员的权利义务如何统一则是一个难题（即企业党组织所作的决议如果与他个人意见不一致是否执行）。

第二,国营企业实行"一长制"与全国及上级领导机关实行的党委领导制不易衔接。新中国成立以后,我国实行的是以共产党为领导核心的人民民主专政政体,从中央到省、市、县的各级政权中,实际上是实行党委领导制,政府的经济管理部门不仅受同级党组织领导,而且重要的方针政策几乎都是由党制定并首先由党组织系统下达的。而国营企业的"一长制"则中断了这种"一元化"的领导体系,使党组织处于权力中心之外,仅起着监督保证作用,这在当时党处于社会神经中枢的条件下,必然要影响到党有关方针政策命令的施行。"一长制"实行后的企业普遍反映党的领导和作用削弱,即说明"一长制"与党在整个社会生活中的"一元化"领导地位是不相适应的。

第三,"一长制"与党长期追求的企业管理民主化目标有一定的矛盾。不利于广大职工参加管理和调动其积极性。由于"一长制"比较强调厂长的权威和自上而下的层层领导,其他组织实际处于附属地位。这虽然有助于加强企业内部的责任制和决策效率,但是在企业缺乏外部有效制约机制的情况下,"一长制"也更容易滋生官僚主义和命令主义;同时,"一长制"对厂长的素质要求也较高,按照当时的话,就是"又红又专"才行。另外,在传统计划经济体制下,"一长制"所表现出来的自上而下的专职负责制,实际上与自下而上的职工参与管理是有所矛盾的,因为各级都是对上负责,职工缺乏企业的主人感。

此外,由于当时中国共产党刚从战争和农村中走上执政地位,国营企业的发展也很快,国家不仅非常缺乏又红又专的企业管理干部,而且国营企业的经营管理制度也很不健全,因此,许多地方反映,推行"一长制"后,或者是厂长因不懂业务而不敢大胆负责,或者是能力不够,造成工作失误。

如果说从1955年以前的探索和苏联的经验使中共中央选择了"一长制",那么中共中央在1956年初开始破除苏联迷信、寻找自己建设道路时,对国营企业领导体制是否应采取苏联模式的"一长制"问题,自然要提上党的议事日程。1956年初,毛泽东开始听取国务院有关部委的汇报,认真调查总结前几年工作中的经营教训,形成了以《论十大关系》为代表的中国共产党关于中国社会主义建设道路的探索成果。在这次集中调查研究中,毛泽东发现了不少苏联经济体制的弊病。

2月15日,毛泽东在听取电力工业部等汇报时,着重谈"一长制"问题。他说:你们为什么对"一长制"那么有兴趣?党委领导就不好?党委的集体领导无论如何不会妨害"一长制",可以找两个厂子分别试验一下看,一个是"一长制",一个是党委集体领导制,看后者是不是就一定搞得那么坏。苏联有些东西就不能学,内政部可以不受党的领导,这样一个部门不受党的领导,那还得了!一个工厂几千人,很不容易搞好,没有党的领导,很容易形成一长独裁。从前军队也是这样,有些人就是反对政委制,说政委不搞军事,只能搞政治工作,经过多次斗争才纠正过来了,政委不只可以管政治,也管训练,也管干部,也管打仗。中间也曾试过一阵"一长制",李德就是"一长制",结果就是光打败仗,败得只剩下个陕北根据地。看样子短期内还做不到行政干部一定要精通业务,那怎么发得出正确的指令呢？我这个人的指令如果不经大家议论一番，就不一定正确。大家互相督促帮助一番，就更有把握嘛。法院、检察院之类机构，有生杀予夺之权，如果不置于人民的监督之下，那最危险。工厂的领导应当是这么几条：党委的集体领导绝不妨害"一长制"，绝不妨害厂长行使职权；平日大的问题一定要党委讨论；来不及的时候先斩后奏，就先做了然后再讨论；有争论时，双方意见上报，上报期间先执行厂长的意见；厂内的事情党内讨论后，以厂长的名义下达或公布。任何情况下，党的集体领导这个原则不能废除。2月16日，毛泽东在听取第一、第二、第三机械工业部汇报时，再一次批评"一长制"，他说：家庭也不能搞"一长制"，没有商量是不行的，工厂总比家庭复杂些。工厂要有一定的纪律，按时、按量、按质完成任务。为达此目的，没有集体领导、个人负责是不行的。单有一个集体领导不行，还要有个人负责，又对立又统一才行，两者缺一不可。只有统一没有个人负责不行，是集体领导基础上的个人负责制。"一长制"有很大的官僚主义。当然"一长制"与分散主义不同。单讲集体领导不讲个人负责，或者单讲个人负责不讲集体领导，都很危险。总之，一个原则，不妨碍厂长的指挥，工厂生产一定要有纪律，保证质量、数量、时间，为了这个，有集体领导比没有好。当然，"一长制"不是绝对的，苏联就是"一长制"打了胜仗。我们党委制比较好些。苏联内务部、法院、检察院党不能管，我们宪法不学它，现在他们也搞委员会。集体领导分工负责总是比较好些。关于学习苏联，毛泽东说：要分两类，一类按中国的，一类规规矩矩老老实实地学。如土改,恩赐办法我们不学,我们是发动群众。财经方面有些建议,陈云不学。对资本家的政策,我们也不学它的。技术问题横直一概照抄,比较好的,或者我们根本不知道的,学过来再说。

正是在1956年上半年,中共中央发觉苏联的"一长制"弊病较多,不适合中国的国情,不如党委领导下的厂长负责制好。这可以从毛泽东在八大二次预备会议的讲话中得到证明。毛泽东说:

> 例如一长制,中央曾经批转过某些地区的经验,认为可以试行。那个时候对这个问题还没有经验,就不能下一个断语,说一长制不好。一直到不久以前,我们才断定一长制不好,集体领导和个人负责相结合的制度好。①

1956年9月,刘少奇在八大所作的政治报告中正式提出在国营企业中实行党委领导下的厂长负责制:

> 在企业中,应当建立以党为核心的集体领导和个人负责相结合的领导制度。凡是重大的问题都应当经过集体讨论和共同决定,凡是日常的工作都应当由专人分工负责。②

邓小平在《关于修改党的章程的报告》中强调党的民主集

---

① 《党的文献》1991年第3期,第6页。
② 《中国共产党第八次全国代表大会文献》,人民出版社1957年版,第36页。

中制时，专门引用了中共中央在1948年9月关于健全党委领导制的决定，认为党委领导制是保证集体领导、防止个人包办的重要制度。并说："中国人民解放军长期战争的经验，证明这个制度对于部队工作是有利的，它并没有妨碍部队的军事指挥。根据最近几年的经验，中央已决定在一切企业中同样实行党委集体领导的制度，也就是党委领导下的厂长负责制或经理负责制，等等。"①

会议期间，中共中央工业交通工作部部长李雪峰专门就企业实行党委领导制作了专题发言。湖北省委书记王任重、黑龙江省委书记欧阳钦也介绍了这方面的经验教训。

李雪峰说："我国国营工业企业的工作，在党的正确领导下，几年来取得了很大的成绩。但是，由于大规模的管理现代化的工业企业是在革命胜利以后才开始的一项新的工作，因而也产生过许多缺点和犯过一些错误。其中，值得严重注意的是在国营工业企业中，滋长了一种忽视党的领导的倾向和脱离实际、脱离群众的主观主义和官僚主义作风。因此加强党对企业的领导和在企业工作中贯彻执行党的群众路线就成为当前改善工业企业工作的一项十分重要的任务。"党委领导下的厂长负责制，"是总结了几年来党在企业各方面工作中的经验教训才确定下来的。"他还说，在推行"一长制"时，"凡是实行这种'一长制'的企业，都不同程度地模糊了党员和群众对党的领导作用的认识，侵蚀了干部特别是某些负责行政领导工作的干

---

① 《中国共产党第八次全国代表大会文献》，人民出版社1957年版，第87~89页。

部的党性,使官僚主义和命令主义大大抬头,资本主义经营思想随着滋长起来,骄傲自满情绪和独断专行的作风也日益发展,而领导干部之间,干部和群众之间,企业相互之间,扯皮、隔阂和不团结的现象也增多起来了。"①

王任重则认为:"一长制""这种主张是错误的,它同我党多年来行之有效的原则,即集体领导与个人负责相结合的原则是不相符合的,它同我党在长期革命斗争中锻炼出来的优良作风,即群众路线的作风是不相符合的。"并用国营江岸机车车辆厂实行"一长制"不成功的事例和国营武汉第一棉纺织厂、中南建筑第一工程公司、公私合营的武汉裕华纺织厂实行党委领导制效果很好的事例,说明党委领导制优于"一长制"。②

中共中央在1956年之所以放弃"一长制",改行党委领导制,可能是出于以下两个原因。

第一,从政治方面来看,接受苏联斯大林晚年所犯错误的教训,强调集体领导和党内民主集中制。中共中央在《关于无产阶级专政的历史经验》中指出:"当革命胜利之后,在工人阶级和共产党已经成为领导全国政权的阶级和政党的时候,我们党和国家的领导工作人员,由于受到官僚主义的多方面的袭击,就面临有可能利用国家机关独断独行、脱离群众、脱离集体领导、实行命令主义、破坏党和国家的民主制度的这样一个很大的危险性。"③而高、饶事件似乎证明了这一点。因此,八

---

① 《中国共产党第八次全国代表大会文献》,人民出版社1957年版,第457~458页。
② 《中国共产党第八次全国代表大会文献》,人民出版社1957年版,第172~177页。
③ 《人民日报》1956年4月5日。

大的主题之一就是强调集体领导和加强党内民主制度的建设。企业作为国家的重要组成单位，同时也是党的基层组织的重要所在地，就政治上来说，其领导体制必然要与党的"一元化"领导体制和集体领导、群众路线的要求相一致。

第二，从降低管理成本、提高管理效率的角度来看，由于社会主义改造将整个社会的经济生活都纳入了国家的行政性计划管理轨道，官僚主义、脱离群众、低效率、瞒上欺下，必然成为政府机构运行中难以克服的问题。对中国共产党来说，政府机构的健全程度和运行效率，远不如党组织成熟和有效。即使仅就国营企业的经营管理而言，由于在传统的单一公有制和计划经济体制下，国营企业缺乏有效的外部产权所有者的监督和市场制约，企业内部也因责、权、利不明，缺乏激励和淘汰机制，使得国营企业管理体制很难理顺。在企业与国家的关系方面，由于信息的不充足和扭曲，加上政府有关部门的管理能力有限，普遍存在着企业负责人与国家的讨价还价及"倒逼机制"，国家即使采用行政手段，也很难有效地促进企业提高效益；在企业内部，不仅党、政、工、团等组织系统交织在一起，而且职工名义上是企业的主人，企业不能用排除的办法来清理人际矛盾和人为障碍。因此，党委领导制在传统的计划经济体制下，特别是由于我国缺乏又红又专的企业管理人才的情况下，确实比"一长制"更有利于国家对企业的控制和缓和企业内部工人与管理者的矛盾，有助于企业管理的民主化。

1957年反右斗争以后，对"一长制"的否定被提高到路线斗争的高度，认为"一长制"就是要脱离党的领导，许多地方开展了对"一长制"的批判。毛泽东在1959年读苏联的《政治经济学》(教科书)笔记中即写道:一切资本主义国家企业都是实行"一长制"的,社会主义企业管理的原则应当同资本主义企业有根本的区别,我们所实行的在党委领导下厂长负责制就使我们同资本主义企业的管理制度严格地区别开来。

从1956年八大确定企业实行党委领导制后,过去实行党委领导制下的弊病,诸如无人负责,管理粗放,纪律松弛等再次暴露出来。党虽然通过建立职工代表大会加强了企业的民主监督和民主管理,但是在党委领导制下如何加强企业对国家的责任,则是没有进步,反而比"一长制"退步了。在企业内,党委毕竟只是党的一级组织机构,它不是国家委任和授权的企业管理者,只对上级党委和企业党员负责,因此上级党的指示就成为其第一决策依据运行的动力,同时也受到党员群众的要求影响。这种领导体制实际上成为后来"大跃进"的微观制度基础。

三、探索自己的建设道路

◎中国为什么会选择苏联模式

◎1956年开始探索自己的道路

◎八大前后对苏联模式认识的深化

◎提出自己的工业化战略

◎对于经济体制的新见解

◎探索的历史局限

1952年，当我国基本完成国民经济的恢复任务，即将转入大规模经济建设时期，以制订"一五"计划为议题，面临着如何进行工业化的建设问题。首先是经济发展的速度问题；二是何者优先发展的问题（农、轻、重）；三是资金来源问题（几乎像当年苏联一样，主要靠国内积累，苏联援助有限，不能靠对外掠夺积累资本）。而此时，苏联作为世界上第一个社会主义国家和战胜法西斯的主要力量，其工业化赶超成就和经验正引起战后发展中国家的重视和效仿。

苏联在二三十年代推行的工业化模式及其成就，早就引起了我国经济学家的重视。当1944年抗战胜利在望、经济学家给战后中国工业化所提的建议中，苏联优先发展重工业的赶超模式即受到推崇（只不过认为在所有制结构上应是多种经济成分并存，在政治制度上应实行西方的民主）。①

苏联的经济建设模式，亦即其社会主义工业化模式，主要包括三个特点：一是工业高速增长；二是优先发展重工业；三是工业化以社会主义改造为条件，即工业化是以建立单一公有制和计划经济为保障的。

关于工业化战略，斯大林提出：

> 在资本主义国家，工业化通常都是从轻工业开始。由于轻工业同重工业比较起来，需要的投资少，资本周转

---

① 参见吴景超：《中国经济建设之路》，商务印书馆1943年版；谷春帆：《中国工业化计划论》，商务印书馆1944年版；刘大钧：《工业化与中国工业建设》，商务印书馆1944年版。

快，获得利润也较容易，所以在那里，轻工业成了率先发展的头一个对象，只有经过一个长时期，轻工业积累了利润并把这些利润集中于银行，这才轮到重工业，积累才开始逐渐转到重工业中去，造成重工业发展的条件。但这是一个需要数十年之久的长期过程，在这时期内只得等待工业发展并在没有重工业的情形下勉强过活。共产党当然不能走这条路。党知道战争日益临近，没有重工业就无法保卫国家，所以必须赶快着手发展重工业，如果这件事做迟了，那就要失败。①

不是发展任何一种工业都算作工业化。工业化的中心，工业化的基础，就是发展重工业（燃料、金属等等）。归根到底，就是发展生产资料的生产，发展本国的机器制造业……否则就谈不到保证我国在经济上的独立。②

在经济体制方面，苏联为适应上述工业化战略，建立了高度集中的以单一公有制和行政命令为特征的计划经济体制。斯大林提出：在私有制的小农基础上是不能实现社会主义工业化的。在1925年斯大林提出工业化路线和1928年开始实施第一个五年计划之前，苏联已经解决了城市中的所有制问题，只是农村还是个体经济的天下，因此苏联在30年代开展的农业集体化运动，实际上就是建立单一公有制的运动。关于计划管理，斯大林在1927年召开的联共十五大上明确提出：

---

① 《斯大林选集》下卷，人民出版社1979年版，第496页。
② 《斯大林全集》第八卷，人民出版社1954年版，第112~113页。

> 固然，它们（指资本主义国家——作者注）那里也有某种类似计划的东西。但这是一种臆测的计划，想当然的计划，这种计划谁也不必执行，根据这种计划是不能领导全国经济的。我们的计划不是臆测的计划，不是想当然的计划，而是指令性的计划，这种计划各领导机关必须执行，这种计划能决定我国经济在全国范围内将来发展的方向。①

苏联高度集中的指令性计划管理体制正是适应快速优先发展重工业的要求于30年代工业化过程中形成的。

1952年下半年，由于国民经济恢复任务基本完成，1953年全国即将转入大规模经济建设，中共中央在讨论如何编制第一个五年计划时，中国的经济建设究竟应采取什么样的模式，就成为迫切需要明确的问题。从毛泽东、刘少奇、周恩来等党的领袖到经济学界都在探索中国经济建设的道路。经过1952年7月到1953年底一年半的经济建设实践和理论探索，党终于选择了以过渡时期总路线和"一五"计划为标志的苏联工业化模式。

为什么当时党从以共同纲领为代表的新民主主义经济体制迅速转向苏联经济建设模式？这只能从当时的历史条件中寻找答案。如果说新中国成立前根据地的新民主主义经济实践尚属局部的、战时的、农村的，1949～1952年的经济则属于恢复性

---

① 《斯大林全集》第十卷，人民出版社1954年版，第280页。

质，既不是大规模的经济建设，也不具有赶超性质的加速工业化，因此，新民主主义经济体制，即多种经济成分并存和以市场为基础的直接计划与间接计划相结合的管理体制，自然与这种均衡的经济恢复和增长是相适应的。而当1953年我国转入大规模经济建设以后，大量投资涌入重工业和国防工业，特别是1953年的年度计划指标过高和基本建设投资过猛，遂导致国民经济进入紧运行状态，资金短缺、建材和工业原料不足、农民大量涌入城市，尤其是农副产品的短缺事关重大，引起物价的波动。于是，苏联曾经遇到的个体经济（农民）和市场机制与这种工业化之间的矛盾在中国重演，即靠市场调节不能保障高速优先发展重工业和迅速建立完整工业体系。因此统购统销和加速农业合作化步伐遂成为工业化的制度保障。

另外，1952年的"五反"运动所暴露出的城市私营经济的违法问题，1953年初修正税制所引起的关于公私关系的争论（包括财经会议），1953年6月李维汉关于公私合营情况向中央的报告，1953年10月中共中央关于粮食问题的讨论，以及政协会议毛泽东对梁漱溟的批评，也都反映出在工业化资金的积累和运用问题上，公私之间是有矛盾的，而社会主义改造则能够解决这个矛盾。因为工业化资金的来源，当时我国也像当年的苏联一样，主要靠国内积累。而增加积累的办法，一是靠提高劳动生产率和降低消耗，二是靠压缩消费。而当时认为，对于前者，私营和个体经济都不如公有制更有效（如调动工人积极性、开展增产节约运动、规模效益、技术改造等方面，但忽略了经营管理成本）；对于后者，有效压缩或控制私营企业主、农民甚至工人的消费，公有制也是最好的办法。因此，尽管当时党没有照搬苏联的经济体制，但是由于高速优先发展重工业，就必然造成国家计划与市场、与私营及个体经济的矛盾，因而也就很容易以采取社会主义改造的方法来解决问题。这也是社会主义改造为什么会提前实现的原因。

尽管1953年底毛泽东在过渡时期总路线"宣传提纲"中提出过渡时期总路线的实质是生产关系变革，即社会主义改造，但是从整个论述和后来的实施来看，工业化仍然是主体，而社会主义改造则是为适应工业化的要求，保证工业化顺利推进而展开的，当时将工业化和社会主义改造的关系形容为"主体"和"两翼"，形象准确地概括了二者的关系。

1953年斯大林逝世以后，随着苏共对斯大林时期冤假错案的平反，苏联国内也开始探讨揭露斯大林时期经济问题和现行经济体制问题。到1956年2月的苏共二十大，这种反思达到高潮，并对社会主义阵营的其他国家产生了较大影响，使社会主义阵营出现了空前的思想解放浪潮。而在此时召开的中国共产党第八次全国代表大会，一方面需要对新中国成立以来的工作加以总结，另一方面受苏联所揭露出来的过去不为我们所知的问题的震动，正如毛泽东所说的："特别值得注意的是，最近苏联方面暴露了他们在建设社会主义过程中的一些缺点和错误，它们走过的弯路，你还想走？"[①] 因此在1956年八大前后，党开始对过去奉若真理、坚决实施的苏联工业化模式进行

---

① 《毛泽东著作选读》下册，人民出版社1990年版，第720页。

了认真的反思和探索，试图结合寻找一条适合中国国情而又避免苏联所走弯路的工业化道路。另外，1955年4月召开的万隆会议和日内瓦会议的成功，标志着世界和平与合作力量及影响逐渐增强，帝国主义已不敢轻易动武，我国的对外关系趋于缓和，这也使我们加速工业化，尤其是快速发展重工业的压力减小。

1956年以八大为标志的对苏联体制的反思和对自己经验的总结是全面的，这里仅叙述与经济建设有关的反思及探索。1956年党对苏联经济建设模式的反思及对自己经验的总结，主要集中在以下两个方面，一是对工业化战略和政策的反思和探索，即对农轻重关系、积累与消费关系、经济增长速度、对外经济关系的再认识；二是对经济体制的反思和探索，即对所有制结构、计划与市场关系、中央与地方关系、政府与企业关系、企业内部的党政关系等的再认识。

（一）在工业化战略和政策方面，经过新中国成立七年来自己的实践经验以及结合苏联所揭露出来的问题，党的认识水平有了较大提高。

追求经济发展速度，亦即工业化的速度，是苏联经济建设模式的特点，也是其30年代的成功之处。新中国成立以后，党一直将苏联的工业化速度作为中国的榜样。八大前后，在对待经济发展速度方面，尽管由于国际压力和国内人民要求，党依然坚持经济增长的高指标，但是通过对自己1953年和1956年"冒进"的教训总结，提出了综合平衡、稳步前进的建设方针和四大平衡理论，使经济增长保持合理的速度有了一个检验标准。

在对待农轻重关系方面，虽然优先发展重工业对建立自己的工业体系至关重要，当时的产业结构也需要优先发展重工业，但是党针对苏联过分长期强调工业，尤其是重工业而忽视轻工业和农业的弊病和几年来的实践，提出了农轻重协调发展的方针，毛泽东在《论十大关系》中提出："我们现在发展重工业可以有两种办法，一种是少发展一些农业轻工业，一种是多发展一些农业轻工业。""我们现在的问题，就是还要适当地调整重工业和农业、轻工业的投资比例，更多地发展农业、轻工业。"这里应该指出一点，即苏联的农业萎缩，主要原因并不是苏共忽视农业和对农民挖得过苦，主要是集体农庄制度束缚了农民的生产积极性，这点可以从斯大林以后的几十年间苏联始终没有解决农业问题得到证明。但是当时苏联并没有认识到这点，中国共产党也没有认识到这点。

在对待积累与消费关系方面，根据苏联工业发展很快但几十年内人民生活提高缓慢的教训，毛泽东提出要处理好国家与企业、企业与个人三者之间的关系，要做到三者兼顾。毛泽东特别提出要处理好国家与农民的关系，指出"苏联的办法把农民挖得很苦。他们采取所谓义务交售制等项办法，把农民生产的东西拿走太多，给的代价又极低。他们这样积累资金，使农民的生产积极性受到极大的损害"。"我们对农民的政策不是苏联的那种政策，而是兼顾国家和农民的利益"。"鉴于苏联在这个问题上犯了严重错误，我们必须更多地注意处理好国家与农民的关系"。

1956年11月,陈云在商业部扩大部务会议上也指出:"经济建设和人民生活必须兼顾,必须平衡。"① 当时任国家经委主任的薄一波在八大会议上专门就积累与消费的关系作了发言,提出了积累与消费二者兼顾的"二三四"比例,即:国民收入中用于积累的部分约占20%,国民收入中国家预算收入约占30%,国家预算支出中基本建设支出约占40%。②

(二) 在经济体制方面,即与工业化相适应的经济制度建设方面,党的认识也有所深入,提出了一些较好设想。

首先,在所有制结构方面,针对我国社会主义改造快速、基本完成后存在的问题,陈云在八大上提出了"主体—补充"的设想,即社会主义可以存在少部分的个体经济作为公有制经济的补充。1956年底,毛泽东在与工商联负责人谈话时甚至提出"只要社会需要,地下工厂还可以增加。可以开私营大厂,订条约,10年、20年不没收。华侨投资20年、100年不要没收。可以开投资公司,还本付息。可以搞国营,也可以搞私营。可以消灭了资本主义,又搞资本主义"③。在此前后,刘少奇、周恩来也表示了与毛泽东相同的观点,这里不再赘述。

其次,在对计划经济的认识方面,根据中国的实际情况,提出了不同于苏联计划体制的直接计划与间接计划相结合、计划管理与自由生产(实际上市场调节)相结合的设想。

在国民经济恢复时期,国家通过大力发展国营经济和打击

---

① 《陈云文选》(1956~1985),人民出版社1986年版,第30页。
② 参见《中国共产党第八次全国代表大会文献》,人民出版社1957年版。
③ 顾龙生:《毛泽东经济年谱》,中共中央党校出版社1993年版,第388页。

投机、整顿市场，建立了国家对国民经济的宏观计划管理体系，并取得了较好的效果。1953年以后，为了顺利实施快速优先发展重工业的"一五"计划，国家加强了对资源配置的直接控制，到1956年，基本建立起以直接计划为主的计划经济体制。在此过程中，一方面计划管理宏观调控和短缺资源的配置方面显示出它的优越性，保证了"一五"计划顺利进行；另一方面，由于中国是一个经济落后和发展不平衡的农业大国，使得计划管理，尤其是直接计划管理的难度相当大（农业靠天吃饭和统计基础薄弱，使得计划中不确定因素太多，计划往往不能及时制订出来或赶不上变化）。正是根据工作中的实践经验，陈云在八大会议上提出了"主体—补充"的设想，即"计划生产是工农业生产的主体，按照市场变化而在国家计划许可范围内的自由生产是计划生产的补充"。认为国家在市场管理、物价管理方面应有所放松，对日用小商品、手工业品和农业的小土产品不必实行计划管理。① 李富春则提出了计划管理形式多样性的设想，即在对计划实行分级管理的基础上，计划管理可以分为指令性指标、可以调节性指标和参考性指标三种，至于"许多次要的、种类繁多而情况又不易掌握、因而无法一一纳入国家计划的指标，则由地方或者基层单位自行安排，国家只从大的方面加以筹划，并从价格政策、供销关系上加以调节"②。

再次，对中央与地方、政府与企业的关系中前者高度集权

---

① 《中国共产党第八次全国代表大会文献》，人民出版社1957年版，第332~336页。
② 《中国共产党第八次全国代表大会文献》，人民出版社1957年版，第332~336页。

的弊病，提出了自己的解决方法。

苏联在20至30年代实现工业化的过程中，为了使优先快速发展重工业在资源配置方面得到切实的保障，实行了高度集中的管理体制，即将企业的许多权力收归政府，又将政府的权力集中于中央。到1956年这种权力过于集中的负面作用已经非常明显，阻碍了地方和企业积极性。1956年，苏联正着手进行扩大地方经济自主权的改革。

1956年，毛泽东、刘少奇通过调查，即发现了权力过于集中于中央和政府的弊病。1956年4月，毛泽东在《论十大关系》中指出："我们的国家这样大，人口这样多，情况这样复杂，有中央和地方两个积极性，比只有一个积极性好得多。我们不能像苏联那样，把什么都集中到中央，把地方卡得死死的，一点机动权也没有。"关于政府与企业的关系，毛泽东提出："把什么都集中于中央或省市，不给工厂一点权力，一点机动的余地，一点利益，恐怕不妥。中央、省市和工厂的权益究竟应当各有多大才适当，我们经验不多，还要研究。"从1956年5月全国体制会议开始，中共中央即着手研究和解决中央集权过多以及计划、财政、工业体制中存在的问题。

上述1956年前后党对苏联经济建设模式的反思和探索，并不是仅停留在思想上，而是迅速贯彻到实践中去，这可以从党在八大会议上提出的第二个五年计划建议、1957年11月一届人大常委84次会议批准的三个体制改革规定、1957年基本建设投资和生产关系的调整中看出。

从上述八大前后党对苏联经济建设模式的反思和探索来

看，其成果主要集中在经济发展的产业政策及相关关系方面，并且突破了苏联的模式和经验。但是对于与此相应的经济体制探索，虽然在认识上有所突破，并提出了许多很好的办法和政策，但是对苏联建立的以单一公有制和计划经济为特征的社会主义模式，却没有从根本上突破。这主要表现在：

（一）对农业单一公有制和集体化的认识没有突破，由此不能保证国家实施正确的产业政策，处理好农轻重的关系。

（二）对计划与市场的认识没有从理论上突破，尽管陈云、李富春等人提出了"主体—补充"、计划管理的多样性主张，但是这些正确的政策既没有上升到理论，即突破社会主义只能是计划经济的观念，也没有形成全党的共识，这一点可以从孙冶方1956年11月发表《把计划和统计放在价值规律的基础之上》后，支持的人少，反对的人多看出。由于党没有突破斯大林《苏联社会主义经济问题》的理论（计划经济受有计划按比例发展规律支配），因此党也就不能在经济运行中有效运用计划与市场两种不同的调节手段，不能从根本上改变行政性计划管理（无法解决权力下放后的地方或国有企业的制约问题）。由于在经济体制上对苏联模式没有从根本上突破，因此当1957年遭遇政治风浪后就很容易重提阶级斗争；1958年可以提出中央和地方"两本账"，发动不顾价值规律的批判"反冒进"和发动"大跃进"；同时，自1957年后，为巩固单一公有制和提高其效率，不断地开展政治运动，直至"文化大革命"。

八大前后党对苏联经济建设模式的反思和自己道路的探索，为什么没有取得根本性的突破？除了外部的原因，即整个社会主义阵营都没有对单一公有制和计划经济取得认识上突破（苏联已有近40年经历，且问题很多）外，从国内来看，主要原因并不是思想不解放，而是当时的客观历史限制了党的认识水平，因为人的认识能力，尤其是大部分人的认识能力，不可能超越客观历史的进程。1956年，我国的社会和经济发展进程反映出以下特点：

（一）从经济发展水平看，确实需要优先发展重工业。就发展战略来看，在1956年以前，尽管"一五"计划在重工业方面的投资多了些，甚至超过了苏联第一个五年计划的轻重工业的比重，但是由于旧中国的重工业太薄弱，轻工业的发展主要受到农业和重工业水平的制约，"一五"计划的实施并未产生"矫枉过正"的结果，优先发展重工业的战略在当时的益处大于弊病。

1956年对于中国来说，其产业结构仍然是重工业比重偏低、工业体系尚未建立起来的问题，电力、石油、钢铁、交通、机械制造等仍然是中国工业化的瓶颈产业，优先发展重工业仍然是有利于经济发展的产业政策，而不是像当时的苏联那样。故八大通过的第二个五年计划建议，仍然体现了优先发展重工业的政策。

（二）从所有制结构来看，苏联模式正在形成过程当中。其弊病尚未暴露出来。从所有制结构来看，1955年下半年才掀起社会主义改造高潮，1956年底才基本上完成改造。在农村，高级社体制下的新一轮生产过程还未开始，矛盾和问题尚未暴露（1957年初春耕生产才是新体制下生产的开端）；在城市，虽然1956年底已基本上完成公私合营和合作化的改造，但是许多公私合营户、合作社、合作小组仍保持着原来的产供销关系和独立核算，管理上的问题虽然有所暴露，如产品质量下降、品种单一，但弊病尚未充分暴露，即使对当时已发现的上述问题，也以为是改造过程中因进度过快（甚至超过了毛泽东的时间表）造成的，是可以解决的。

到1956年八大召开前，我国正处于社会主义改造高潮中，还没有建立起单一公有制的所有制结构，因此其弊病也就不可能充分暴露并对经济发展造成较明显的不利影响。1955年下半年到1956年上半年，广大农民和城市工商业者正轰轰烈烈、兴奋地进行合作化和公私合营，并由此焕发出空前的政治热情和干劲，那种只有等到体制变动冷静下来、经济活动进入正常运行后才能显露出来的激励机制效果，自然此时是看不出来的。因此，就整个党来说，只可能是少部分人，对与自己所从事并熟悉的经济领域或部门所出现的弊病苗头，有所认识，这种认识也只能是经验性的、局部的、政策性的，很难上升到理论的高度并为全党所接受。

（三）从计划经济体制来看，1956年虽然已经基本形成，但是国家的直接计划管理在微观经济方面的覆盖面，即使在1956年也主要集中在国营经济、供销合作社和大型公私合营企业，就广大的农村和公私合营企业来说，行政性、指令性的计划管理还没实行，计划经济体制的弊病也不可能充分暴露。就生产要素的配置来看，大多数人口（农民、城市私营和个体经济从业者）和资本刚刚转入集体经济和国营经济，农民虽然受农业合作社的支配，但是农业合作社尚未像后来的政社合一的人民公社那样，直接受政府的支配；在城市，国家对新成立的公私合营企业、手工业生产合作社、商业合作小组等，还没有顾得上（在1956年时也并不想）将其纳入直接计划管理。因此计划经济所具有的那种微观管理过死（主要表现在农村和城市小企业身上）的弊病自然在1956年也就不明显。

另外，我国的大规模经济建设，到1956年才进行了三年多时间，旧中国遗留下来的农轻重发展严重不平衡、沿海与内地严重不平衡、资金和技术（包括专业人才）高度短缺的情况，并没有多大改变，计划经济所具有的资源动员和集中使用能力优势并没有丧失（即管理成本尚未达到和超过市场调节成本）。我们知道，市场调节的有效实现，是以买方市场为前提的，即供求必须达到相对平衡或能有效增加供给；同样，市场调节效果也是与社会的供求关系成正比的，即资源越充足、有效供给增加越容易，市场调节就有效，反之，市场调节就会失效，甚至引起社会动荡（部分人生活不能保障）。在1956年前后，就我国的经济建设和社会供求关系来看，不仅资金短缺、人才短缺（是指结构性短缺，一方面低素质的劳动力大量过剩，另一方面，专业技术人员又非常缺乏），而且生活资料也是短缺的（温饱问题尚未解决），市场调节在短期内并不能有效地增加供给。虽然对某些资源和领域来说，计划管理并不合适，但就重要的资源和国民经济的主要领域来说，计划管理是必需的，利大于弊，问题是如何去完善它。因此，计划与市场的关系，即保留市场调节的作用，没有引起毛泽东的重视，将其列入《论十大关系》，就毫不奇怪了。同样，对于这个问题，在党的八大上没有将其上升到理论的高度，作为社会主义经济的主要特征和基本经济制度，就难免了。

第四章 探索自己的建设道路

第五章
向科学进军

意气风发——1956年的中国

一、知识分子地位的提高

◎中央召开知识分子问题会议

◎周恩来为知识分子改变"身份"

◎知识分子成为党组织重点"发展对象"

◎重视知识分子还体现在工资上

◎毛泽东亲自听科学家们上课

1955年11月23日,毛泽东召集中央书记处全体成员和中央有关方面负责人开会,商量并决定:

(一)中共中央将于1956年1月召开一次全面解决知识分子问题的大型会议;

(二)成立由周恩来总负责,彭真、陈毅、李维汉、安子文、徐冰、张际春、胡乔木、周扬、钱俊瑞参加的中共中央研究知识分子问题十人小组,小组下设办公室,进行会议的筹备工作。

为了做好筹备工作,周恩来、彭真等人首先抓调查研究工作。向各省、市、自治区和中央各部委,特别是京、津、沪、沈阳、广州、武汉、重庆等大城市提出要求,全面调查新中国成立以来知识分子的变化情况,认真收集、整理和研究有关知识分子问题的材料。11月24日,在中共中央政治局召开的关于资本主义工商业改造座谈会上,周恩来向到会的各省、市、自治区党委负责人作了关于知识分子问题的讲话,布置各地开展调查研究知识分子问题的工作，要求各地在党中央开会之前先召开一次知识分子问题会议，并像中央那样成立研究知识分子问题领导小组。周恩来说："这样可以上下通气，收集材料，研究问题，便于党领导这项工作。"当天，周恩来又召集中央和国务院各部委负责人开会，布置了这项调查工作。

根据周恩来和十人小组的要求，各部门向中央上报的调查材料为：

（一）应包括高等院校、科研机构、卫生部门、文化艺术界、工程技术部门、中小学校六个方面；

（二）每个方面都要有好、中、差三类典型；

（三）要有几年来党的知识分子政策贯彻执行情况、对知识分子队伍所发生变化的基本估计和提出解决知识分子问题的具体意见。

为了更好地做到理论和实践相结合，十人小组还组织人员把马克思、恩格斯、列宁、斯大林关于知识分子问题的基本观点、中国共产党历年关于知识分子的基本观点，分类整理，编辑成《马克思列宁主义论知识分子问题（文献摘要）》。

经过紧张的调查研究，在周恩来主持下，十人小组起草了《中共中央关于知识分子问题的指示（草案）》；还起草了《关于科学家研究工作条件问题的情况和意见》《关于高级知识分子待遇问题的意见》《关于在知识分子中发展党员问题的报告》《关于高级知识分子的理论教育工作规划（1956～1967）的初步意见》等十一个全面解决知识分子问题的专题报告；同时，周恩来还主持起草了知识分子会议的主题报告《关于知识分子问题的报告》。到1956年1月中旬，中共中央知识分子问题会议的筹备工作基本就绪。

1956年1月14～20日，中共中央召开了建党以来的第一次大型知识分子问题讨论会。会议的召开，为知识分子在1956年"意气风发"奠定了基础，知识分子似乎重新找回了前几年失去的优越感。

参加会议的有在京的毛泽东、刘少奇、周恩来、陈云、林伯渠、董必武、彭德怀、彭真、张闻天、邓小平等57位中共中央委员、中共中央候补委员，中共中央上海局、北京市委、天津市委、上海市委以及各省、自治区党委和26个省辖市市委的书记和副书记，中共中央各部委的负责人、中央国家机关各部门的党员负责人、各全国性群众团体的党员负责人，全国重要的高等学校、科研机关、工厂、矿山、设计院、医院、文艺团体、军事机关的党员负责人等，一共1279人。这是中国共产党最大的一次关于讨论知识分子问题的会议。

会议由刘少奇主持，周恩来代表中共中央作了《关于知识分子问题的报告》（以下简称《报告》）。《报告》主要有以下几个重要内容：一是提出知识分子"已经是工人阶级的一部分"论断，强调要坚决摒弃在知识分子问题上的"左"的宗派主义倾向。二是提出"科学是关系我们国防、经济和文化各方面的有决定性的因素"思想，发出"向现代科学进军"号召。三是对知识分子提出应继续"进行自我改造"的要求，并且指出了实行改造的途径。

周恩来说：我国知识分子的面貌六年来已经发生了根本变

化，他们已经是社会主义建设事业中一支伟大的力量。"他们中间的绝大多数已经成为国家工作人员，已经为社会主义服务，已经是工人阶级的一部分。"周恩来批评了过去几年里很少在知识分子中吸收党员的现象，指出"这是一种关门主义的倾向。这种倾向必须纠正"。周恩来还提出："估计到高级知识分子中进步力量的增大，估计到新生力量不断地加入高级知识分子的队伍，我们认为，计划在1962年做到党员占高级知识分子总数1/3左右，是适当的。"①

《报告》还提出：为了充分发挥知识分子在社会主义建设事业中的作用，第一，应当改善对于他们的安排和使用，发挥其专长；第二，对于所使用的知识分子要有充分的了解，给他们以相应的信任和支持，尊重他们的独创精神；第三，为他们创造必要的工作条件，保证每周至少有5/6的业务工作时间，解决图书资料、工作设备及助手配备等问题；第四，改善生活条件，提高政治待遇，积极吸收符合党员条件的知识分子入党。

1月20日，毛泽东在闭幕会上讲话：现在叫技术革命和文化革命，革愚昧无知的命，没有知识分子是不行的，单靠老粗是不行的。中国应该有大批知识分子。毛泽东号召全党努力学习科学知识，同党外知识分子团结一致，为迅速赶上世界先进科学水平而奋斗。②

---

① 《周恩来选集》下卷，人民出版社1984年版，第162、168页。
② 参见《党的文献》编辑部：《共和国走过的路——建国以来重要文献选编》，中央文献出版社1991年版，第246页。

全国知识分子问题会议结束以后，为了贯彻会议精神，中央政治局于2月24日召开会议，作出《中共中央关于知识分子问题的指示》。这项指示的主要内容为：

（一）对知识分子队伍的估计："在现在的知识分子中，一般说来，只有5%左右的反革命分子和其他坏分子，他们已经处于孤立的地位；此外还有百分之十几的缺乏政治觉悟或者思想反动的分子。知识分子基本上已经成了为社会主义服务的工作人员，虽然他们中间有很多人（包括一部分进步分子）还有资产阶级的思想和作风，但他们同体力劳动者之间的关系，已经由解放前的互相对立的关系变为互相接近和合作的关系，他们在工作中也逐步地养成了组织性和纪律性……我们必须认识，知识分子的基本队伍已经成了劳动人民的一部分。"

（二）提出要反对两种"错误倾向"："一种倾向是宗派主义……不把他们当作自己人，不用同志式的态度同他们共同工作……不了解我们要建成社会主义，就需要现代技术和科学知识……这在目前是党内的主要倾向。""另一种倾向是迁就麻痹倾向……没有把使用知识分子的任务和改造他们的任务互相联系起来……缺乏革命的警惕性，对于知识分子中的反革命分子和其他坏分子的危害活动熟视无睹，不愿坚决地加以肃清。"

当然，这项指示在当时的认识水平和环境下，仍然留了个尾巴："要继续改造知识分子，提高他们的觉悟，必须同时纯洁知识分子的队伍，彻底肃清暗藏在知识界中的反革命分子。""争取在今后两年内，基本上肃清知识分子中间的反革命分子。"

3月21日,《人民日报》发表社论《做好在知识分子中发展党员的工作》。社论表明了中共中央对知识分子的信任和期望。在会议、中央指示和社论的指导和推动下,科教文卫部门的各级党组织开始积极培养和发展知识分子党员。社论发表后的一个月,即4月21日,新华社报道,中国科学院即有35名高级知识分子加入中国共产党。到当年的"七一"前夕,全国各地都有大批知识分子入党,仅上海、北京两地,几个月内就有300多名高级知识分子入党。"两弹"元勋邓稼先,著名翻译家曹靖华,著名电影导演蔡楚生、张骏祥,著名中医赵锡武,著名物理学家谢希德等都是这个时候入党的。

在提高知识分子政治待遇的同时,中央还着手提高知识分子的物质待遇。除了当年的工资改革方案注意适当拉开脑力劳动与体力劳动、简单劳动与复杂劳动的收入差距外,4月16日,国务院发出《关于改善高级知识分子工作条件的通知》。1956年进口的科学仪器总值比1952年增加了67%;商业部门经营的化学试剂,由1950年的200多种增加到4000多种。

为了率先垂范,尊重知识和科学,毛泽东、刘少奇、周恩来、陈云等中央政治局委员还请科学家们来上课。1月21日下午,毛泽东和刘少奇、周恩来、陈云、彭真等在中南海怀仁堂听取中国科学院四位科学家的报告。副院长兼物理学数学化学部主任吴有训讲物理学、天文学、数学、力学和化学方面的问题;副院长兼生物学地学部主任竺可桢讲生物学、地学和农学方面的问题;技术科学部主任严济慈讲技术科学的问题;哲学社会科学部副主任潘梓年讲哲学、社会科学的问题。四位科学家共讲四个半小时。毛泽东提议今后每月可组织两次这样的科学报告，对大家都有好处。

二、"百家争鸣"

◎"百家争鸣"方针的提出

◎民主党派热烈响应

◎罗隆基畅所欲言

◎自然科学界反响强烈

◎社会科学界不甘落后

◎《人民日报》思想更"解放"

◎马寅初也参加了"百家争鸣"

◎允许"宣传"唯心主义

◎为摩尔根学派"平反"

1955年下半年，毛泽东战胜了党内的"右倾保守主义"、掀起农业合作化高潮后，整个社会主义改造的进展甚至超出了毛泽东本人的预期，在毛泽东看来，社会主义与资本主义谁胜谁负的问题已经基本解决，特别是五亿农民的合作化热潮，使他如释重负，心情空前舒畅，自信心大为增强，因此对意识形态里的不同意见，也采取了比较宽容的、胜利者的态度，一扫1954年以前对电影《武训传》、古典小说《红楼梦》研究、胡适思想等抓住不放、斤斤计较的态度和1955年对"胡风事件"那种剑拔弩张、杀气腾腾的气势。这可以说是1956年毛泽东提倡"百花齐放，百家争鸣"的国内背景。国际背景则是苏联对斯大林错误的揭露和思想文化的"解冻"使毛泽东感到了文化专制的危害。

1956年2月19日，当中共中央宣传部在2月1日给中央的报告上说：据广东中山大学党委反映，一位在中国讲学的苏联学者，在访问孙中山故居途中，向中国陪同人员谈了他对毛泽东《新民主主义论》中关于孙中山世界观的论点的不同看法，他认为这"有损我党负责同志威信"，是否有必要向苏联反映，请指示。毛泽东对此批道："我认为这种自由谈论，不应该禁止。这是对学术思想的不同意见，什么人都可以谈论，无所谓损害威信。因此，不要向尤金①谈此事。如果国内对此类学术问题和任何领导人有不同意见，也不应加以禁止。如果企图禁止，那是完全错误的。"②并将该报告批给刘少奇、周恩来、陈云、彭真、邓小平、陈伯达阅，然后退给中宣部部长陆定一办。

1956年4月25日至28日，中共中央召开了有省、市、自治区党委书记参加的政治局扩大会议，毛泽东于25日在会上作了《论十大关系》报告，然后会议围绕报告展开讨论。陆定一专门谈了学术研究的自由问题。28日，毛泽东就会议讨论情况作总结发言，正式提出"百花齐放，百家争鸣"方针。毛泽东说：

---

① 尤金，当时为苏联驻中国大使。
② 《建国以来毛泽东文稿》第六册，中央文献出版社1992年版，第40页。

"百花齐放，百家争鸣"，我看这应该成为我们的方针。艺术问题上百花齐放，学术问题上百家争鸣。讲学术，这种学术也可以讲，那种学术也可以讲，不要拿一种学术压倒一切。你如果是真理，信的人势必就会越多。①

5月2日，毛泽东又在最高国务会议上讲：

我们在中共中央召集的省、市委书记会议上还谈到这一点，就是百花齐放，百家争鸣。在艺术方面的百花齐放的方针，学术方面的百家争鸣的方针，是有必要的……在中华人民共和国宪法范围之内，各种学术思想，正确的，错误的，让他们去说，不去干涉他们。李森科，非李森科，我们也搞不清，有那么多的自然科学学派。就是社会科学，也有这一派、那一派，让他们去谈。在刊物上、报纸上可以说各种意见。②

毛泽东的讲话精神传出以后，李富春、郭沫若都请中宣部部长陆定一给当时正在北京制定科学发展规划的科学家谈谈党的"百花齐放，百家争鸣"方针。郭沫若说：

---

① 《党的文献》编辑部：《共和国走过的路——建国以来重要文献选编》，中央文献出版社1991年版，第248～249页。

② 《党的文献》编辑部：《共和国走过的路——建国以来重要文献选编》，中央文献出版社1991年版，第249～250页。

国家建设急切需要科学技术的支援，人民生活也急切需要文化粮食的供应。但由于政策执行上有了偏差，发生了教条主义和公式主义的倾向，影响了科学和文艺的发展。因此，我认为有必要由党来阐明正确的方针政策，一以克服偏差，二以解除顾虑；这样来促进科学和文艺的发展。这就是我请陆定一同志作报告的动机。[①]

大概是陆定一将李富春、郭沫若的提议向中央汇报后，刘少奇即指定由他去作报告。陆定一的讲稿起草好了以后，中宣部讨论了两次，又根据周恩来的意见作了修改。然后于1956年5月26日在怀仁堂向来自理论界、科学界和文艺界的一千多人，作了"百花齐放，百家争鸣"报告。详细阐述毛泽东提出的"双百"方针。

陆定一说："我们所主张的'百花齐放，百家争鸣'是提倡在文学艺术工作和科学研究工作中有独立思考的自由，有辩论的自由，有创作和批评的自由，有发表自己的意见、坚持自己的意见和保留自己的意见的自由。"

"大家知道，自然科学包括医学在内是没有阶级性的。它们有自己的发展规律……这些本来是在理论上早已解决了的问题。因此，在某一种医学学说上，生物学或其他自然科学的学说上，贴上什么'封建'、'资本主义'、'社会主义'、'无产阶级'、'资产阶级'之类的标签，例如说什么'中医是封建医，

---

① 郭沫若：《关于发展学术与文艺的问题》，《人民日报》1956年12月18日。

西医是资本主义医'，'巴甫洛夫的学说是社会主义的'，'米丘林的学说是社会主义的'，'孟德尔—摩尔根的遗传学是资本主义的'之类，就是错误的。我们切勿相信。"

陆定一的报告引起热烈反响。会后，陆定一收到了郭沫若、茅盾等人的72封来信，希望整理发表。6月7日，陆定一将修改过的《百花齐放，百家争鸣》呈送毛泽东审定，毛泽东于6月8日批到："此件很好，可以发表。"于是，这篇比较充分论述"双百"方针的代表文献被刊登在1956年6月13日的《人民日报》上。

1956年9月，"百花齐放，百家争鸣"方针被载入八大文件。八大政治报告决议："为了科学和艺术的繁荣，必须坚持'百花齐放，百家争鸣'的方针。"

1956年5月18日，九三学社率先召开贯彻"自由讨论、百家争鸣"方针座谈会。30多位参加制定全国科学发展规划的科学家热烈发言，拥护这个方针。座谈会上，几乎每一位科学家都强调：我们向别人学习要虚心，更重要的是要能够独立思考，不能人云亦云，东摇西摆，不加辨别地搬运过来。过去号召学习苏联，就有不少生搬硬套的教训。如有人盲目推广苏联威廉斯的草田轮作制，在华南农作物一年三熟地区，要求让土地休耕二三年；在西北则铲去多年生牧草。

1956年5月28日，《光明日报》发表社论《民主党派有责任为"百家争鸣"创造条件》，文章说："各民主党派的成员和所联系的群众，绝大部分是知识分子。不少人在学术上已经有了一定的成就。他们衷心欢迎中共中央提出的在学术上开展

'百家争鸣'的方针。"鼓励民主党派成员打消顾虑，在"百家争鸣"中起带头作用。

6月26日，民盟负责人罗隆基在全国人大三次会议上发言，畅谈他对"百家争鸣"的想法。罗隆基说："国家机关和国家工作人员固然不应该低估今天知识分子的进步，同时，旧知识分子亦不必过分低估自己以往的工作和成绩，'妄自菲薄'。""今天我愿意代表我们民盟的负责同志，号召民盟的全体盟员，特别是盟员中全体高级知识分子，加倍努力，在'百家争鸣'的伟大号召中，起带头作用。"①

1956年5月25日和28日，《光明日报》报道了该报记者与首都一些著名的科学家和教授的采访谈话。

清华大学教授钱伟长说："我们科学界所以衷心地欢迎'百家争鸣'这个方针，是因为'百家争鸣'是科学发展的客观规律，是科学发展的必然的道路。"

清华大学教授张光斗说："以往在技术科学方面，不是'百家争鸣'，而是根本没有'鸣'过。这里有一些思想障碍，比如权威思想、保守思想，等等。"

科学院生物研究所副所长朱洗说："过去几年来，中国学术上缺乏争论的风气。思想改造以前还稍微好些，思想改造以后争论就更少了。没有争论，并不等于没有意见，而是有意见不敢说。为什么不敢说，主要的是怕说得不对，会挨到'这是什么思想'的批评……向苏联学习，也应向别的国家学习。

---

① 罗隆基：《我对高级知识分子问题的了解和意见》，1956年6月26日。《新华半月刊》1956年第15期。

'只此一家，别无分店'，这是不好的。"

北京大学教授傅鹰说："共产党和政府过去也是提出学术上的自由讨论、自由争论的。但是，近几年来这方面的情况并不怎样好，讨论少，争论更少。这和有些人对待争论者的态度不好有关，他们随便给人扣帽子。"

7月7日，钱伟长在《人民日报》发表《"百家争鸣"是科学发展的历史道路》。文章指出："'百家争鸣'是科学发展的历史道路，是同科学发展的客观规律相符合的"，"自然科学几百年以来长期发展的历史，都说明了科学是在不断的争论中成长起来的。""百家争鸣是科学发展的正常情况。百家不争正是表明科学发展暂时趋于停顿的情况。"

7月15日，竺可桢在《人民日报》发表《百家争鸣和发掘我国古代科学遗产》；7月21日，胡为柏在《人民日报》发表《在技术科学领域中实现"百家争鸣"》。

1956年6月11～13日，国务院科学规划委员会组织了有600多位社会科学工作者参加的贯彻"百家争鸣"讨论。讨论会采取按学科分组讨论的办法，按照哲学、经济学、法学、历史学、教育学、语言学、文学艺术等十几个学科分组进行讨论。

社会科学界的讨论，首先遇到的问题就是：在学术研究中，要不要马克思列宁主义为指导思想？历史学家范文澜等人认为：马克思列宁主义应该成为"百家争鸣"的指导思想，不能作为一家之言看待。

学者们还提出："百家争鸣"只是达到真理的手段，不是目的。它的性质同春秋战国时代的"百家争鸣"和蔡元培所提倡的"兼容并包"都有着本质上的区别。

另外，在7月2日高等教育部举办的座谈会上，复旦大学校长陈望道也说："百家争鸣"首先要肯定马克思列宁主义是衡量百家之说的共同标准，但这并不是说，非马克思列宁主义就不可以谈，可以的，不过我们谈它，正是为了锻炼和提高我们的马克思列宁主义的水平。

7月11日，马寅初在《人民日报》发表《我也来谈谈百家争鸣》。文章说："我听了毛主席的'百家争鸣'的号召，不禁欢欣鼓舞，认为此举可以打破过去几年的沉闷空气。但是欲达到'百家争鸣'的目的，必须首先创造'百家争鸣'的条件。"认为目前的教学方法忽视了培养学生独立思考能力，对当时高等院校的教学方法和教育制度提出了批评和改进意见。

针对"百家争鸣"方针提出后自然科学和社会科学界产生的疑虑，《人民日报》于7月21日发表了该报评论员的文章《略论"百家争鸣"》。

文章针对有人担心"争鸣"变成"乱鸣"，提出："我们认为，'鸣得好'是一种合理的希望，但不必当作一种限制。只要'百家争鸣'的总的效果是促进了学术繁荣，推动了文化进步，那就是'好'……很多人都提出，争鸣不是'乱鸣'，但什么是'乱鸣'，个人的解释却并不一致。其实，既然要'争'，就不能绝对'不乱'。如果'乱鸣'指的是众说纷纭，或者'立论新奇'，这种'乱鸣'未必是坏的；只有那种毫无研究，信口开河的'乱鸣'，才是我们所不取的。"

针对有人提出"争鸣要以马克思主义为基础","要以辩证唯物主义为衡量是非的标准","要用马克思主义作为指导思想",文章指出:"马克思主义是我们国家活动和文化科学的指导思想,这是已经确定的。但是,在学术问题上,在科学研究中,如果有人不采取辩证唯物主义的方法,或达到了和马克思主义不一致的结论,他仍然可以有权发表自己的见解。因此,是不是要以马克思主义为基础或评判是非的标准,那也要看个人的自愿。我们是主张辩证唯物主义的,是提倡大家来学习和运用辩证唯物主义的观点和方法的,但是我们也主张别人有怀疑和批评辩证唯物主义的自由,正像我们也有权利批评非辩证唯物主义的思想一样。如果规定必须以唯物主义为基础或标准,那实际上是取消唯心主义者争鸣的资格。"

开展"百家争鸣"的另一个突出事例,是1956年公开宣布可以有"宣传"唯心主义的自由。

1956年5月26日,中宣部部长陆定一代表中共中央在报告会上宣布:"在人民内部,不但有宣传唯物主义的自由,也有宣传唯心主义的自由。只要不是反革命分子,不管是宣传唯物主义或者是宣传唯心主义,都是有自由的。两者之间的辩论,也是自由的。"[①] 这对于新中国成立以来就不断地经历"知识分子改造运动"、几乎批判了各个领域的资产阶级和"唯心主义"思想的知识分子来说,无疑感到大大松了一口气,也感到学术研究的氛围确实非常宽松和自由了。

---

① 陆定一:《百花齐放,百家争鸣》,《人民日报》1956年6月13日。

在这种宽松的气氛下，许多大学又重新开设了解放以后停止讲授的所谓"资产阶级"的西方哲学。

1956年10月18日，《人民日报》发表了郑昕的文章《开放唯心主义》。作者分析了自己过去的认识：马克思列宁主义是"治国平天下"的，康德哲学是"安身立命"的，因此"一个腔子里关着两个灵魂"。认为公开提倡宣传两种"主义"的自由，可以避免"政治即是学术"和"为学术而学术"两种错误思想。"今天，学术观点不再和政治直接联系了，批判和辩护唯心主义，是自由争论的两方，这就给有唯心主义思想的人以无限自由的感觉。自由是改造的起点。只许批判，不许辩护，就很难使人心服。不能心服的拥护和不能心服的批判，都是不彻底的，表面的。"

文章还提出："我们将要开设两类唯心主义的课程，一类是马克思主义以前的唯心主义，像德国古典唯心主义，一类是现代的唯心主义，像罗素哲学。对前一类的唯心主义包含马克思主义继承性问题。对两类唯心论都需要作正确的估价，或用什么样的态度对待它们，才对我们的马克思列宁主义的学习有用处。""过去的宣传品或课堂中对现代的唯心主义的批判都是用'一棍子打死'的办法，事实证明这样做，对我们并无好处。我们对现代西方资产阶级的唯心主义者的估计是不够全面的。"

1957年1月13日，张岱年在《人民日报》上发表《如何对待唯心主义》。文章认为郑昕对知识分子"思想改造"运动成效估计太低。并且认为"百家争鸣"政策作为一种"思想解放",首先应该是"对于教条主义的解放,对于那些妨害思想发展的清规戒律的解放,从此创造性的思想可以在事实的基础上自由自在的飞翔。在唯物主义者也是如此。至于唯心主义思想得到了辩护的自由,那倒是次要的事情"。张岱年还特别赞同郑昕对现代唯心主义的评价,认为其"在认识论(和逻辑)方面,有它细致和深入的一面,尽管是歪曲的、片面的"的评价是完全正确的。

1956年在自然科学方面开展"百家争鸣"的突出事件,就是青岛遗传学座谈会和为摩尔根学派"平反"。

有关遗传学的争论是导致确定"百家争鸣"方针的重要原因之一。早在30年代前后,苏联发生了震惊世界遗传学界的"李森科事件"。事件起源于李森科学派同以瓦维洛夫为代表的遗传学家之间不同学术观点的争论。其争论涉及遗传的物质基础、获得性遗传等基本问题以及遗传学的一些概念。由于这场争论一开始就带有浓厚的政治色彩,因此在政治上受宠的李森科学派成为绝对真理的化身,在苏联生物科学界大行其道,一派独霸,李森科本人也青云直上;而与之对立的摩尔根学派则被戴上"资产阶级""唯心主义""形而上学""伪科学"等帽子,政治上受排斥,学术上被禁止。

新中国成立以后,在"学习苏联"的号召下,这种做法也传入我国,遗传学界也出现李森科学派一花独放,全盘否定摩尔根学派的现象。1952年6月29日《人民日报》发表的《为坚持生物科学的米丘林方向而斗争》则起了推波助澜的作用,从1952年秋季开始,摩尔根学派遗传学课程在各大学基本停止,以摩尔根学派理论为指导的研究工作全部停止，甚至中学教材也重新编写。受这种风气影响，有些人在其他自然科学研究中，也将学习苏联演变成"生搬硬套"和完全排斥西方的科学理论和观点。有人简单地将苏联科学家的理论和观点说成是"无产阶级的"，将西方科学家的理论观点说成是"资产阶级的"，限制了科学研究。例如有一个研究人员在苏联学生物学，回国后要搞多枝小麦，他就说这是米丘林学说，是社会主义的，谁要反对这个就是反对米丘林，反对米丘林就是资产阶级。

1956年4月18日，毛泽东将康生摘报的德国统一社会党中央宣传部部长哈格尔的谈话纪要批转中宣部副部长张际春，要求中宣部邀请科学院和其他有关部门负责同志讨论一下这个问题。哈格尔说，过去教条主义的错误，在于过分强调苏联的先进经验和科学成就，否定其他国家的科学。如宣传李森科，就将德国的魏尔啸、奥地利的孟德尔一切都否定了。

4月27日，陆定一在中共中央政治局扩大会议上谈到了这个问题，陆定一说："在生物学方面，有的说摩尔根、孟德尔是资产阶级的，李森科、米丘林是社会主义的。这根本同社会主义没有关系。在物理学方面，不能说牛顿的物理学是封建的，爱因斯坦的物理学是资本主义的，这种说法是没有道理的。""我们中国现在发展科学，向科学进军，他出来一个主张，把大帽子一扣，说某某学者或某某学派是资产阶级的，那科学的发展就完蛋了。这样对我们的建设是很不利的。"[①]

[①] 《党的文献》编辑部：《共和国走过的路——建国以来重要文献选编》，中央文献出版社1991年版，第246页。

5月3日,周恩来在司局长以上干部会议上进一步谈到这个问题:

> 听说国内外对李森科的学说是有争论的。我们不能因为李森科的学说产生在社会主义国家就认为一定不会有错。前天,我对科学院的同志说过,可以先把科学和政治分开,科学是科学,政治是政治,然后再把二者结合起来。这是怎么讲呢?比如李森科的学说,应该先从科学领域内研究一下,看哪一些是对的,哪一些是不对的;再把李森科否定的那些学说研究一下,看哪些是对的,不应该否定的,哪些是不对的,应该否定的;然后再拿中国的科学家比如胡先骕批评李森科的文章看一看,到底批评得对不对,或者是一部分对,一部分不对。这样就把科学和政治分开了,然后再把科学与政治结合起来,不使科学和政治脱节。在科学问题上,共产党应该服从真理,共产党不服从真理,那就不是共产党。如果共产党不服从真理,共产党会被推翻的。①

1956年8月10~25日,根据中宣部的布置,中国科学院与高等教育部在青岛联合召开遗传学座谈会。参加会议的约130名专家分别来自中国科学院、高等教育部、教育部、农业部、林业部。其中既有米丘林、李森科学派的学者,也有摩尔

---

① 周恩来:《向一切国家的长处学习》(1956年5月3日),载《党的文献》1993年第1期。

根学派的学者，还有持其他观点的科学家。著名科学家童第周、竺可桢、谈家桢等也参加了会议。当时任中宣部科学处处长的于光远也参加了会议。

由于中宣部希望通过遗传学的学术讨论，为贯彻落实"百家争鸣"方针提供一个样板，因此会议就当时遗传学上争论的四个焦点问题，展开了充分讨论，会议气氛热烈，与会者态度认真，畅所欲言，关系融洽。在半个月的会议期间，有56人、170多人次作了大会发言。会议为摩尔根学派摘掉了"反动的""资产阶级的""唯心主义的"三顶帽子。

三、科学技术发展史的里程碑

◎制定12年科学规划
◎600多万字的中国第一个科学规划
◎科学规划促进了我国科学和技术的全面发展

1956年我国社会生活中还发生了一件具有开创性、影响深远的大事，这就是制定了中国第一个全面的科学技术发展远景规划，使我国的科学技术发展有了一个全面的、详细的、具体的实施计划和目标。

1955年11月，周恩来在布置调查了解知识分子情况的同时，还花费很大精力对我国科学技术水平与世界先进水平进行了比较系统和深入的对比研究，以便了解我国科学技术落后的真实和具体情况。

1956年1月，周恩来在知识分子问题会议的报告中宣布：国务院已经着手组织编制《一九五六年至一九六七年科学技术发展远景规划》，并提出："在制订这个远景计划的时候，必须按照可能和需要，把世界科学的最先进的成就尽可能迅速地介绍到我国的科学部门、国防部门、生产部门和教育部门中来，把我国科学界所最短缺而又是国家建设所最急需的门类尽可能迅速地补足起来，使12年后，我国这些门类的科学和技术水平可以接近苏联和其他世界大国。"①

1956年中央知识分子问题会议以后，根据会议精神，经过政治局和书记处开会研究，国务院决定成立由科学院和各部委办负责人组成的科学规划十人小组，进行具体的组织工作。1956年1月31日，陈毅和李富春召集了有国务院各部门负责人以及参与制定规划工作的中国科学技术专家约1000人参加的会议。会议对制定12年科学技术发展远景规划的意义、方针、内容和要求，作了具体部署，并宣布了国务院的上述决定，由范长江、张劲夫、刘杰、周光春、章国坚、李登瀛、薛暮桥、刘皑风、于光远、武衡组成十人小组，专门负责领导和主持这项工作。

按照李富春的布置，先由中国科学院、各高等院校、产业部门和国防部门分别制定各自的科学技术发展远景规划初稿。

2月24日，中央政治局会议在作出《中共中央关于知识分子问题的指示》的同时，还批准成立"国务院科学规划委员

---

① 《周恩来选集》下卷，人民出版社1984年版，第180页。

会"。3月14日,国务院成立科学规划委员会,主任为陈毅(后陈毅调外交部门工作,中央和国务院于1956年11月任命聂荣臻为主任),副主任为李富春、薄一波、郭沫若、李四光,张劲夫为秘书长。科学规划十人小组另外九人都任副秘书长。

国家科学规划委员会成立后,即在各部门分别制定的规划初稿基础上,集中了600多位各方面的科学技术专家,综合汇编全国的科学技术发展远景规划。当时在各部门工作的近百名苏联专家也参加了规划编制的具体工作。另外,委员会还接受中国科学院院长的苏联顾问拉扎连科的建议,邀请苏联政府派来一个由16位著名科学家组成的小组,来华帮助拟定和审议规划。经过四五个月的紧张工作,规划的起草工作基本完成。

8月下旬,陈毅根据周恩来总理的指示,召开科学规划委员会扩大会议,会议对规划工作作了总结性的讨论,进一步明确了规划的目标、发展科学技术的方针以及需要注意的几个问题。

这次会议确定的规划目标为:迅速壮大中国的科学技术力量,力求某些重要的和急需的部门在十二年内接近或赶上世界先进水平,使中国建设中许多复杂的科学和技术问题能够逐步地依靠自己的力量加以解决,以便更好更快地举行社会主义建设。

发展科学技术的方针是:重点发展,迎头赶上。为了贯彻这个方针,在制定规划时应注意以下三个问题:一是应该根据国民经济发展和科学技术发展的方向,确定国家的重要科学技术任务,把各个科学技术部门的力量汇合在统一的目标下。要选择重点,集中力量。二是在进行科学技术研究时,应首先掌握世界已有的先进科学技术成就，尽量避免重复研究国外早已解决了的问题。在学习、掌握和利用国外的成就时，要防止简单的抄袭和盲目的模仿。三是必须及时地积极地积累自己的科学储备。科学储备的主要内容是科学理论的储备，既包括基础科学理论，也包括技术科学理论和其他应用科学理论。

根据上述目标和方针，规划草案首先确定了57项国家的重点科学技术任务，每项任务又分解成若干个中心问题（总共有616个中心问题）。每个中心问题都参照国际先进水平，结合中国情况，提出了解决问题的科学途径和研究题目。在这个基础上，又提出了需要优先发展的12个重点。

经过数百名专家半年多的努力，中国历史上第一个科学技术发展规划《一九五六至一九六七年科学技术发展远景规划纲要（修正草案）》（以下简称《12年科学规划》）和四个附件（《任务说明书和中心问题说明书》《基础科学学科规划说明书》《任务和中心问题名称一览表》《一九五六年紧急措施和一九五七年研究计划要点》）终于1956年12月编制出来，全部文件共600多万字。1956年12月，中共中央立即批转陈毅、李富春、聂荣臻《关于科学规划工作向中央的报告》和《一九五六至一九六七年科学技术发展远景规划纲要（修正草案）》，要求各省、直辖市、自治区党委和国家机关各党组对规划纲要进行研究，提出意见。与此同时，中央还将规划及说明书寄到苏联征求意见。苏联科学家仔细研究后，对每个项目都提出了书面意见和建议。至此，规划的制定工作基本完成。

《12年科学规划》从以下13个方面提出了57项全国的、

综合的、长远的科学技术任务。

（一）自然条件和自然基础。开展系统的调查研究，掌握自然条件的变化规律和自然资源的分布情况，以充分合理地进行开发利用。

（二）矿冶。工业的发展，尤其是新技术和国防工业的发展，需要多品种、高性能的金属材料，要根据中国矿产资源的特点，研究最适当的采矿方法，提高采矿效率。

（三）燃料和动力。中国燃料资源的基本情况是煤炭蕴藏量多而且质量较好。石油和天然气的地质条件优越，但已经探明的储量不多。石油产量不足，影响着工业、交通运输业的发展。为此，要着重研究中国油气资源分布规律，发现新的油田。中国水力资源丰富，要提前研究在黄河、长江建设巨大发电厂和高压远距离输电需要解决的一系列科学技术问题。

（四）机械制造。机械制造工业要为国民经济各部门提供高效率、高质量、低成本的各种机器。首先要从分析、掌握国内外的先进设计和工艺资料着手，结合中国具体情况，根据统一化、标准化原则，建立中国各类机器的系列，并重点研制大型动力设备、冶金轧制设备、水压机、重化工设备，以及大型和精密切削机床。

（五）化学工业。稀有元素是发展新技术所必需的材料。要研究掌握稀有元素原料、中间产品及成品的分析方法和提取、分离、提纯技术。中国近代硅酸盐工业基础薄弱，要研究改进现有水泥、耐火材料、陶瓷、玻璃等产品的质量和新型产品的生产工艺。在矿物肥料方面，着重研究制取氮的新方法，以降低氮肥成本。要研究发展高效的有机农药。研究合成高分子化合物的聚合方法和生产技术及其加工成型方法。

（六）建筑。适应国民经济的迅速发展，研究城市和居民点的规划和建设。包括交通运输、供水供热、卫生等问题；研究旧城市的改建方案。研究预制构件系统及制造廉价高效的预制构件；研究施工机械化和相适应的施工组织，走建筑工业化的道路。

（七）运输和通信。研究建立中国统一的、更完善的通信系统和广播系统；重点研究发展多路通信技术，以及播音室技术和电声设备。结合中国资源条件和国家经济发展的总体要求，研究包括铁路、水运、公路、航空和管道运输等多种运输形式综合发展的全国运输系统；着重研究各种运输形式的新型动力装备，发展新型运输工具；加强运输线路的研究工作。

（八）新技术。20世纪前半期出现了一批新技术，其中有原子能和平利用、喷气和火箭技术、无线电电子学、生产过程的机械化和自动化、半导体技术、计算机技术以及电加工和超声波技术等。这些新技术正在引起生产技术的根本革新，并带动了很多方面的研究工作。这些新技术在中国还是空白或者基础十分薄弱，必须迅速学习和掌握这些新技术，并研究建立有关理论基础。

（九）国防。研究地对空、空对空等各种防御性战术导弹和火箭，以及军用原子能动力堆。研究提高雷达探测距离、武器装备自动化和通信装备小型化。提高喷气飞机的速度、飞行高度和其他性能。提高潜艇、快艇等各型舰艇的速度、续航力和装备系统的自动控制。减轻坦克、火炮的重量，改善越野性能；研制自行火炮。开展防原子、防化学、防生物武器的研究。

（十）农、林、牧。研究农作物生产的田间作业、农产品初级加工和畜牧业生产等机械化、电气化及其技术装备的制造问题。研究改进灌溉技术，防止水土流失，提高土壤肥力，选育推广优良新品种，防治病虫害和杂草等，提高农作物单位面积年产量。研究造林方法、优良种子苗木的培育以及木材特性、用途和加工技术。研究提高畜牧业、水产业和养蚕业的产量和质量。

（十一）医药卫生。研究运用生物、化学、物理等各种方法防治人民主要疾病的综合措施，不断提高人民健康水平。掌握已有抗生素的生产技术、寻找新的抗生素，扩大抗生素在农业、畜牧业和食品工业中的应用。对中国资源丰富的药用植物开展研究，总结和发扬中医的理论和经验。研究环境卫生标准，制定卫生防护措施。

（十二）仪器、计量及国家标准。以自动控制仪表及装置为重点，研究试制新型的仪器仪表，以及所需的特种材料。提高化学试剂的产品质量，增加品种，满足需要。制定和推行国家统一的先进技术标准，以保证产品质量和零部件的通用性和互换性。建立全国计量基准中心和计量检定网，研制计量标准器和特殊计量设备。

（十三）若干基本理论问题和科学情报。研究现代自然科学中的若干基本理论问题，进一步阐明自然科学的基本运动规律，从而为人类控制和利用自然界开辟新的途径。建立科学技术情报机构，全面及时地搜集、研究和报道国内外，特别是科学技术发达国家的科学技术发展情况和新的成就。

在上述13个方面、57项国家重要科学技术任务中，有12个带有关键意义的、需要优先发展的重点。它们是：

（一）原子能的和平利用；

（二）无线电电子学中的新技术；

（三）喷气技术；

（四）生产过程自动化和精密仪器；

（五）石油及其他特别缺乏的资源的勘探、矿物原料基地的探寻和确定；

（六）结合中国资源情况建立合金系统并寻求新的冶金过程；

（七）综合利用燃料，发展重有机合成；

（八）新型动力机械和大型机械；

（九）黄河、长江综合开发的重大科学技术问题；

（十）农业的化学化、机械化、电气化的重大科学问题；

（十一）危害中国人民健康最大的几种主要疾病的防治和消灭；

（十二）自然科学中若干重要的基本理论问题。

据薄一波回忆，在制定规划过程中，对上述12个重点项目的前十项，大家的认识是一致的，少数同志对于后两个项目有不同意见。经过热烈争论，对（十一）项，聂荣臻的解释说服了大家。他说："有几种疾病，如血吸虫病，严重地危害着几千万人民的生命和健康，不是件小事，应该是科学研究的一个重点问题。如果我们的医学科学不把解除亿万人民的病痛列为重点，那么我们的科学规划怎么能谈得上是造福人民的规划呢?"对（十二）项，从讨论一开始就有分歧，有人说，我国科技发展还处于初创阶段，工农业生产和国防建设中有着大量的科技问题急需解决，现在发展应用科学是当务之急，不应再牵涉精力开拓别的领域。大多数人则认为，我们现在着重发展应用科学是对的，主要精力也要往这里投，可是理论科学作为应用科学的基础，我们绝不能放松，也要有人从事这方面的工作，正确处理好理论科学与应用科学的关系。对于这一点，周恩来看得更远："如果我们不及时地加强对于长远需要和理论工作的注意，我们就要犯很大的错误。没有一定的理论科学的研究作基础，技术上就不可能有根本性质的进步和革新。"周恩来的意见博得了大家的赞赏和同意。①

由于种种条件的限制，《12年科学规划》的大多数科学技术任务只提出了1962年（即第二个五年计划）的具体目标和课题。对1962年以后的工作，只是提出了方向。

1962年，国家科委继1958年和1960年对规划的执行情况全面检查，又进行了第三次全面检查。检查结果，《12年科学规划》的57项国家重要科学技术任务有50项基本达到了原定1962年的目标；有5项没有完成，即：全国能源的合理利用和动力技术的研究，重有机化学产品和高分子化合物的生产过程的研究及其应用范围的扩大，生产过程的机械化和自动化，中

---

① 薄一波：《若干重大决策与事件的回顾》上卷，中共中央党校出版社1991年版，第513~514页。

国地震活动性及其灾害防御的研究，农业机械化、电气化和农业机械的制造问题。还有两项由于实际情况的变化和科学技术发展方向的改变而放缓，即：西藏高原和康滇横断山区的综合考察及其开发方案的研究，钛冶金及其合金。

到 1962 年底，经过七年的努力，我国的科学技术事业的各个方面都发生了显著变化。中国科学院、各高等院校、各产业部门和地方的科研机构已经从 1956 年的 381 个发展到 1296 个，科研人员也从 1.8 万人增加到 6.8 万人；科学技术的各个主要领域，大体上都有了相应的研究机构和研究人员；我国的科学技术水平已经从十分落后的状况，大体上达到了国际上 20 世纪 40 年代的水平。①

四、向科学进军的热潮

◎向科学进军的紧急措施

◎开始发展导弹和利用原子能

◎汉字简化

◎推广普通话

◎扫盲运动

◎建立奖励机制

为了加强对全国科学技术工作的领导，1956 年 6 月，国务

---

① 武衡等主编：《当代中国的科学技术事业》，当代中国出版社 1991 年版，第 105～106 页。

院批准成立国家技术委员会，黄敬任主任。该委员会作为组织全国技术工作的职能部门，通过"三依靠"（依靠中共中央领导、依靠地方、依靠各部）和"四结合"（与专家结合、与群众团体结合、与宣传机构结合、与其他有关方面结合），主要抓以下五项工作：一是研究和提出关于资源、原材料、装备和动力四个方面的技术政策；二是加强新产品、新技术和科学技术研究工作；三是开展标准化工作和计量工作；四是加强技术情报和技术资料工作，开展与社会主义国家之间的技术合作；五是大力推动创造发明工作。

国家技术委员会在着手上述工作的同时，还于1956年7月组织技术考察团到苏联、东德（民主德国）和捷克斯洛伐克参观访问。回国以后，委员会结合中国科学技术方针中的一些根本问题，提出了五项建议：一是在充分利用世界上现成的科学技术成就的基础上，发展本国独立的创造；二是结合中国具体情况，发展自己的科学技术；三是从当前的具体情况出发，先抓基础技术，逐步发展尖端技术；四是加强科学研究与生产实践之间的联系；五是改进科学研究体制。这些建议得到中共中央和国务院的重视。

为了加快发展科学技术，争取时间，中央在制定《12年科学规划》的同时，还通过中国科学院制定了1956年的四项紧急措施。

（一）加快发展计算技术、半导体技术、无线电电子学、自动化技术和远距离操纵技术。根据这项紧急措施，中国科学院当年即着手筹建计算技术研究所、物理研究所半导体试验室、电子学研究所、自动化研究所。国家在暑期高等院校有关专业毕业生分配、国际合作项目、开办训练班、调整高等院校专业设置等发面都作了相应安排。这项措施为我国发展这些新技术奠定了基础。

（二）开展同位素应用工作研究。根据这项措施，成立了全国同位素应用委员会，以便在科研、工业、农业、医疗卫生等部门推广同位素的应用。同时，对有关实验室的建设、放射性仪器的研制和修配供应、人才培养等方面作了具体安排。

（三）建立科学技术情报工作。在制定《12年科学规划》以前，我国还没有系统的、有组织的科学技术情报工作，根据这项紧急措施，1956年10月中国科学院建立了中国科学情报研究所。

（四）建立国家计量基准，开展计量科学研究。在1956年以前，我国还没有任何计量基准，根据这项措施，国家计量局建立了计量科学研究院筹备处。

为了加快航空工业的发展，4月11日，根据周恩来的提议和中共中央批准，4月13日，国务院成立了以聂荣臻为主任，黄克诚、赵尔陆为副主任，钱学森等为委员的航空工业委员会。5月26日，周恩来在中央军委会议上，代表中共中央宣布发展中国导弹武器的决定。周恩来指出：导弹研究工作应该采取突破一点的办法，不要等待一切条件都具备了才开始研究和生产。要动员更多的人来帮助和支持导弹的研制工作。这项工作所需要的技术专家和行政干部，同意从工业、高等教育、科学研究等部门和军队中抽调。根据决定，1956年10月，国务院航空委员会组建成立导弹管理机构（国防部五局）和研究机构（国防部第五研究院）。

在研究、利用原子能方面，3月26日，中国政府在11个社会主义国家《关于成立联合原子核研究所的决定》上签字。4月12日，中央政治局会议决定成立国务院原子能委员会，以陈云为主任，郭沫若、李富春、李四光、宋任穷为副主任，刘杰为秘书长。4月23日，中共中央发出《关于抽调干部和工人参加原子能建设的通知》。

为了便于人民掌握文字和书写，实行汉字简化，1956年还发生了一件影响深远的大事。

1956年1月28日，国务院全体会议第23次会议通过了《国务院关于公布汉字简化方案的决议》。随决议公布的《汉字简化方案》，是一年前由中国文字改革委员会提出草案，经全国文字学家、各省市学校的语文教师以及部队、工会的文教工作者约20万人参见讨论，提供意见，再经1955年10月的全国文字改革会议通过，并由国务院汉字简化方案审订委员会审订后才提交国务院全体会议讨论的。

《汉字简化方案》分为三个部分：第一部分是汉字简化第一表所列的230个简化汉字，它们已经由大部分报纸杂志试用，应该从1956年2月1日起在全国印刷的和书写的文件上一律通用；除翻印古籍和有其他特殊原因外，原来的繁体字应该在印刷物上停止使用。第二部分是汉字简化第二表所列的285个简化汉字。第三部分是汉字偏旁简化表所列的54个简化偏旁。第二、第三两个部分，也都经过各方面详细讨论，认为适当，只是为慎重起见，特现行公布试用，在广泛征求意见后于3月底以前报告国务院，作必要修正后，再正式分批推行。

中央人民政府在简化汉字的同时，为了促进社会发展、知识传播和文化交流，还在全国范围内大力推广普通话。

1956年2月6日，国务院发出《关于推广普通话的指示》。该指示的主要内容：一是从1956年秋季起，除少数民族地区外，全国中小学的语文课一律开始教学普通话。到1960年，小学三年级以上的学生都应该基本上会说普通话。二是中国人民解放军部队文化教育应该用普通话教学。战士入伍一年之内，都应该学会使用普通话。三是工会、青年团应采用适当和有效的方式积极推广普通话。四是全国各地的广播电台，应该积极推广普通话，如举办讲座、增加普通话节目。五是全国各报社、通讯社、杂志社和出版社，应加强对稿件的文字编辑工作，定出计划，分别在2～5年内基本上消灭出版物上用词和造句方面不应有的混乱。六是全国政府机关、公共事业、大型商业、交通、服务业从业人员应定出计划，在一定时期内都学会普通话。七是中国文字改革委员会应该在1956年上半年完成汉语拼音方案，中国科学院语言研究所在1956年编好普通话正音词典。八是国务院设立推广普通话工作委员会，统一领导全国的推广普通话工作。九是各少数民族地区，凡学习和使用汉语的方面，应该以普通话为标准。

根据指示，国务院成立了推广普通话工作委员会，陈毅任主任，郭沫若、康生、吴玉章、陆定一、林枫、张奚若、老舍担任副主任。

2月12日,《人民日报》在刊登上述指示的同时,还发表了社论《努力推广普通话》,对推广普通话又提出了一些具体要求。

2月12日,《人民日报》发表了中国文字改革委员会制定的《汉语拼音方案(草案)》和几点说明。这个草案是经过四年多的系统研究,并参考吸收了全国各省、市、自治区和国外寄来的600多种拼音方案后制定出来的。它对推广普通话发挥了重要作用。

在社会主义改造兴起高潮之后,毛泽东也希望在文化教育方面兴起高潮。其中最重要的问题就是扫除城乡中存在的大量文盲,因为这与社会主义太不相称了。毛泽东在1955年9月开始编撰的《中国农村的社会主义高潮》一书中的按语里就说:

> 列宁说过:"在一个文盲充斥的国家内,是建成不了共产主义社会的。"我国现在文盲这样多,而社会主义建设又不能等到消灭了文盲以后才去开始进行,这就产生了一个尖锐的矛盾。现在我国不仅有许多到了学习年龄的儿童没有学校可进,成年人更不待说了。这个严重的问题必须在农业合作化的过程中加以解决,也只有在农业合作化的过程中才能解决。①

---

① 《毛泽东文集》第六卷,人民出版社1999年版,第455页。

1955年10月11日，毛泽东在七届六中全会的结论中，提出要开展扫盲运动。毛泽东说："扫盲运动，我看要扫起来才好。有些地方把扫盲运动扫掉了，这不好。要在合作化中间把文盲扫掉，不是把扫盲运动扫掉，不是扫扫盲，而是扫盲。"于是从1955年底开始，全国再次掀起了扫盲运动。

最先响应毛泽东号召的是团中央。1955年12月1日，团中央发出《关于在七年内扫除全国农村青年文盲的决定》。12月6日，教育部也发出通知，为了开展扫盲运动，要求各地成立扫盲协会；同一天，《人民日报》刊登了团中央的上述决定，并为此发表社论《在七年内基本上扫除全国青壮年文盲》。1956年1月4日，全国总工会继团中央之后，也发出《关于在三年内扫除全国职工中文盲的决定》。1月21日，《人民日报》又发表社论《加强扫除文盲工作的具体领导》。社论提出：随着农业合作化高潮的到来，一个向文化进军的大规模群众运动正在全国范围内逐渐展开，要求各级党委要加强对扫盲工作的全面规划和领导，认真解决扫盲工作中的具体问题。

1月26日，《人民日报》发表了《一九五六年到一九六七年全国农业发展纲要》，提出："从一九五六年开始，按照各地情况，分别在五年或者七年内基本上扫除文盲。扫除文盲的标准是认识一千五百字以上。并且乡乡设立业余文化学校，以便进一步地提高农村基层干部和农民的文化水平。"进一步推动了农村的扫盲运动。

为适应和指导上述扫盲运动的高潮，1956年3月15日，全国扫盲协会成立。陈毅任会长，吴玉章、林枫、张奚若、胡耀邦、董纯才担任副会长，林汉达任秘书长。扫盲协会的组织系统为：全国－省、直辖市、自治区－省辖市、县、市辖区－乡（村）、街道，层层设立协会；乡村、街道、企业等基层协会下面，根据需要，还可以设立小组。

3月29日，中共中央、国务院发出《关于扫除文盲的决定》（以下简称《决定》）。《决定》提出："在目前，配合着社会主义工业化和农业合作化的发展，大张旗鼓地开展扫除文盲运动，以求在五年或者七年内基本上扫除全国文盲，这是非常必要的，也是可能实现的。"

《决定》规定："要求二年到三年扫除机关干部中的文盲；三年或者五年扫除工厂、矿山、企业职工中的文盲95％左右；五年或者七年基本上扫除农村和城市居民中的文盲，就是说，要扫除文盲达到70％以上……扫除文盲的对象以十四岁到五十岁的人为主，超过五十岁的文盲如果愿意识字，应该欢迎他们参加学习。"

脱除文盲的标准为："大约认识一千五百个字，能够大体上看懂浅近通俗的报刊，能够记简单的账，写简单的便条，并且会做简单的珠算。"

开展识字教育必须实行"联系实际，学以致用""坚持自愿""以民教民"的原则和办法。机关、工厂、矿山、农村中要求参加识字学习的人，每年至少要有240个小时的学习时间。农民的学习应该因时制宜，要提倡"不忙多学，小忙少学，大忙放学"。

4月1日，《人民日报》为此专门发表社论《积极领导扫除文盲运动》。

1956年的扫盲运动虽然急于求成，制定的规划和目标有不少超越实际的地方，许多地方不得不采取走走"形式"的办法，但是这种学习文化、普及教育的精神还是应该充分肯定的，并且也确实取得了一些成果。《光明日报》1957年2月4日发表的全国扫盲协会办公室的文章《依靠群众，搞好扫盲工作》说：1956年，全国各地扫除文盲的工作，得到了很大的发展，动员组织了7000多万工农群众参加了识字学习，扫除了相当大的一批文盲。

1956年10月29日对于全国科学技术普及协会来说，是一个兴奋喜庆的日子，筹备了多日的"全国第一次职工科学技术普及工作积极分子大会"在北京隆重开幕。出席这次大会的正式代表1000多人。他们是由28个省、直辖市、自治区的工会和科普协会以及解放军总政治部、农业、文化、铁道等部门通过召开大会评选和邀请的方式产生的，是一次真正意义的广泛推选产生的积极分子。代表包括科技宣传工作者、组织工作者和学习者三个方面的积极分子，其中有大学教授、中学教师、科研人员、工程技术人员、医务工作者、文化工作者、工会工作者、工人、厂矿和机关的干部、解放军官兵。另外，大会还有49个列席代表。

在会议的6天议程中，51个积极分子代表作了大会发言，33个积极分子代表作了书面发言，发表介绍了他们学习和普及科学技术知识、组织科学技术普及工作的经验、收获和动人事迹，并且转达了各地广大职工迫切要求学习科学技术知识的呼声。大会还先后听取了全国总工会主席赖若愚、国务院副总理李富春、全国科普协会副主席茅以升、中国科学院副院长竺可桢、著名空气动力学家钱学森、全国妇联副主席李德全、著名数学家华罗庚、团中央书记胡克实等人的报告和专题演讲。

著名林学家梁希在开幕词中提出：科技工作者要担当起双重的历史任务："这就是一方面提高自己的业务水平，争取在第三个五年计划期末使我国最急需的科学部门能够接近世界先进水平；另一方面把科学技术知识普及给广大劳动人民，尤其是广大职工，使我国拥有足够的建设力量。"①

大会进一步明确了科普工作的方针是：必须更加密切结合生产，结合实际，力求广泛。据统计，当时全国 27 个省、市、自治区已经建立了地方科普组织，拥有会员 11 万余人，全国共举办科普讲演 9 万多次，有 18 个地方的科普协会与当地广播电台联合举办定期的科学广播。

《人民日报》还在大会开幕的当天，专门为会议发表了社论《提高职工科学技术水平》。会议结束以后，《人民日报》又发表社论《把科学技术教给职工》，充分肯定了科普工作及其重大意义。

为了形成尊重知识、推崇科学的社会风尚，1956 年 3 月《知识就是力量》杂志创刊。该刊以培根的名言为名字。周恩来不仅为该刊题写刊名，还向国务院各部委推荐。

在表彰科普工作积极分子的同时，国家还首次评选优秀科

---

① 《人民日报》1956 年 10 月 30 日。

学研究成果，并且给予重奖。

1955年8月5日，国务院第17次全体会议通过并发布了《中国科学院科学奖金暂行条例》，建立科学研究工作的奖励制度。原来计划于1956年初开始评奖工作，于1956年5月4日公布评奖结果。后来由于大部分学部委员从1956年1月到6月，参加了制定国家科学远景规划未能如期完成评选工作。因此，为保证评奖质量，科学院决定，将自然科学与社会科学分开评选，1956年度只评选自然科学方面成果。

为了保证评选工作的公开、公正，评选工作经历了基层推荐、初步评选、专家审议、开会讨论复议、公开正式评估、最后无记名投票的严格过程。具体步骤为：

（一）根据推荐的科学研究论著的性质，聘请各学科的专家分别进行初审。

（二）邀请有关专家集会讨论，进行复审，并在中国科学院学部常务委员会扩大会议进行试选。

（三）对准备给奖论著在学术上的成就、对国民经济的意义作出正式的评价；举行无记名投票，决定得奖论著及其等次。

（四）学部委员会将评选的初步结果提交中国科学院科学奖金委员会，进行统一的审核和投票表决；最后经中国科学院常务会议批准并予以公布。

从1955年10月1日至1956年3月1日，评选委员会先后收到各方面推荐的自然科学研究论著共419件。其中属于数学、物理学、化学等方面的104件；属于生物学、地学等方面的201件；属于技术科学方面的114件。经过10个月的严格细致的评选，于1957年1月24日公布了评选结果。共有34项研究论著获得1956年度科学奖金（自然科学部分），其中一等奖3名；二等奖5名；三等奖26名。获得一等奖的论著有：

华罗庚的《典型域上的多元复变数函数论》，吴文俊的《示性类及示嵌类的研究》，钱伟长的《工程控制论》。

对获奖者，除了授予科学奖章、奖状外，还给予一等奖奖金1万元，二等奖奖金5000元，三等奖奖金2000元。

为了做到公开、公正和完善评选制度，中国科学院还将评审经过和对给奖论著的"书面评审意见"予以公布。

这次评奖对于科研人员来说，无论是精神方面还是物质方面都是一个重要激励。

第六章
文 艺 的 春 天
意气风发——1956年的中国

一、"百花齐放"方针的提出

◎走出"胡风事件"的阴影

◎"百花齐放"方针的提出

◎文艺界的响应

◎一致批评过去领导粗暴干涉

◎张恨水:"创作题材应该广泛"

◎汪静之:"让多数种子都具备开花的条件"

◎贺敬之《放声歌唱》

1955年对于文艺界是个沉重的年度。1950年批判电影《武训传》虽然导致夏衍、蔡楚生甚至郭沫若等人检讨;1954年评判《红楼梦》研究中的资产阶级思想虽然导致了对冯雪峰等人的公开批评,以及在此前后对胡适、梁漱溟、胡风、朱光潜、俞平伯等许多人的公开批评,基本上还是限制在思想斗争的范围内,虽然不少人因此受到歧视,但毕竟不是敌我矛盾,仍然工作、仍然拿工资、照样吃饭。但是,到了1955年,则情况大变。

事情还得从胡风说起。胡风原名叫张光人,是著名的诗人和文艺理论家。全面抗战以前,他与鲁迅交往甚厚。并曾经因文学的两个"口号"之争("国防文学"还是"大众文学")与"左联"的领导周扬等人有过龃龉。全面抗战爆发以后,国统区的许多人,包括党的干部(如周扬)和文学青年(如何其芳)都进入根据地。胡风则继续留在国统区,以进步和"左翼"面貌编辑刊物、发表作品,在国统区的青年中影响较大。1942年毛泽东发表了著名的《在延安文艺座谈会上的讲话》以后,根据地的文艺即以毛泽东提出的"文艺为工农兵服务"和文艺为革命服务的方针作为指导。并且将这个方针传播给国统区受中共领导或影响的文艺阵地。但是由于国统区完全不同于解放区,是国民党的一统天下,文艺作品和理论的读者对象主要是知识阶层和市民,胡风要生存和扩大影响,只能去适应他们。因此,在新中国成立前,进步文艺界对胡风的文艺思想和文艺理论就有不同的意见和争论,其中又夹杂着左翼文化运动中形成的隔阂与矛盾。这些争论与矛盾一直延续到新中国成立。

但是新中国成立以后,情况就完全不一样了。普天之下,莫非中国共产党的领土,除非你离开中国大陆,否则就必须接受共产党的领导和统治。原来在根据地从事文艺创作和领导工作的干部,自然成为"当政"者,而胡风则由于文艺理论的分歧、历史上的隔阂以及个人恩怨,在一届文代会后即受到冷落,被"挂"了起来。大有"冠盖满京华,斯人独憔悴"之慨。

平心而论,毛泽东的"二为"文艺思想,是适应"革命"需要的,一方面革命是以人民大众积极参与为条件,文艺只能面向他们或以他们为主;另一方面,革命时期,确实需要的是带有宣传性、鼓动性的作品和理论,需要宣传和文字上的"简单""明了",需要内容上的鼓励"艰苦奋斗"和"牺牲"精神、提倡"无私"奉献，反对个人利益至上。而这些革命文艺的形式和内容，对于始终处于国统区的胡风，虽然赞同，但往往难以深刻理解，也在实际工作中无法彻底贯彻，因为读者对象毕竟有所不同。

新中国成立以后，情况就完全变了，一方面"革命"还在继续（民主革命的惯性还没有结束，社会主义革命已经开始）；另一方面，为了社会主义革命，中国共产党也需要改造刚从国统区过来的知识分子。因此胡风提倡的"主观战斗精神""到处有生活""写真实"对上述两个方面都起到了破坏性作用，必然不见容于共产党，胡风受到压制和批判，自在情理之中，主要不是个人恩怨问题。

大概胡风本人尚未认识到自己受到批评和冷落的真正原因，以为这都是文化界的领导者歪曲和"教条主义"贯彻党的文艺方针，以及与他个人的矛盾造成的。他真诚地以为以毛泽东的"英明"，不会不理解他对党的事业的忠诚和自己理论的正确性。于是在1954年7月，胡风和一些"志同道合"的文艺、文教工作者一起，写了长达30万字的《关于解放以来的文艺实践情况的报告》并呈送毛泽东和中共中央。胡风长达30万言的上书，主要是批评新中国成立以来文坛盛行的"教条主义"、霸道作风和为自己"鸣冤叫屈"。但是结果相反，上书招致了更严厉的批判。1955年1月20日，中共中央宣传部向中央提出《关于开展批判胡风思想的报告》，中央批准了这个报告，于是从2月1日开始，对胡风文艺思想的批判全面展开。

1955年是中国社会主义改造的重大转折点，在上半年，由于粮食统购"过头"和城市私营工商业遇到困难，社会上对社会主义改造和工业化步伐议论颇多，毛泽东压力甚大，对所谓"社会主要矛盾"（无产阶级与资产阶级的矛盾）比较敏感，为推进社会主义改造，客观上需要从舆论上打击所谓"资产阶级"及其代言人，使其老老实实听从改造。胡风问题正好给毛泽东提供了这个机会。

1955年5月，毛泽东在看了舒芜交出的他与胡风等人的往来信件和胡风的检讨后，将胡风等人"钦定"为"反革命集团"。据林默涵等人回忆，毛泽东的突然认定并且亲自为这批材料写了措辞严厉的"编者按"，使文艺界的领导人都大感意外。以毛泽东的洞察能力及其对知识分子的了解，他不可能不知道胡风事件是怎么回事。他此时将其"升格"为严重的敌我矛盾，大概与农业合作化正处于"上马""下马"之争有关、与毛泽东想借此开展"肃反"运动有关。

5月13日，《人民日报》发表了《关于胡风反革命集团的一些材料》；5月24日、6月15日，《人民日报》又连续发表了第二批、第三批材料。6月15日，《人民日报》编辑部将这三批材料汇集成单行本，定名为《关于胡风反革命集团的材料》，毛泽东不仅为这三批材料亲自写了"编者按"，还为单行本写了序言。胡风与夫人于5月17日被捕，在随后的全国清查当中，共牵连2100余人。

毛泽东大事渲染胡风案件，实际是为"肃反"制造舆论。1955年7月1日，中共中央发出《关于展开斗争肃清暗藏的反革命分子的指示》。8月25日，中共中央再次发出《关于彻底肃清暗藏的反革命分子的指示》（以下简称《指示》），《指示》估计：在党政军民各机关、团体、企业、学校中，暗藏的反革命分子约占5％。10月25日，中共中央又发出《关于肃清暗藏的反革命分子的运动在群众已经发动之后必须注意保证运动健康发展的指示》，提出要反对松劲现象和右倾思想。肃反运动确实清查出不少历史反革命分子和刑事犯罪分子，但是1955年的第一批"肃反"也的确存在严重"扩大化"问题，这是依靠群众运动、不按司法程序办事难以避免的结果。

新中国成立以后，文艺工作者几乎经历了不曾间断的思想改造和斗争，如批判胡适，批判电影《武训传》，批判《红楼梦》研究中的资产阶级和唯心主义思想，批判梁漱溟，批判朱光潜，批判胡风，批判萧军（《五月的矿山》）等，但是以"言"治罪、以"信件"定罪，"胡风反革命集团"案却是第一个，由此开了恶劣先河。经此风浪，文艺界可以说是惊恐不安，噤若寒蝉。

由于文艺工作者心存疑虑，因此其脑力劳动的产品——文艺作品自然就不多了。在1956年"百花齐放，百家争鸣"方针提出以前，观众和读者对文艺界的普遍责备是两句话："干巴巴""千篇一律"。例如戏曲中的丑角戏就在"侮辱劳动人民"的标签下，以"尚待研究、必须慎重"等方式，被封存起来。

文化部部长茅盾先生认为："干巴巴的病源在于概念化；千篇一律的病源在于公式化，在于题材的狭窄。造成这两种毛病的原因不止一端，但总的说来，由于未能贯彻'百花齐放'，由于缺乏'百家争鸣'!"

时光刚进入1956年,文艺界头顶上的阴影就被两件事冲淡了。一件事是中央知识分子会议;第二件事是苏共二十大。前者肯定了知识分子的重要性,提出知识分子的绝大多数已经成为工人阶级的一部分,虽然还提"思想改造",但实际上如何充分发挥知识分子作用成为首要问题。后者就是苏共二十大对斯大林错误的彻底揭露和评判,尤其是对其"肃反"扩大化和制造冤假错案的"罪行"。其实,从1954年开始,苏联就开始纠正斯大林时期的冤假错案,但是这似乎对这个没有产生多少影响。赫鲁晓夫的"秘密报告"使中国人民悚然而惊,尤其是党和国家的领导人,特别是"钦定"胡风案件和发动"肃反"运动的毛泽东。

另外,1956年初政治气氛转为宽松,其深层原因是:社会主义改造高潮的到来,使得毛泽东和党的领导都认为社会主义与资本主义谁战胜谁的问题已经解决,社会主义这个"关口"已经顺利通过,下一步的主要问题是大力发展经济。此时,毛泽东的主要精力也从社会主义改造和阶级斗争,转到经济建设方面去了。这可以从他全力制定《农业发展纲要》,随后又开展调查拿出《论十大关系》报告看出。

社会主义"天下"已定,自然就需要来繁荣它了,不然它对人民就失去了吸引力。这就是1956年重视知识分子和提出"双百"方针的真正原因。

1951年,毛泽东应邀为新成立的中国戏曲研究院题词,毛泽东提写了"百花齐放,推陈出新"。此后,这八个字就被作为戏曲创作和表演的非正式方针。但是尚未引起整个文艺界的重视。

新中国进入1956年以后，随着社会主义改造胜利在望和知识分子会议的召开，也由于各行各业在批判了右倾保守主义后都开展了热火朝天的建设和制定发展规划，文学艺术自然也需要繁荣昌盛。同时，也受到苏共二十大批评斯大林和苏联文艺"解冻"的影响，使党感到不能对文艺创作干预过多。

1956年3月8日，刘少奇在听取文化部副部长钱俊瑞、陈克寒、刘芝明、夏衍等人的汇报时就指出：

> 我们的方针是"百花齐放，推陈出新"。但"出新"不能勉强。文艺改革必须经过一定努力。没有怀孕就要生孩子，这是不可能的。百花齐放，就允许并存，各搞各的。比如洋的土的都可以搞嘛。①

1956年4月27日，陆定一在中央政治局扩大会议上发言，在谈到文艺创作时，即提出党对文艺创作不要干涉过多、限制过死。"就是对于学术性质、艺术性质、技术性质的问题要让它自由，要把政治思想问题同学术性质的、技术性质的问题分开来。"② 4月28日，陈伯达在发言中也说：毛主席给文学艺术界提出的"百花齐放"这个口号，现在看来，起了很大作

---

① 《刘少奇文选》下卷，人民出版社1985年版。
② 《党的文献》编辑部：《共和国走过的路——建国以来重要文献选编》，中央文献出版社1991年版，第250页。

用，成了艺术界的群众运动。我觉得，在文化科学上，恐怕基本上要提出这样两个口号去贯彻，就是"百花齐放，百家争鸣"，一个在艺术上，一个在科学上。①

4月28日，毛泽东在中央政治局扩大会议的总结讲话中，首次明确提出了"百花齐放，百家争鸣"方针。毛泽东说："'百花齐放，百家争鸣'，我看应该成为我们的方针。艺术问题上百花齐放，学术问题上百家争鸣。"5月2日，毛泽东在最高国务会议上公开宣布"百花齐放，百家争鸣"方针；毛泽东说："在艺术方面的百花齐放的方针，学术方面的百家争鸣的方针，是必要的。这个问题曾经谈过。百花齐放是文艺界提出的，后来有人要我写几个字，我就写了'百花齐放，推陈出新'。现在春天来了嘛，一百种花都让它开放，不要只让几种花开放，还有几种花不让它开放，这就叫百花齐放。"②

1956年5月26日，陆定一经过中央批准、应邀在怀仁堂作了关于"百花齐放，百家争鸣"的报告。陆定一代表中共中央指出："对于文学艺术工作，党只有一个要求，就是'为工农兵服务'，今天来说，也就是为包括知识分子在内的一切劳动人民服务。社会主义现实主义，我们认为是最好的创作方法，但并不是唯一的创作方法；在为工农兵服务的前提下，任何作家可以用任何自己认为最好的方法来创作，互相竞赛。题

---

① 《党的文献》编辑部：《共和国走过的路——建国以来重要文献选编》，中央文献出版社1991年版，第258页。
② 《党的文献》编辑部：《共和国走过的路——建国以来重要文献选编》，中央文献出版社1991年版，第249页。

材问题,党从未加以限制。只许写工农兵题材,只许写新社会,只许写新人物,等等,这种限制是不对的。文艺既然要为工农兵服务,当然要歌颂新社会和正面人物,同时也要批评旧社会和反面人物,要歌颂进步,同时要批评落后。所以,文艺题材应该非常宽广。在文艺作品里出现的,不但可以有世界上存在着的和历史上存在过的东西,也可以有天上的仙人、会说话的禽兽等世界上所没有的东西……因此,关于题材问题的清规戒律,只会把文艺工作窒息,使公式主义和低级趣味发展起来,是有害无益的。"

1956年6月18日,文化部部长茅盾在一届人大三次会议上发言也阐释道:

> 我们认为,按照"百花齐放"的方针,群众歌曲我们要提倡,交响乐也要创作;我们要学习西洋音乐和油画,但不能因此而忽视了民族音乐、美术的继承与发扬。在国画方面,不论山水、人物、花鸟、工笔、写意,只要是花,就要让它放,鼓励它放。品种和风格,应当是愈多愈好。

> 我们认为,按照"百家争鸣"的方针,就应当容许文艺上有不同的派别,而且通过自由讨论、互相竞争,来考验它们的存在的价值……我们提倡而且宣传社会主义现实主义的创作方法,然而我们同时也坚决主张作家们在选择他的创作方法这一个问题上,应当有完全的自由,即应当根据自愿的原则。

在现实生活中，我们需要炼钢厂，需要水闸，但也需要美丽的印花布，需要精致的手工艺品；在文化娱乐方面，如果我们只供给抒情诗、圆舞曲、翎毛花卉，群众就会有意见，但如果朝朝暮暮只给清一色的表现重大社会事件的作品，而且从形式到内容又不免千篇一律，那么，群众也会有意见，而且事实上已经有意见。自古以来，人民所创造的文艺就不是单调、生硬，而是包罗万象，多姿多彩的。我们只有发扬这个优秀传统的责任，而没有破坏它的权利。

我敢向各位代表同志们呼吁：请尽可能向广大人民宣扬"百花齐放，百家争鸣"的精神；请严厉地监督任何方面的违反"百花齐放，百家争鸣"的言论和行动。①

毛泽东提出"双百"方针以后，特别是 5 月 26 日陆定一代表中共中央进一步阐述了这个方针以后，中国作家协会连续多次进行会议，研究讨论在文学领域如何贯彻"双百"方针。另外，作协创作委员会的小说散文组、诗歌组、儿童文学组和理论批评组也分别举行了讨论会。

茅盾、周扬、老舍、冯雪峰、邵荃麟、吴组缃、臧克家、严文井、康濯、秦兆阳等都发表了意见。他们认为近几年来大部分文艺作品题材范围狭窄、单调，创作风格不够多样化，在

---

① 沈雁冰：《文学艺术工作中的关键性问题》，《新华半月刊》1956 年第 14 期，第 64 页。

文艺批评方面也缺少自由讨论的风气。他们指出：这种现象除了有一定的客观原因外，主要是由于过去对文艺为工农兵服务的方针以及对社会主义现实主义创作方法的理解存在着教条主义和片面性，以致使文艺创作的方针受到了限制。过去存在的粗暴的、简单化的批评和有关领导方面不适当的干涉也都对文艺创作的发展不利。

老舍在发言中提出：应该打倒偶像崇拜，使创作和生活都更加活泼一些。

张恨水则说：文艺作品的题材范围应该是无限宽广的，既可以歌颂新社会，也可以评判旧社会。这样，才可能让作家各尽所长，写自己最熟悉的东西。

诗人汪静之对作协过去关怀诗人们不够普遍提出批评。他说：一颗种子要得到了水分、阳光等条件才能开花，要促使百花齐放，必须让多数种子都具备开花的条件。

萧也牧通过自己的亲身经历，提出：切不可把对文艺创作的批评轻率地变成对被批评者的人身攻击。

刘白羽谈了他6月份在成都、重庆、昆明等地访问的观感：这些地区在"双百"方针提出后气象一新，热气蓬勃，作家的创作热情空前高涨，66岁的老作家李劼人也订出了在68岁之前写作9部长篇小说的计划。文艺理论批评工作也开始活跃，非党作家对某些党员作家的宗派情绪提出了尖锐批评，要求"化宗派为学派"。

诗人是对时代和社会气息变化最敏感的群体，1956年的春暖花开和意气风发，自然也影响到诗人的创作，其中影响最大的作品之一就是诗人贺敬之的《放声歌唱》。诗人的兴奋心情、对祖国变化的赞美、对未来的美好憧憬，都一展无遗。虽然该诗在形式上模仿苏联诗人马雅可夫斯基的"阶梯诗"格式，但是其内容的激情澎湃和文辞优美，在那年还是产生了巨大影响，尤其是对青年人。这里摘录一段该诗，以管窥一斑：

> 在每一平方公尺的土壤里，
> 都写着：我们的劳动和创造；
> 在每一平方公分的空气里，
> 都装满我们的欢乐和爱情。
> 社会主义的美酒啊，
> 浸透我们的每一个细胞，
> 和每一根神经。
> 把一连串的美梦都变成现实，
> 而梦想的翅膀又驾着我们更快地飞腾……
> 啊，多么好！
> 我们的生活，
> 我们的祖国；
> 啊，多么好！
> 我们的时代
> 我们的人生！"

二、此起彼伏的争论

◎关于新诗与旧诗的争论

◎毛泽东发表旧诗词,但不提倡写旧体诗

◎关于外国音乐与民族音乐的争论

◎毛泽东充当了一次裁判

◎电影界敲响争鸣"锣鼓"

◎毛泽东批评电影局"开门不够"

◎关于"现实主义"的讨论

◎《组织部新来的青年人》引发热烈讨论

1956年8月5日,《光明日报》发表朱偰文章《略论继承诗词歌赋的传统问题》。文章指出:"最近几年来,最被冷落的,是我国民族文学形式中的诗词歌赋。谈到我国的旧诗,几乎大家默不作声,更不敢轻于尝试。因此,文坛上诗词歌赋绝迹了,我国文苑中这几朵古老的花,久已失去了培养,自然也就不能开花结果。"

文章提出:"又有人说,旧诗太不通俗了,不合乎大众的要求,因此不能担负起建设社会主义现实主义文学的使命。这也是似是而非的论调,旧诗本身无所谓通俗不通俗,它可以做得十分通俗,合乎大众的要求,也可以做得十分不通俗,不合乎大众的要求。这是运用旧诗的技巧问题,并不是旧诗本身的性质问题。""我们要'存其精华,去其糟粕',用民族形式的诗词歌赋，来歌唱社会主义的文化。这是完全可以做得到的。"

9月23日，《光明日报》发表曾文斌文章《对"略论继承诗词歌赋的传统问题"一文的意见》。不同意朱偰的观点，认为："'用民族形式的诗词歌赋，来歌唱社会主义的文化'，是大有问题的。我认为旧诗的难于继续发展，是由于它本身的特点和它的发展规律所决定的，并不是如作者所想象的那样，认为是谁'抑制'了它，对它施以压力，不让它发展，因而使得这种诗的传统中断。我国古典诗歌有过它的繁荣的时期，而且在宋元也曾出现过一些杰出的作家和作品。但与此同时，随着平民文学的兴起，诗歌的确是临近到了它的定型阶段，逐渐被其他韵文（如词、曲）所代替。清代的'新诗派'，企图用旧诗的形式来反映新的时代内容，所谓'以旧风格含新意境'（梁启超：《饮冰室诗话》）。结果这个改革的尝试是失败了。尽管黄遵宪写下许多思想性较强的诗篇，但在白话文学已经逐渐占上风的形势下，在封建社会内部的结构已经起了某种显著变化的情况下，旧诗已经是'强弩之末'，再难勃兴了。"

11月24日，《光明日报》发表朱光潜文章《新诗从旧诗能学习得些什么?》提出新诗应该向旧诗词学习语言运用、情景交融甚至韵律方面的长处，弥补新诗在词语凝练、意境深远方面的缺陷。文章说："我知道新诗人也在学习，但是只是这个新诗人学另一个比较成名的新诗人，学习一些翻译来的外国诗，最远的传统往往不过'五四'。现在应该是我们认识真理的时候了，作诗只有现在流行的那一点点训练是远远不够的。"

12月8日，《光明日报》发表沙鸥的文章《新诗不容抹杀

——读朱光潜文有感》，批评朱光潜贬低甚至抹杀了"五四"以来新诗词的成就，对新诗存有很大偏见。12月10日，诗人公刘在发表旧体诗的同时，也在1956年12月10日写了《谈中国古典诗歌传统问题——答友人书》（发表于《长江文艺》1957年1月号），批评朱偰和朱光潜的文章否定或忽视了"五四"以来的新诗歌。

《光明日报》关于诗歌问题的讨论，引起了文艺界和读者的注意，上海、天津等地的报刊也相继发表了不少文章参与讨论。在这种情况下，《光明日报》记者崔巍就这个问题采访了著名新诗人同时又担任全国文联主席的郭沫若。12月15日，《光明日报》上发表了郭沫若对记者的谈话《郭沫若谈诗歌问题》。文章谈了以下几个问题：

（一）"不是旧诗好，是有好的旧诗。"

（二）"能背诵，并不是旧诗的特性"；"能记得，能广诵的，并不见得都是好诗"；"那种认为新诗记不得，而记不得的就不是好诗的说法可以看出，是多么不合逻辑，多么没有科学根据。"

（三）"新诗是起过摧枯拉朽的作用的。""在'五四'以前，诗在旧时代已经僵化了，新诗从已经僵硬了的旧诗中解放出来，冲破了各种清规戒律的束缚，打碎了旧的枷锁，复活了诗的生命。这对于中国的诗歌起到了起死回生的作用。对于这些，都必须有足够的认识。不然，那将是极大的错误。"

（四）"新诗并未抛弃中国诗歌的传统。""新诗在受了外来的影响的同时，并没有因此而抛弃了中国诗歌的传统。""新诗的出现是由社会生活与语言扩大化的客观发展进程所决定的，是适应中国社会发展的规律，也是符合中国诗歌发展的规律的。"

（五）"不要以为凡是旧诗就可以当令。""有素养的人，要做旧诗也是可以的，但我们有这样的权利，便是要求他们发表好的旧诗。不要以为，凡是旧诗就可以当令。"

（六）"好的旧诗万岁，好的新诗也万岁"，"以前我们犯了错误，低估了优良传统。但希望不要又犯新的错误，低估了新生力量。"

应该说，郭沫若的评判是比较客观公正的。

1957年1月12日，毛泽东给1956年决定创刊的《诗刊》负责人臧克家等人复信，并随信寄来诗词18首供《诗刊》发表。毛泽东的信和诗词发表于1957年1月《诗刊》创刊号上，结果人民奔走相告，争相购买这期刊物，成为当时诗歌领域的盛事，似乎也为当时旧诗与新诗争论画了一个句号。

毛泽东在信中谦逊地说："这些东西，我历来不愿意正式发表，因为是旧体，怕谬种流传，贻误青年；再则诗味不多，没有什么特色。"毛泽东还说："诗当然应以新诗为主体，旧诗可以写一些，但是不宜在青年中提倡，因为这种体裁束缚思想，又不易学。"

毛泽东的答复看来是经过一番斟酌的，相当谨慎。既肯定了新诗为主，这显然符合文化的发展趋势和便于诗歌的普及，也没有否定旧诗词，反而自己就在写旧体诗词。毛泽东诗词的公开发表和广为传诵，显然对作为中国文化遗产的旧体诗词起到了宣传作用。

1956年的8月北京正是盛夏,天气热,音乐更热。8月1日至23日举行的第一届全国音乐周,是中国音乐史上史无前例的壮举,也是新中国成立以来音乐成就的大汇展。参加会演和观摩的单位共34个,近4500人,共举行了29台音乐会,演出91场(次)。在这次大规模音乐演出活动中,共演出歌剧4部、交响乐8部、大合唱和声乐组曲12部、民族管弦乐曲32部以及大量小型声乐和器乐作品。人们在欣赏大量优秀作品,尤其是以西洋音乐形式所表现的民族内容的作品的同时,自然也引起对民族音乐和外国音乐的讨论,使得整个北京似乎到处都充满音乐,连毛泽东也加入了谈论音乐的行列。

8月24日,音乐周圆满闭幕,毛泽东、朱德、周恩来、陈云等国家领导人接见了音乐周全体代表。毛泽东还邀请部分音乐家和音乐协会负责人座谈。在谈话中,毛泽东全面谈了自己对文化艺术的传统与现代、民族与外来、形式与内容、民族化与西化的关系。他指出:"我们当然提倡民族音乐。作为中国人,不提倡中国的民族音乐是不行的。但是军乐队总不能用唢呐、胡琴,这等于我们穿军装,还是穿现在这种样式的,总不能把那种胸前背后写着'勇'字的褂子穿起。民族化也不能那样化。乐器是工具。当然工具好坏也有关系,但是如何使用工具才是根本的。"毛泽东还提倡要了解外国音乐:"中国的文化应该发展。外国的音乐不会听,不会奏,是不好的。外国作品不翻译是错误的,像西太后反对'洋鬼子'是错误的。要向外国学习,学来创作中国的东西。"①

1956年9月11日《人民日报》发表贺绿汀的文章《民族音乐问题》。这篇文章显然得到了毛泽东上述谈话的精神,其底气相当足。人们也许还不会忘记,在此以前的1954年,贺绿汀还曾因那篇《论音乐的创作与批评》文章受到长达一年多的公开批判。文章说:"解放以后,全国人民在党的号召下向科学进军,再加上国内外优越的条件,我们进展的速度和成就之大是惊人的;可是整个文化水平还是不高的。我们固然不能妄自菲薄,但也不能骄傲自满,稍一得志,头脑就发起热来,吃亏的还是我们自己。"

文章虽然批评忽视民族音乐的问题,但主要是批评对外国音乐抱有偏见甚至排斥的错误观点:"但是在另一方面,也有那么一些热心的狭隘的民族排外主义者,一听见洋的就反感。现在是提倡民族音乐的时候,骂洋的无论如何骂法反正没有人敢回手,而对自己的民族音乐则不分青红皂白一律说是科学的,也没有人敢于起来争辩。有人说:'现在当权的都是一些洋音乐家,他们口头上都谈民族音乐,实际上是在丰富民族音乐的幌子下来使民族音乐消灭','在提高和推广之下消灭民族音乐'。又有人说:'这次音乐周几分之几是洋的,几分之几是土的',什么叫民族的呢?凡属用'土嗓子'用'民族乐器'的,才能算是民族的,此外都是洋的,因此有人认为此次音乐周是洋的压倒土的,是原则问题。其实正式演出的节目都是中

---

① 《建国以来毛泽东文稿》第六册,中央文献出版社1992年版,第176、181页。

国人自己的创作,虽然也有很多不成熟的作品,但是大家在主观上都是努力在追求民族风格。因此我想奉劝热心于民族音乐事业的同志们,讲话最好还是要有分寸,不切实际的言辞会伤害所有音乐工作者的积极性的。"

关于民族乐队与交响乐队的争论。文章认为交响乐队代表了世界乐器发展和演奏的先进水平。"从目前情况看,交响乐队比我们自己现在的民族乐队在音乐演奏能力上差别很大,管弦乐队不但能演奏外国作品,也能演奏纯粹中国风格的作品,不但中国能演,而且全世界都能演。因此交响乐队是我们努力发展的方向之一,它对于发展我们民族音乐的文化有极其重要的作用,我们不能因为它是外来的而拒之于门外。"

新中国成立以后,由于受批判胡适和电影《武训传》的影响,同时也是因为,以娱乐和揭露社会问题两类题材为主(后者以进步的电影工作者为主力)的旧中国电影一时尚不能适应"歌颂工农兵""歌颂新社会"的要求,虽然拍了一些很好的电影,但是创作仍然不够活跃,好作品较少。当时有人用一副对联来比喻电影界情况:"上联:伟大的起点,下联:无穷的潜力,横批:就是不卖座。"

电影的活跃,可以说是从重新放映解放前进步的电影工作者拍摄的揭露社会问题的旧电影开始的。1956年4月27日,在省、市、自治区党委书记参加的政治局扩大会议上,当中宣部部长陆定一谈道:文艺创作不要局限于只写新人物,"写一写老人物也可以。我说那个旧社会写一写好得很,如果现在有一个人能把上海30年代社会的变化写出来,我说那是世界第一的小说。"毛泽东插话说:"《乌鸦与麻雀》,那是部很好的电影,那是写上海解放军进城的前夜,我们电影局就是不许它演。这两天可以找出来给大家看一看,见识见识,这是中国一篇很好的历史。"① 于是在1956年下半年,一些解放前拍摄的影片,如《乌鸦与麻雀》《一江春水向东流》等再次与观众见面,引起观众极大的兴趣,好评如潮,使人开始感受到了电影方面的"解冻"。

1956年9月,陈荒煤在《中国电影》创刊号上发表了《关于电影艺术的"百花齐放"》。文章号召电影界要积极贯彻"百花齐放"方针,繁荣电影创作,满足人民群众的要求。在此前后,文化部电影局也召集了电影创作人员座谈会,讨论电影如何"百花齐放",讨论由此展开。

11月份,作为中国电影的发祥地和著名电影艺术家会集的上海,敲响了电影界的揭露问题、公开争鸣的"锣鼓"。上海《文汇报》发表了总标题为"为什么好的国产片这样少?"的24篇导演和演员文章,掀起了关于电影的讨论,更引起各方面的注意。

上海《文汇报》11月间的24篇文章,就讨论的问题来看,可以分为两类:一是关于电影的组织领导问题,即批评以行政方式领导创作,以机关方式领导生产。如:师陀的《问题的症结在于工作制度》、孙景璐的《最重要的是关心人》、陈鲤庭的《导演应该是影片生产的中心环节》、东言的《演员的苦恼》、

---

① 《党的文献》编辑部:《共和国走过的路——建国以来重要文献选编》,中央文献出版社1991年版,第253页。

治华的《加强电影技术的领导》等。二是关于对电影的指导思想和认识问题,如中国电影的传统问题、题材偏狭问题、"导演中心"问题等。如:韩非的《没有戏剧可演》、吴永刚的《政论不能代替艺术》、周涛的《放映员的意见和苦恼》、少先队员方正的《请满足我们的愿望》、孙瑜的《尊重电影的艺术传统》、司马瑞的《是前进还是要倒退?》、冯乙的《没有人主张倒退》。总的来说,对当时电影界的状况是不满意的。

11月29日,《文汇报》发表孙瑜的文章《尊重电影的艺术传统》,提出"导演是'三军的统帅'","不能粗暴干涉艺术处理"。孙瑜还说:"经过了几次文艺整风和学习的导演们(当然不敢说他们已经改造得十全十美了)好像还得不到必要的信任。""今天的观众在走进戏院的时候是以主人翁的姿态走进去的。他们不能容忍乏味的、公式化概念化、没有思想性和艺术性的作品。我们不能不尊重他们。他们要政治,但不要政治口号。"

当时任《文艺报》编委兼艺术部主任的钟惦棐,以《文艺报》评论员名义发表了《电影的锣鼓》(1956年12月15日《文艺报》)。这篇文章非常尖锐,成为当时揭露和批评电影界问题的代表作。

《电影的锣鼓》提出检验电影好坏的标准应该是观众的多少,据该文说:在上海,影片《一件提案》的上座率是9%,《土地》是20%,《春风吹到诺敏河》与《闽江橘子红》是23%,从1953年到1956年6月,国产片共发行了100多部,其中70%以上的没有收回成本,有的只收回成本的10%。纪录片《幸福的儿童》竟连广告费也没有收回。由此钟惦棐说："这是否就同时暴露了两个问题：一是电影是一百个愿意为工农兵服务，而观众却很少，这被服务的'工农兵'对象，岂不成了抽象？二是电影为工农兵服务，是否就意味着在题材的比重上尽量地描写工农兵，甚至所谓'工农兵电影'！"

文章批评了将电影的社会价值、艺术价值与票房价值对立起来、将为工农兵服务的方针与观众对立起来的做法，认为"绝不可以把电影为工农兵服务理解为'工农兵电影'"。

文章的另一个批评重点是"以行政方式领导创作"。这种方法"完全可以使事情按部就班地进行着，而且条理井然，请示和报告的制度都进行得令人欣慰。但是最后被感光在胶片上的东西却也如请示、报告、开会一样索然"。呼吁"艺术创作必须保证有最大限度的自由，必须充分尊重艺术家的风格，而不是'磨平'它"。

12月13日，《文汇报》发表的陈白尘的《从何说起》也感叹："说到上海电影人才之盛，不禁想起国产片产量（不管好与不好）之低。解放前，上海每年生产影片的部数是以百计的，而现在上海厂每年生产的影片不过十来部。"

1957年1月4日《文汇报》又发表了钟惦棐用笔名"朱煮竹"写的文章《为了前进》。该文就司马瑞《是前进还是要倒退？》的批评，提出：这几年我国的电影界在电影的基本法则基本特征的问题上，"前进"得过远了，以致许多人不懂电影创作。"我以为，'倒退'一下也好，退到电影艺术创作的正常轨道上来，退到广大观众不仅要求教育，也要求娱乐，要求美的欣赏或享受。"

当然，对于上述以批评为主的文章，进行商榷和反批评的文章在1957年1月以后也陆续发表出来。如：1月13日《人民日报》发表的子布的文章《又一个联想》；1月23日《人民日报》发表的陈沂的文章《我也想到电影的问题》；《中国电影》1957年1月号发表的陈亚丁的文章《关键在于电影剧本的创作》。

1957年2月22日《文汇报》发表陈荒煤的文章《坚持电影为工农兵服务的方针》。该文说："《文汇报》发起关于电影工作的讨论，虽然出的题目是：'为什么好的国产片这样少？'似乎事先已经作好了结论，但许多同志的文章，提出对电影工作中缺点的许多批评和建议是好的，值得欢迎的。但有些文章例如上述的两篇①，其中的论点，我却不能同意。"

文章提出：第一，"不能单以票房价值来评价电影的成就"，批评《电影的锣鼓》引用的数字"极不完全，不科学，很难说明问题的实质"。第二，"国产片不如过去的看法是没有根据的"，1956年发行的国产片《神秘的旅伴》《虎穴追踪》《董存瑞》《平原游击队》《天仙配》的观众人数一般都超过了旧国产片《一江春水向东流》和同期上映的香港片《春》《秋》和其他外国片。第三，"题材广阔与描写工农兵并不矛盾"。第四，"确定影片题材比例是贯彻方针的重要关键"。第五，"离开解放后的成绩就没有基本阵地可言"。

---

① 指钟惦棐的《电影的锣鼓》和《为了前进》。

1957年2月22日《人民日报》发表张骏祥的文章《为了电影艺术的百花齐放》可以说是与同日发表的上述陈荒煤文章南北呼应的分量较重的反批评文章。

这次关于电影问题的讨论，从一开始就引起了文化部电影局的注意，并专门召开会议讨论电影的改革问题（"舍饭寺会议"）。同时，这场讨论也引起了毛泽东的关注。1957年3月全国宣传工作会议期间，毛泽东在与新闻出版界人士的座谈会上就说："这次对电影的批评很有益，但是电影局开门不够，他们的文章有肯定一切的倾向，人家一批评，又把门关得死死的。我看大多数批评文章提出的问题，对于改革我们的电影是很有益的。现在的电影，我就不喜欢看，当然也有好的，不要否定一切。批评凡是合乎事实的，电影局必须接受，否则电影工作不能改进。"[①] 毛泽东的讲话似乎为这次讨论作了结论，电影界也立即进行了传达和贯彻。不料1957年"反右"运动开始以后，情况又发生了转折，这已是后话。

1956年《人民文学》9月号发表了何直（秦兆阳）的文章《现实主义——广阔的道路》，开始了关于"社会主义现实主义"还是"社会主义时代的现实主义"的争论。

何直认为："社会主义现实主义"这个概念不够科学，容易引起庸俗或教条的解释，即变成只是"肯定的现实主义，而不同时是批判的现实主义"；变成用"社会主义精神"，甚至一些"教条"去指导创作；变成文学创作直接为临时性的政治任

---

① 《毛泽东新闻工作文选》，新华出版社1983年版，第188页。

务服务。因此，何直在文章中提出：应该用"社会主义时代的现实主义"这个更广阔的概念来取代"社会主义现实主义"，以避免教条主义对文学艺术的束缚，为创作提供无论是题材、还是形式方面更广阔的领域。

随后，周勃在《长江文艺》12月号上发表了《论现实主义及其在社会主义时代的发展》提出了与何直相同的观点。

针对上述观点，张光年在《文艺报》1956年第24期上发表了《社会主义现实主义还存在着、发展着》，提出了不同意见，认为"他们的结论是取消社会主义现实主义；在我看来，这就是取消当代进步人类的一个最先进的文艺思潮，取消工人阶级手中的一个重要的思想武器。如果接受了这个结论，就会对我们青年的社会主义文学发生极其不利的影响"。

陈涌在《文艺报》1957年第2期上也发表《关于社会主义的现实主义》文章，支持张光年。文章说：

> 最近国内的文艺思想和创作的动态颇引人注意，其中最重要、最有普遍意义的是关于社会主义现实主义的存废问题，先后提出问题的何直、周勃两同志是主张取消社会主义现实主义这个口号的，接着发表文章的张光年同志则反对这种意见。

文章接着说：

> 问题的提出并不是偶然的，它一方面反映出很久以来

我们的文艺思想中的确存在着严重的教条主义,庸俗机械论的倾向;另一方面,正如张光年同志说到的,也反映出了我们一部分人对于马克思主义原则的动摇。这两个问题是互相联系着的,由于对长久存在着的教条主义、庸俗机械论的厌恶情绪,便可能对于马克思主义原则也发生怀疑,而滑到另一个极端去。和教条主义、庸俗机械论以及在创作上的公式主义相反,最近国内刊物上出现的理论上和创作上的资产阶级和小资产阶级倾向,正好说明这个问题。在我看来,何直、周勃两位的文章,是包含着一些好的意见的,但他们的根本观点,的确如张光年同志的批评那样,是错误的。

这种争论的确反映了1956年文坛思想的活跃,这在以前和以后相当长的时间里是不可想象的。

1956年8月号的《人民文学》刊登了一篇名为《组织部新来的青年人》的短篇小说,由此拉开了长达半年多的热烈讨论,成为新中国文学领域中极少有的盛事之一。青年作者王蒙既因此声誉鹊起,也因此被划为"右派",遭受了20余年的磨难。真是应了唐代诗人李白的话"文章憎命达"。

《组织部新来的青年人》故事梗概如下:一个满怀热情、对党组织充满敬意的青年共产党员林震,从小学教师岗位被调到北京市某区委组织部从事党的工作。林震一来,就发现在部里存在着严重的官僚主义、事务主义毛病。他同这种现象进行了斗争。结果虽然解决了由于组织部的拖延而没有及早解决的通华麻袋厂的问题（撤换了官僚主义的厂长王清泉），可是他却无力改变组织部本身的状况。这里的缺点，"就像灰尘散布在美好的空气中，你嗅得出来，但抓不住"。小说就在主人公感到自己同反面势力斗争是"力量悬殊"（组织部部长刘世吾、副部长韩常新）的无可奈何的情绪中结束了。

小说之所以引起人们的关注，特别是青年人的关注，主要有两个原因，一是小说揭露了"党"组织本身的官僚主义，而这在以前是没有的；二是小说反映了青年人从学校走向社会后所发现的对"社会主义""党组织"等美好的憧憬与实际生活差距很大的一种失落感。

《文艺报》从 1956 年 12 月起，组织了关于这篇小说的讨论。前后收到参加讨论的稿件 1300 多篇，并连续四期发表了其中的 25 篇；其他报刊如《人民日报》《文汇报》《光明日报》《中国青年报》和《延河》等也都发表了讨论文章。这场讨论争论的主要问题有两个：一是作品是否真实地反映了现实生活？二是对人物的性格应该怎样理解？

对于第一个问题，讨论从一开始，就分为肯定和否定两种意见。林颖、刘绍棠、丛维熙等认为这篇小说"严肃地、认真地忠实于生活"，"王蒙同志没有一点歪曲这个作为典型环境的党组织，他逼真地、准确地写出了这里所发生的一切。我们不能要求他根据对我们党的整个概念来写这个党组织，因为这只能流于公式化。"邵燕祥也认为"作者是从丰富纷繁的实际生活里汲取主题直到每一个细节的"。否定的意见则是怀疑这篇作品所反映的真实性。增辉说它是"一篇严重歪曲现实的小说",马寒冰认为它是"一部不真实的作品"。但是这部作品却得到了毛泽东的赞同:王蒙"写了一篇小说批评共产党工作中的缺点,部队几位同志就'围剿',说北京没有官僚主义。北京怎么就没有官僚主义?"1956年至1957年春,毛泽东多次讲话支持王蒙。最早是在1956年11月的省市委书记会议上,毛泽东表态不赞成批评王蒙的人的观点。1957年2月26日,在颐年堂的一次座谈会上,毛泽东主要谈文学批评问题,他又说:"王蒙写了一篇小说,赞成他的很起劲,反驳他的也很起劲,但是反驳的态度不怎么适当。王蒙的《组织部新来的青年人》正在讨论,问题在于批评态度。小说揭发官僚主义,很好,揭发得不深刻,但很好。"

在对人物的性格理解方面,争论也很激烈。一些青年认为"林震是我们的榜样";更多的人则认为林震是一个狂热的小资产阶级知识分子的典型。"在他身上与其说是看到青年人所具有的不怕官僚主义者的斗争,毋宁更妥当地说暴露了没有生活基础的知识青年按照书本子处理实际问题的弱点。"[①]

几乎可以说,王蒙的这篇小说,是1978年改革开放以前影响最大的短篇小说之一。

---

① 本刊记者:《关于小说"组织部新来的青年人"的讨论》,《新华半月刊》1957年第7期,第144~145页。

三、方兴未艾的文艺创作

◎毛泽东赋诗言志

◎文坛的空前活跃

◎杂文的复苏

◎周恩来谈暴露批评阴暗面

◎"暴露"文学异军突起

◎"一出戏救活了一个剧种"

◎话剧的繁荣

◎电影界也端出了几盘好菜

"诗言志",1956年上半年毛泽东心情舒畅、豪情满怀。于6月填写了著名《水调歌头·游泳》:

> 才饮长江水,又食武昌鱼。万里长江横渡,极目楚天舒。不管风吹浪打,胜似闲庭信步,今日得宽余。子在川上曰:逝者如斯夫!
>
> 风樯动,龟蛇静,起宏图。一桥飞架南北,天堑变通途。更立西江石壁,截断巫山云雨,高峡出平湖。神女应无恙,当惊世界殊。

欢乐、自信溢出纸面。

新中国成立以来,知识分子改造运动、批判胡适资产阶级思想，批判《武训传》，批判《红楼梦》研究中的资产阶级思想，批判胡风，使得文艺界形成歌功颂德、粉饰太平或为党的方针政策作艺术诠释的风气。不敢暴露问题，不敢多方面的表现爱情和生活的多样性和复杂性。

"双百"方针提出后，环境的宽松和思想的解放带来了创作的活跃，文坛出现了新中国成立以来少有的宽松气氛和活力，一批富有生活气息和反映社会生活的作品涌现出来。

作为永恒题材的描写爱情生活的作品，成为这个阶段文艺创作的重要特点之一。其代表作有宗璞的《红豆》、丰村的《美丽》、邓友梅的《在悬崖上》、陆文夫的《小巷深处》、阿章的《寒夜的离别》等，还有丰村的《在深夜里》《一个离婚案件》、刘绍棠的《西苑草》。

揭露、批评生活中的阴暗面，特别是党和政府某些干部的官僚主义、保守主义的作品，是这一年文学创作的另一个重要特点。这方面的代表作有：刘宾雁的《在桥梁工地上》《本报内部消息》、王蒙的《组织部新来的青年人》、白危的《被围困的农庄》、耿简的《爬在旗杆上的人》、李国文的《改选》、刘绍棠的《田野落霞》、秦兆阳的《沉默》、荔青的《马端的堕落》、李准的《灰色的篷帆》、南丁的《科长》、耿龙祥的《入党》《明镜台》等。

上述作品引发的讨论和争鸣，又从另一个角度反映了当时文坛和社会思想的活跃。

另外，1956年还发表了一大批比较优秀的作品。短篇小说有王愿坚的《粮食的故事》、王汶石的《风雪之夜》、萧平的

《三月雪》。中篇小说有孙犁的《铁木前传》。长篇小说有玛拉沁夫的《茫茫的草原》（上部）、徐怀中的《我们播种爱情》、秦兆阳的《在田野上，前进！》、袁静、孔厥的《新儿女英雄传》。报告文学有徐迟的《我们这时代的人》。散文特写有《志愿军一日》、柳青的《皇甫村的三年》、巴金的《秋夜》、李若冰的散文集《在勘探的道路上》、秦牧的《社稷坛抒情》。诗歌则有：艾青的《在智利海峡上》、郭小川的《致大海》《雪与山谷》、邵燕祥的《贾桂香》、流沙河的《草木篇》、蔡其矫的《川江号子》《雾中汉水》以及穆旦的抒情诗。

文学创作的周期使得其作品面世有一个过程，1956年创作环境的宽松也是1957年和1958年长篇小说丰收的播种期。1957年出版的吴强的《红日》、曲波的《林海雪原》、高云览的《小城春秋》、张天翼的《宝葫芦的秘密》，1958年出版的杨沫的《青春之歌》、冯德英的《苦菜花》、李英儒的《野火春风斗古城》，1959年出版的柳青的《创业史》，都与1956年文坛的宽松环境有直接关系。

1956年7月1日，是中国共产党建立35周年纪念日，这一天的《北京日报》发表了著名诗人贺敬之的长诗《放声歌唱》，该诗在热爱诗歌的青年中争相传诵，一时洛阳纸贵。《放声歌唱》长达1300行，共分五个段落，实际可分为两大部分。前一部分包括三个段落，作者满腔热情地描绘各条战线一派欣欣向荣的景象，归结到奇迹的创造者正是伟大的、光荣的、正确的党；又通过回顾中华民族五千年的历史、中国共产党35年的历史和对未来的展望，揭示了我们的党承前启后、继往开来的历史地位。后一部分包括两个段落,主要写他本人投身革命的经历和对新的任务的渴求。相对而言,前一部分的抒情主角是"大我",后一部分的抒情主角是"小我"。在这首诗里,"大我"与"小我"的关系,不是对立的,而是统一的,是"一望无际的海洋"与"海洋里的一个小小的水滴"的关系,是"一望无际的田野"与"田野里的一颗小小的谷粒"的关系。该诗激情澎湃,展现出诗人在1956年的万丈豪情。

  这首长诗在艺术上也有独到之处。首先他对马雅可夫斯基的"楼梯诗"进行了中国式的改造,取古代辞赋的骈俪写法,形成一种有呼有应、一开一合的节奏。这是可与我国传统的"音顿"节奏并列的"意顿"节奏,成功地解决了音乐的节奏与语言的节奏的统一,使新诗从传统的"哦吟"走向"朗诵"。此外,这首长诗还注意吸取古典诗歌的"炼字"技巧,语言显得精练、形象、生动,以下是当时常被人引用的句子:

  五月——
    麦浪。
  八月——
    海浪。
  桃花——
    南方。
  雪花——
    北方。……
  我走遍了

> 我广大祖国的
> 每一个地方——
> 呵，每一个地方的
> 我的
> 每一个
> 　　故乡！

　　揭露、批评生活中的阴暗面，特别是党和政府某些干部的官僚主义、保守主义的作品，是这个阶段杂文和文学创作的另一个重要特点。新中国成立以来，由于经济、文化、教育的落后，人民政府及其工作人员如何最有效地为人民服务，还是一个需要解决和完善的问题，执政的中国共产党和人民政府曾经试图通过"整风""三反"机构精简等办法来解决日益增多的官僚主义现象，但是由于整个社会还不可能在很短的时间内形成对干部的有效监督机制，特别是由于经济体制的剧烈变动赋予了干部更大的权力，教条主义、官僚主义和脱离人民现象就很难有效抑制了。因此，只要允许，文艺作品就必然要反映这种现象。1956年"双百"方针的提出为这类作品的产生提供了水分和温度。

　　3月22日，周恩来观看中国青年艺术剧院演出的老舍新作《西望长安》，散场后与剧院负责人吴雪、孙维世和剧组主要演员座谈，针对当时戏剧界正在争论的能否反映阴暗面问题发表了自己的看法。周恩来说：不要光演一些歌功颂德的东西，暴露和评判阴暗面的东西也应该演一些。我们的干部品质上大多数是好的，我们应该辩证地看待这个问题。5月17日，周恩来在《十五贯》座谈会上又说：

> 《十五贯》一针见血地讽刺了官僚主义、主观主义，是成功的。官僚主义和主观主义在现在不是个别的。现代戏还没有一个能这样深刻地批判官僚主义和主观主义的。①

自从1942年延安文艺座谈会上认为"还是杂文时代，还要鲁迅笔法"的提法不当后，以针砭时弊为特点的短小精悍、文锋犀利的杂文、小品文就逐渐在解放区和新中国的文坛中枯萎了。

1956年毛泽东提出"十大关系"和"双百"方针以后，杂文也开始复苏。据李锐回忆，是胡乔木提出《人民日报》改版后要发表杂文。② 7月1日，《人民日报》由过去的4版扩大改为8版，其中第8版为带文学性的副刊。

曾受到毛泽东称赞的两个报纸之一《中国青年报》（另一个是《大公报》），1955年开辟的"辣椒"专栏，在1956年刊登了一些针砭时弊的杂文、短篇报道。如：《取暖火炉难买着，万户冻得打哆嗦》《"还差一根红线"》《大学生随笔》《门僚》《不要被"这是制度"吓退》《新官太太》《轻轻一动嘴，花钞如流水》《可以不记的日记》《无花的蔷薇》《稀奇稀奇真稀奇，大雪天里买电扇》等。

---

① 《周恩来选集》下卷，人民出版社1984年版，第195页。
② 参见段跃编：《乌昼啼》，中国电影出版社1998年版，第1~2页。

上述小文章正如专栏的名字"辣椒"那样，对于社会问题和不良现象加以无情地揭露和讽刺。如《大学生随笔》说："犯起错误来，'左'倾者，被评为政治热情很高，然而不够成熟云云。右倾者，则大有立场问题之嫌。于是乎，宁'左'勿右之风颇盛。"

又如《可以不记的日记》揭露了国家建委设计计划局规划处无事可做的现象：

就请看看我1956年10月份的日记吧，——请相信我，这个月并不是我特殊的月份，同样是一个普通的月份啊！

1日至3日：放假。

4日至5日：上午无事，下午依然如故。

6日：今日找处长要工作做，处长笑着说："别急，我们的机构方针还没有明确……"可是，我们的处已成立二年多了，为什么机构方针到现在还没有确定呢？

7日至15日：无事可做，除了看报就是读书。

16日：今天去冶金部了解情况，共花去三小时，多日无事，今日方有，不亦乐乎！

……

本月小结：不堪回首，本月工作加起来不足两天。①

---

① 《中国青年报》1956年12月16日。

另外,像《新观察》的《乱弹杂记》,《文汇报》的《匹夫不可夺志也》,《人民日报》的《说"难免"》《"好官"的信条》等也都是当时颇有影响的杂文。

1956年,受"双百"方针的鼓舞和创作环境的宽松,使得苏联1954年以来的文学"解冻"现象在中国也呈现出来。这就是一批以揭露和批评现实生活阴暗面为主题作品的问世。

这些作品的作家大多数是年轻人。他们一般是新中国成立以后才走上文坛的,年轻人的朝气理想和批判精神,使得他们更愿意去用笔"干预生活",在他们看来,似乎"治病"比"歌颂"对建设社会主义更有用。

第一个干预生活、揭露"阴暗面"的代表性作品是《在桥梁工地上》。这篇作品以第一人称的口气,描写了一个报社记者在一个修建铁路大桥的工程队中的所见所闻。工程队队长罗立正,记者早就认识,是一个在解放战争时期就修路架桥的老革命,过去朝气蓬勃,既有理想抱负,又积极肯干。但是多日不见再相逢,记者发现他已经变了许多,官僚化了。他所关心的不再是有所作为,而是"不犯错误",他压制有专长、有热情、想把工程进度加倍并节约材料的青年工程师曾刚。

这篇纪实文学作品发表在《人民文学》1956年4月号上,《人民文学》还专门为它写了"编者按":"我们期待这样尖锐提出问题的、批评性和讽刺性的特写已经很久了。希望从这篇《在桥梁工地上》发表以后,能够更多地出现这样的作品。"此后,《文艺报》《人民文学》《文艺学习》等刊物发表了不少阐述这一主张的文章。如黄秋耘的《不要在人民的疾苦面前闭上眼睛》就呼吁:"逃避现实的怯懦心理必须克服,而代之以坚持真理的战斗精神,对个人利害的打算必须割弃,而代之以高度的政治责任感和艺术良心。"于是,"写真实"和"干预生活"的理论和创作开始形成引人注目的潮流。

当时曾产生较大影响的第二篇作品是《本报内部消息》,发表在《人民文学》1956年6月号上(续篇发表在同年10月号上)。这篇作品描写了某报社青年女记者黄佳英到"贾王煤矿"采访,遇到工人因会议太多、疲惫不堪,拒绝参加矿领导召开的会议,她了解情况后站到了工人一边,并帮工人出主意,结果被召回报社。回来以后,黄佳英告诉总编室主任:"问题的严重还不光是会多。你看看这都是些什么会,就明白了。随便一点芝麻大的事,也要层层布置,反复讨论,再三动员,组织保证。还不要说那先党内、后团内,先干部、后群众的一套额外附加会议。""有人说,这也是群众路线。表面看来,似乎是,有事和大家商量嘛。可你仔细看看,就不是那么回事。"尽管如此,黄佳英还得作检讨。作品还揭露:凡是记者撰写的批评性文章和报社收到的抱怨性、批评性的来信,只能刊登在"内部情况"上,因为这些文章批评得太尖锐,不能公开发表。报社领导的工作宗旨就是一切听从中央和上级的指示精神,与其高度保持一致。黄佳英对此很不满意:"凡事都等中央开过会以后才能上报,那就不要报纸也行……"① 作品的结局是在黄佳英入党的问题上形成两种对立意见,至于她能

---

① 《人民文学》1956年6月号。

否入党,则留给读者去想象了。

《人民文学》公开提倡和鼓励作家去描写"真实",批评和讽刺社会生活中的缺点,并提出了上述样板,自然对作家产生了很大影响。一批青年作家几年来对理想与现实冲突的思考和积累的大量素材终于找到了一个表达的机会。于是一批有影响、有分量的作品陆续产生。

另外,其他的文艺形式,如诗歌、杂文、漫画、相声、电影等都产生了一批讽刺现实生活中缺点的作品。如邵燕祥的《贾桂香》、流沙河的《草木篇》,相声《死里逃生》《买猴》《开会迷》,电影《新局长到来之前》等。

1956年4月,浙江省昆苏剧团来北京作汇报演出,带来了《十五贯》《长生殿》《游园惊梦》《玉簪记》《渔家乐》等。

昆曲《十五贯》是根据清朝初年著名戏剧作家朱素臣的《十五贯传奇》改编而成。该剧的主要情节是:赌徒娄阿鼠图财杀死屠户尤葫芦,窃走铜钱十五贯,反而嫁祸于尤葫芦的养女苏戌娟和身带十五贯钱的过路青年熊友兰;无锡知县过于执主观地断定熊、苏二人通奸杀人,将熊、苏判处死刑。苏州知府况钟奉命监斩时发现疑点,连夜去见巡抚周忱请求缓刑复查。随后况钟通过微服私访、调查研究,终于弄清事实,抓住杀人凶手娄阿鼠,为熊友兰、苏戌娟洗清了冤屈。戏剧在情节的处理和人物的塑造方面非常成功,除况钟这个正面人物塑造得比较丰满外,反面人物娄阿鼠的形象,也没有概念化的痕迹。作者描写娄阿鼠杀人的情况真实可信。娄阿鼠是一个能骗则骗、得偷便偷的人,起初只想赊肉吃,看见屠户尤葫芦睡着，就想顺便偷他的斧子，又发现尤葫芦身边有钱，就放弃了偷斧而去偷钱，等到偷钱被尤葫芦发觉，互相打起来，才顺手拿起斧子杀人。

《十五贯》上演后，立即好评如潮，欧阳予倩、梅兰芳、夏衍等人都纷纷称赞这出戏，一时"满城争说十五贯"。以至戏剧家田汉感叹地说："一出戏救活了一个剧种。"新中国成立以后，昆曲处于观众稀少、难以生存的状态。《十五贯》使人们对中国传统戏剧刮目相看。

4月19日，周恩来观看《十五贯》。散场后，周恩来到后台看望演职人员时说："我们不但要歌颂劳动人民，揭露反动的统治阶级，也需要像《十五贯》这样的戏。不要以为只有描写了劳动人民才有人民性。""毛主席说的百花齐放，并不是要荷花离开水池到外边去开，而是要因地制宜。有的剧种一时还不适应演现代戏的，可以多演些古装戏、历史戏。不要以为只有演现代戏才是进步的。"①

毛泽东、周恩来、陆定一等党和国家的领导人不仅观看了《十五贯》，还将其推荐给正在北京参加中共中央政治局扩大会议的省、市、自治区负责人。毛泽东在4月27日的会议上就说：

> 《十五贯》应该到处演，戏里边的那些形象我们这里也是很多的，那些人现在还活着，比如过于执，在中国可以找出

---

① 《周恩来选集》下卷，人民出版社1997年版，第192～193页。

几百个来。①

1956年5月17日，周恩来参加昆曲《十五贯》座谈会，并作了重要讲话。周恩来说：

> 《十五贯》有着丰富的人民性，相当高的思想性和艺术性，它不仅使古典的昆曲艺术放出新的光彩，而且说明了历史剧同样可以很好地起现实的教育作用。

《十五贯》为进一步贯彻执行"百花齐放，推陈出新"的方针，树立了良好的榜样。周恩来还说：

> 昆曲是江南兰花，粤剧是南国红豆，都应该重视。②

5月18日，《人民日报》发表了社论《从"一出戏救活了一个剧种"谈起》，社论提出："在'百花齐放'的时候，是不是还有不少的花被冷落了，没有能灿烂地开放？在扶植和发展了不少地方剧种的时候，是不是同时也压抑和埋没了一些地方剧种？""据说，全国的地方剧种和艺人至今还没有完全精确的统计和调查，这中间，蕴藏着多少的艺术珍宝，亟待我们去发掘啊！"根据中央的指示精神，1956年6月，文化部召开了全

---

① 《党的文献》编辑部：《共和国走过的路——建国以来重要文献选编》，中央文献出版社1991年版，第253页。
② 《周恩来选集》下卷，人民出版社1984年版，第195~196页。

国戏曲剧目工作会议。据说会上曾对是否允许上演《四郎探母》发生争论。会后周扬向刘少奇汇报时，刘少奇表示应该允许上演。这次会议之后，各地开展了挖掘整理戏曲剧目的工作，使得戏曲舞台的演出状况为之一变。据1957年4月27日的《人民日报》说：

> 数以万计的剧目重新复活到舞台上，打破了上演节目贫乏的局面，活跃了艺术创造，适当满足了群众的文化娱乐需要，大多数剧场的上座率也得以普遍提高，艺人的生活也因之有所改善。①

12月5日，文化部评出全国第一批优秀戏曲剧目18部，并对其颁发了奖金。这18部戏剧是：评剧《秦香莲》《刘巧儿》，河北梆子《秦香莲》，京剧《猎虎记》《黑旋风李逵》，粤剧《搜书院》，梨园戏《陈三五娘》，越剧《秦香莲》，豫剧《穆桂英挂帅》，甬剧《两兄弟》，闽剧《炼印》，吕剧《李二嫂改嫁》，山东梆子《两狼山》，川剧《彩楼记》，扬剧《挑女婿》，滇剧《牛皋扯旨》，常德高腔《祭头巾》，锡剧《双推磨》。

当然，有人对上演诸如京剧《四郎探母》《蝴蝶梦》（即《大劈棺》）、川剧《耿氏上吊》等"叛徒戏""鬼戏"也有不同看法，但是这并没有影响戏剧在1956年的空前活跃。

1956年，文艺界特别是戏剧界的一件盛事，就是文化部

---

① 《人民日报》社论：《大胆放手，开放剧目》，1957年4月27日。

于4月份主办了第一届全国话剧观摩演出会。这次全国话剧会演，共有来自全国各地2000多名话剧工作者，互相观摩了55个剧目的演出；还有来自12个社会主义兄弟国家的戏剧专家也参加了观摩并提出了很多宝贵的意见。观摩会还评选出演出、导演、演员、舞台设计舞台制作管理、舞台技术革新5个方面的一、二、三等奖。其中获得演出一等奖的话剧有：

中国青年艺术剧院附属中国少年儿童剧团的《马兰花》；

上海人民艺术剧院的《初开的花朵》；

中国人民解放军总政治部话剧团的《万水千山》《冲破黎明前的黑暗》；

吉林省话剧团和长春市话剧团合作的《关不住》；

中国人民解放军抗敌话剧团的《战斗里成长》；

河南省话剧团的《不能走那条路》；

甘肃省话剧团的《在康布尔草原上》；

山西人民话剧团的《同样是敌人》；

内蒙古自治区歌舞团的《我们都是哨兵》《在激流中》；

中国福利会儿童剧团的《友情》；

武汉人民艺术剧院的《扬子江边》；

浙江省话剧团的《黄花岭》；

安徽省话剧团的《归来》；

新疆维吾尔族自治区话剧团的《喜事》；

四川人民艺术剧院的《一个木工》；

中国青年艺术剧院的《西望长安》；

重庆市文艺工作团的《四十年的愿望》；

辽宁人民艺术剧院话剧团的《前进再前进》；

黑龙江省话剧团、哈尔滨市话剧团合作的《家务事》；

中国人民解放军战士话剧团的《保卫和平》；

江苏省话剧团的《浪潮》；

北京人民艺术剧院的《明朗的天》；

中国人民解放军前线话剧团的《杨根思》；

吉林省延边朝鲜族自治州话剧团的《春香传》。

受"双百"方针的鼓舞，1956年的话剧舞台还出现了大胆干预生活的尝试。1956年底中央实验话剧院推出的《同甘共苦》，因描写地委农村工作部部长对待事业、生活、爱情、人际关系等方面的思想和道德观念不落俗套，对全国产生很大影响，一时间，全国出现了几十个剧团同时上演《同甘共苦》的热潮。这时期创作，在1957年上半年公演的反映农业合作化的《洞箫横吹》、反映资本主义工商业社会主义改造的《上海滩的春天》、反映社会主义改造完成后农村爱情的《布谷鸟又叫了》也都受到观众的热情欢迎。

另外，在"双百"方针的指导下，受昆曲《十五贯》成功的影响，"话剧民族化"的探索在1956年也取得了较大进展。1956年北京人艺排演了郭沫若的名剧《虎符》，该剧于1957年1月公演后引起了"话剧民族化"的热烈讨论。这对于后来人艺1958年推出《茶馆》、1959年推出《蔡文姬》开辟了道路。1956年欧阳予倩导演的话剧《桃花扇》对于"话剧民族化"也起到了较大的推动作用。

国产影片虽然在1956年底"国产好影片为什么这样少"

的争论中受到批评，但这只是思想解放、气氛宽松后人民的要求也相应提高的结果，1956年上映的国产好影片，在改革开放以前的28年里，无论是与1955年以前比，还是与1957年以后比，都是名列前茅的。1956年故事片的产量为40部，比1955年的18部增加一倍多，占新中国成立七年来艺术片总产量的31%强。①

1956年，在"双百"方针的鼓舞下，电影艺术家们还拍摄了一批好故事片，如：《上甘岭》《李时珍》《铁道游击队》《祝福》《战斗里成长》《激战前夜》《国庆十点钟》《冲破黎明前的黑暗》《为了和平》；另外，儿童美术片《神笔》也是这一年创作的。其中《上甘岭》《铁道游击队》等电影深得人民群众的喜爱，久演不衰，其中的电影插曲也广为传唱。儿童美术片《神笔》也在国际电影节上屡屡获奖，深得中外儿童的喜爱。

---

① 张骏祥：《为了电影艺术的百花齐放》，《人民日报》1957年2月22日。

第七章
新中国成立后的第一次盛会

意气风发——1956年的中国

1956年全国政治生活中的最大一件事，也是对后来影响颇大的一件事，是中国共产党在相隔11年之久，召开了第八次全国代表大会（以下简称八大）。此时的中国共产党与1945年在延安召开第七次全国代表大会时相比，已经是天壤之别，不可同日而语。那时，中国共产党仅有121万党员，仅控制着以华北和西北为主的部分乡村，抗日战争虽然胜利在望，但是战后中国的命运和党夺取全国政权道路是否漫长，还是一个没有确定的问题。总之，中国共产党还是一个没有取得正统地位、受到国民党压制的政党。但是1956年的情况则大不相同，中国共产党的党员数量已经增至1073万（这还是严格控制发展的结果）；已经建立和稳固了新中国政权，成为领导世界1/4人口、令世界瞩目的政党。它的代表大会，不仅是自己的事情，还直接关系着整个中国大陆的政治、经济和文化事业，影响到台、港、澳和国际关系。

一、有史以来的会前筹备工作

◎毛泽东解释两次大会相隔十年的原因

◎准备工作"好事多磨"

◎"政治报告"修改稿达80多份

◎邓小平担纲修改党章

◎周恩来起草"二五计划"报告没有受"冒进"影响

◎七中全会确定中央领导集体

◎毛泽东提议选举李立三和王明

◎八大预备会议确定候选人

◎毛泽东称赞举荐邓小平、陈云

早在1952年,党中央就开始考虑召开八大,1953年曾经将此提上议事日程。但是由于自1953年以来事情太多,过渡时期总路线、机构调整、统购统销、高饶事件、朝鲜停战谈判、社会主义改造,一件事情接着一件事情,令人喘不过气来,这件事遂暂时搁置下来。

1955年3月的中国共产党全国代表会议,终于确定于1956年下半年召开八大。3月31日,毛泽东在全国代表会议闭幕式上所作的结论中说:党的代表大会十年没有开,很不好,到1956年8月十年半了,只好明年开。当然头五年不应该开,头五年兵荒马乱,又开了七大,后五年可以开而没有开。没有开也有好处!高饶问题搞清楚再开,不然他们要利用八大做文章。同时,我们的五年计划也上了轨道,社会主义总路线提出后各方面都清楚了。又经过这次代表会议使大家在思想上更加统一了,再来开八大。

毛泽东代表中央提出了八大的三项议事日程:一是中央委员会的工作报告;二是修改党章;三是选举新的中央委员会。并要求在第二年7月以前就需要完成代表的选举及文件的准备工作。

召开八大的时间和大会的内容一经确定，筹备工作便开始运转起来。在七届五中全会上新当选为中央政治局委员的邓小平，作为中共中央秘书长，具体负责筹备大会的组织工作。

1955年10月4日至11日，中共中央举行扩大的七届六中全会。会议讨论和通过了《关于召开党的第八次全国代表大会决议》（以下简称《决议》）和《关于党的第八次代表大会代表名额和选举办法的规定》。《决议》说：党的八大将于1956年下半年召开，其主要议程为：中央委员会的工作报告；关于修改党章的报告；关于发展国民经济的第二个五年计划的建议；选举党的中央委员会。于是八大议程比毛泽东在全国代表会议上所说的三项议程多了一个讨论经济的内容。决议还提出：召开八大的具体时间，由中央政治局决定。选举办法规定：出席八大的代表由各省、自治区、直辖市、中共中央直属机关、中央国家机关和解放军分别召开党的代表大会选举产生。代表名额的分配为每一万名党员选举代表1名，同时考虑到各地区、各系统党员分布不平衡的情况，每个选举单位分别增加代表4～8人；人口在200万以上的大城市可分别另行增选10～15名代表。全部代表必须于1956年6月底以前选出。

在七届六中全会上，邓小平代表中央政治局作了《关于召开党的第八次全国代表大会的决议草案的说明》，介绍了确定召开八大的酝酿过程。邓小平说：党的第七次代表大会是在1945年召开的，到1956年召开八大，中间相距11年。这是因为1945～1949年这四年，我们正处于急风暴雨的革命战争中；1950～1952年这三年，我们全神贯注地进行民主改革、恢复国民经济和巩固人民民主专政这些极为繁重的工作，并且进行了紧张的抗美援朝斗争。1952年底，中央政治局和书记处在考虑召开全国人民代表大会的同时，就曾考虑到召开党的八大问题，当时决定了先召开一次党的全国代表会议。1953年我们国家开始了第一个五年计划的建设。同年下半年，经过全国财经会议和全国组织工作会议之后，党中央察觉了"高饶反党联盟"的问题。党经过1954年2月的四中全会和1955年3月党的全国代表会议，对这个事件作了严肃的处理。在这两年多中，党规定了国家在过渡时期的总路线，第一届全国人民代表大会通过和公布了《宪法》，第一个五年计划已进行了一多半的时间。同时，又经过整党、建党、审查干部工作，总路线的宣传，社会主义改造，所有这些，为召开党的八大作了政治准备和组织准备。所以，1956年召开八大，将会开得更为完满一些，这是可以肯定的。

1955年12月5日，中央政治局召开了一次各省、市负责人参加的座谈会。会议由刘少奇主持，他宣布了中央政治局准备在1956年9月召开八大的决定。刘少奇还传达了毛泽东关于召开八大的指示精神：八大的中心思想是要反对右倾思想，反对保守主义，提早完成我国的社会主义工业化和社会主义改造，保证15年同时争取15年以前超额完成。主席讲，我们要利用目前国际休战的时间，利用这个国际和平的时期，再加上我们的努力，就可加快我们的发展，可提早完成社会主义工业化和社会主义改造。由此可见，此时的毛泽东受1955年下半年社会主义改造高潮的影响，将急于求成的思想列入了八大的指导思想。

半年之后，1956年6月24日，中共中央政治局在毛泽东的主持下专门召开了研究八大问题的会议。会后，中共中央办公厅于6月26日发出了政治局关于八大会期与准备工作的几点决定的通知。通知说：党的第八次大会定于9月15日开幕；大会的政治报告、党章和修改党章的报告、关于第二个五年计划的建议及其报告等五个文件，必须在8月中旬定稿；8月下旬召开扩大的七届七中全会，讨论和通过八大的几个主要文件和其他有关问题；9月1日起举行八大的预备会议（全体代表到会），预选中央委员和候补中央委员，讨论八大的几个报告并安排大会发言。通知还说，7月初发布消息，宣布八大的会期和日程；邀请各国共产党和工人党的代表参加。

7月6日，中共中央通过新华社向全国发出了中共中央关于召开党的第八次全国代表大会的通知。通知宣布：中共中央已经决定第八次全国代表大会于1956年9月15日在北京召开，大会的议程如下：党的中央委员会的工作报告；关于修改党章的报告；关于发展国民经济的第二个五年计划的建议；选举党的中央委员会。

八大政治报告的起草和修改，都是在毛泽东领导下进行的。如果从1955年5月算起，经过了一年零四个月的时间，前后的各种修改稿多达80多份。整个报告经过了五次大的修改，认真程度，可谓"空前绝后"。

1955年5月12日，中央政治局通过了邓小平草拟的八大政治报告起草委员会名单。起草委员会由刘少奇等7人组成。

按照中央的分工，刘少奇主持八大政治报告的起草工作。

起草政治报告，首先要确定它的指导思想是什么。1955年12月5日，刘少奇在传达毛泽东关于准备召开八大的指示时是这样说的："八大的准备工作，谈话时主席提出，中心思想要讲反对右倾思想，反对保守主义，提早完成我国的社会主义工业化和社会主义改造，保证十五年并争取十五年以前超额完成。"[①] 1956年毛泽东发表《论十大关系》后，《论十大关系》随即被确定为政治报告的指导思想，用主持人刘少奇的话说，就是"十大关系"应当成为起草八大政治报告的纲。

政治报告的第一稿是由陈伯达于1955年12月写出的，稿子计划写六个部分，但只有第一、二部分成稿。12月15日，刘少奇批示印送毛泽东、周恩来、朱德、陈云、彭真、邓小平等26人审阅。

据说，陈伯达起草的初稿送给刘少奇审阅，刘少奇看了以后不满意，他把稿子送给胡乔木看，听取胡乔木的意见。胡乔木说陈伯达起草的稿子不像一个党中央向八次代表大会所作的政治报告，倒像一个学术报告。陈伯达听了当然不是滋味，很生气。刘少奇与胡乔木有同感，就说他写的不行，你来搞一个。于是起草报告稿的任务又落在了胡乔木身上。[②]

此后，刘少奇、毛泽东分别进行了大规模的调查。1956

---

① 转引自中共中央文献研究室编：《毛泽东传》（下），中央文献出版社2003年版，第510页。

② 参见邓立群：《我为少奇同志说些话》，当代中国出版社1998年版，第60~61页。

另，本章引文凡未注明出处者，均转引自石仲泉等主编的《中共八大史》，人民出版社1998年版。

年4月，毛泽东在调查的基础上，形成了《论十大关系》报告。基本代表了苏共二十大和我国社会主义改造高潮以后党对社会主义革命和建设问题的最高认识水平。因此，八大报告第一稿就需要在此认识基础上作较大修改。1956年7月，第二稿写出，稿子仍然没有写完，计划写八个部分，但只有前四个部分成稿。这个稿子充分体现了毛泽东《论十大关系》精神。7月14日，刘少奇批示将稿子印发给中央领导和有关人员审阅修改。

8月8日，修改写出完整的第三稿，这也是第一个完整的八大政治报告稿子。稿子写出后，毛泽东、刘少奇等自己动手同时督促有关人员加紧修改，于七中全会前又拿出了第四稿。8月22日，七届七中全会第一次会议讨论政治报告的起草问题，提交会议的初稿有9万字；毛泽东要求代表对草稿提出修改意见。毛泽东说：政治报告9万字，我们现在提议，这个报告有些地方要重写，精简节约，能够缩减1/3就好。缩小1/3，更通达一点，看起来不那么费力，大家还欢迎。政治局准备公推少奇同志作报告，如果中央委员会同意，那就请少奇同志作报告。

刘少奇也就政治报告的修改说：中央有一个起草委员会，进行了工作，现在还没有完全搞好。这个稿子是很多人写的……其中有一些部分恐怕需要重写，就是要推翻，打乱重分，重新再搞。所以还要花很大的工夫，请各位看一看，讨论一下，提出意见，批评，大家出点力，做一点工作，我们集体创作，就可以搞这么一个比较合乎规格的东西。

会后，毛泽东、刘少奇再次抓紧修改，于8月27日拿出第五稿。八大预备会议以后，毛泽东、刘少奇第三次亲自动手修改稿子和润色，并于9月12日完成，拿出第六稿，13日印发代表征求意见。在13日至15日八大开幕前，毛泽东等对稿子仍继续进行修改、润色。

至于修改党章及其报告，则是在邓小平主持下进行的。

1955年5月9日，中央政治局会议批准党章修改和修改党章报告起草委员会。委员会由邓小平、杨尚昆、安子文、刘澜涛、宋任穷、李雪峰、胡乔木、马明方、谭震林组成，即由中央正副秘书长组成，由邓小平负责。

1955年10月20日，党章的第一稿（初稿）完成。邓小平批示印发中央政治局委员和起草委员会成员。1956年4月22日，中央政治局开会讨论党章初稿。会后，邓小平吸收会议意见，主持写出党章第二稿。中央将二稿印发省、市、自治区党委征求意见。上述两稿，与七大党章相比，没有原则性修改。

随后于4月25～28日召开的有省、市、自治区党委书记参加的政治局扩大会议对第二稿进行了讨论。根据毛泽东、刘少奇和省、市、自治区党委负责人的意见，起草委员会又对第二稿进行了较大修改，拿出了第三稿。5月中、下旬，中央政治局连续开会讨论党章修改问题，并向各省、市、自治区党委和中央各部委党组发出《关于讨论党章修改稿的通知》，要求对有关问题进行讨论并将意见报告中央。

7月30日，中央政治局开会，决定成立一个专门委员会来讨论落实中央机构的设置方案。8月3日，起草委员会吸收专门委员会的意见，拿出党章第四稿。8月17日，形成党章第五稿，并以此提交七中全会讨论。会议期间，毛泽东又对第五稿个别字句提出修改意见，遂形成党章第六稿，并作为定稿提交八大讨论通过。

关于修改党章的报告，第一稿是由胡乔木起草的，他于1956年8月11日写出。然后由邓小平修改，并于8月27日将修改稿（即第二稿）送毛泽东审阅的同时，提交起草委员会讨论、修改。经过吸收毛泽东和起草委员会成员的修改意见，邓小平主持写出第三稿，并将其提交8月22日召开的七中全会讨论，该稿得到会议的审查和通过。至此，邓小平基本完成了政治局交办的关于修改党章的两大任务。

《关于发展国民经济第二个五年计划的建议》和《关于发展国民经济第二个五年计划的建议的报告》，在1955年10月召开的六中全会上被列入八大的主要议程。这两个文件是在周恩来主持下完成的。

第二个五年计划轮廓数字是在周恩来指导下从1955年8月开始着手编制的。由于当时受批判"右倾保守主义"影响，以及对作为基数的1955年经济增长速度估计过高，结果轮廓数字规定的年均递增速度实际为：工农业总产值19.1%，工业总产值24.6%，农业总产值11.7%，粮食总产量10.3%，棉花16.4%。这些高指标在1956年4月得到毛泽东的认可。但是按照这个指标，1956年的财政收支和物资供应无法平衡。于是国家计委又于1956年6月继提出对轮廓数字修改不大的第一方案后，再提出了第二方案。但第二方案对轮廓数字的增长指标仍然降低不多。

这时,离八大召开只有两个多月的时间了。在此情况下,周恩来、陈云等认为:要制定一个切实可行的方案,就必须推翻已有的"冒进"方案;而要推翻已有的"冒进"方案,就必须做各部委负责人的思想工作,只有打通思想,才能妥善地把各项指标降下来。

从7月3日开始,周恩来连续三天主持国务院常务会议,讨论"二五"计划的第二方案,磋商编制一个符合实际的新方案。周恩来在会上说:制定新方案"是为贯彻既积极又稳妥可靠的方针"。他以充足的理由说明前两个方案都不是稳妥可靠的。经过充分交流思想后,与会者一致同意第二方案仍然不稳妥,同意在稳妥可靠的基础上,搞一个比较可行的方案提交八大讨论。

这次会议以后,周恩来集中精力主持编制"二五"计划的建议。他同薛暮桥、王光伟、陈先反复计算各项指标的可行性(李富春、张玺正在苏联)。到7月下旬,终于写出《关于发展国民经济的第二个五年计划(1958~1962)的建议(草稿)》。

8月3日至16日,周恩来、陈云在北戴河先后主持召开9次会议,对7月下旬提出的"二五"计划建议的第三方案和调整意见中的部分指标又作了适当调整,相继形成《"二五"计划的建议(第二次草稿)》《关于发展国民经济的第二个五年计划的建议的报告(第一次草稿)》和《"二五"计划的建议(修改稿)》,即第三稿。8月23日,又形成了《"二五"计划的建议(草案)》,即第四稿。9月6日,形成《"二五"计划的建议的报告（草稿）》，即第二稿；9月11日，又形成第三稿。

9月13日晚，毛泽东在七中全会上认可了上述两个文件。这次会议原则通过了这两个文件。至此，八大的文件准备工作基本完成。

8月22日，中共七届七中全会召开第一次会议。共有中央委员、候补委员61人参加，中央各部委负责人和各省、市、自治区党委第一书记42人列席。

毛泽东主持会议并作了讲话。他说：这次全会的任务，就是准备八大。

邓小平代表中央书记处、政治局，就准备八大的"三大工程"（即政治报告、修改党章、"二五"计划建议）和提交全会通过的6个文件作了说明。这6个文件是：大会的日程；大会的规则；预备会议的安排；选举工作的建议；代表团团长、副团长名单；代表资格审查委员会名单。

关于大会发言，毛泽东提出："原则是不要太长，内容要精彩一点。"邓小平提出准备安排80～100人发言，毛泽东又提出还可以搞一些书面发言。

关于大会的选举工作，毛泽东说：先由代表团提出一个名单（中央不提名单，由个人自己提，想提什么人就提什么人），然后中央集合起来，由政治局和各代表团团长、副团长制定一个预选名单，再发下去，各代表团进行预选，然后再由政治局集合起来，制定一个向大会提出的正式的候选人名单。毛泽东还提议选举李立三、王明。

在邓小平作完说明之后，毛泽东又谈了未来中央机构的组成。毛泽东说为了国家的安全和工作有利,准备设立4个副主席、政治局常委、书记处、总书记等机构和职务。准备推举过去的几位书记刘少奇、周恩来、朱德、陈云为副主席;推举中央秘书长邓小平为总书记。毛泽东说:我们这么一个大国,6亿人口,1100万党员,一个主席,一个副主席,总觉得孤单。"天有不测风云,人有旦夕祸福",或者是从飞机上掉下来,或者是一个炸弹下来,把主席打死了,还有副主席;把一个副主席打死了,还有三个副主席;把两个打死了,还有两个;把三个打死了,还有一个;统统打死了,还有一个总书记,总而言之是有备无患。此外还在必要时设名誉主席。

8月30日,八大预备会议召开第一次会议,946人参加。

毛泽东主持会议并作了《增强党的团结,继承党的传统》的讲话。毛泽东主要讲了三个问题。

一是关于大会的目的和宗旨:总的来说,就是总结七大以来的经验,团结全党,团结国内外一切可以团结的力量,为建设伟大的社会主义中国而奋斗。

二是关于继承党的传统。提出要把主观主义、宗派主义切实反一下,此外,还要反对官僚主义。

三是关于中央委员会的选举。毛泽东说,由于"三八式"干部太多,不好安排,故这届暂不考虑。同时,希望选举王明、李立三。认为一来他们代表小资产阶级,而具有小资产阶级思想的人在党内还很多;二来他们代表犯过错误的人,选举他们,说明了我们的团结政策,可以使犯错误的同志安心。

邓小平作提交文件说明。关于大会发言,邓小平说:发言时间是八天半，实际上发言时间只有36个小时，因此必须要求大会的发言短，争取比较多的发言。每个人讲得少一点，内容生动一些，活泼一些。各省、市、自治区都有一个主要发言，另外，大省市再准备三篇1000字左右的短小发言，中等省准备两篇，小省准备一篇。这次会议讨论的中心问题是国家建设，少奇报告的中心问题是国家建设，如果中央各部没有十几篇稿子也不像话，中央各部准备20篇左右发言稿；另外还有大约20篇讲一点问题的。这样，准备的大会发言稿就有120篇以上。

9月8日，中共七届七中全会又举行第二次会议。会前，先由陈云主持召开了由中央委员、候补委员和各代表团团长、副团长62人出席的讨论候选人会议。随后会议正式开始，由毛泽东主持，共有56名中央委员和候补中央委员参加。会议讨论确定了八届中央委员的候选人名单。

9月10～12日，八大预备会议召开第二次会议。会议的主要内容是讨论确定候选人名单。10日的会议，共有927人出席，52人请假。毛泽东主持了会议，陈云作候选人名单说明。薄一波、李先念、谭震林分别代表华北、中南、华东代表团发言。

会议确定八大选举170名中央委员，并采纳了中央政治局与各代表团正副团长反复研究的候选人名单。

毛泽东在讲话中特别提到缺少建设经验，要造就大批知识分子。毛泽东说："现在的中央委员会，我看还是一个政治中央委员会，还不是一个科学中央委员会。所以，有人怀疑我们党能否领导科学工作、卫生工作，也是有一部分道理的，因为你就是不晓得，你就是不懂。现在我们这个中央的确有这个缺点，没有多少科学家，没有多少专家。"①

11日，各代表团正副团长举行会议，讨论预选问题，布置预选工作。

12日，各代表团举行第一次预选。结果，170人被提名为八届中央委员候选人。这次预选，没有区分中央委员和候补中央委员。

9月13日，中共七届七中全会第三次会议。中央委员、候补委员62人参加，中央各部委负责人和各省、市、自治区党委第一书记37人列席。

毛泽东主持了会议，会议通过下列七个文件：八大政治报告；中国共产党的章程（草案）；修改党章报告；第二个五年计划的建议（草案）；关于第二个五年计划建议的报告；大会主席团名单（草案）；大会秘书处名单（草案）。毛泽东再次就大会的文件、选举和中央机构的设立等问题作了长篇讲话，并特别介绍和推荐陈云和邓小平。

毛泽东说："我看邓小平这个人比较公道，他跟我一样，不是没有缺点，但是比较公道。他比较有才干，比较能办事。""他比较周到，比较公道，是个厚道人，使人不那么怕。我今天给他宣传几句。他说他不行，我看行。顺不顺要看大家的舆论如何，我观察是比较顺的。"

---

① 毛泽东：《在八大预备会议第二次全体会议上的讲话》，1956年9月10日。《党的文献》1991年第3期，第6页。

对陈云，毛泽东说："我看他这个人是个好人，他比较公道、能干，比较稳当，他看问题有眼光。我过去还有些不了解他，进北京以后这几年，我跟他共事，我更加了解他了。不要看他和平得很，但他看问题尖锐，能抓住要点。所以，我看陈云同志行。"①

至此，八大的各项准备工作已经就绪。这时，距离八大召开也只剩下两天时间了。

二、空前公开，高朋满座

◎"开幕词"出自田家英之手

◎刘少奇唱了主角

◎邓小平担当重任

◎民主党派的礼品和欢呼

◎宋庆龄的心声

◎高朋满座

◎与外国代表团广泛交流

◎不同国家和政党的反应

1956年9月15日下午2时，中国共产党第八次全国代表大会在北京政协礼堂隆重召开。大会由七届中央政治局委员共同主持。2时零5分，毛泽东庄严宣布："中国共产党第八次全

---

① 毛泽东：《关于设中共中央副主席和总书记的问题》，1956年9月13日。《党的文献》1991年第3期，第9~10页。

国代表大会，现在开幕了。"于是全场代表起立，热烈鼓掌，然后奏《国际歌》。

接着，毛泽东致开幕词。开幕词虽然简短，仍然不时地被热烈掌声打断。

据逄先知等编的《毛泽东和他的秘书田家英》中说：毛泽东原来自己起草了两个开幕词讲话稿，不知为什么没有写完，后来让陈伯达起草了一个，毛泽东看后不满意，认为扯得太远，太长，于是又叫田家英再给起草一个。毛泽东对田家英说："不要写得太长，有个稿子带在口袋里，我就放心了。"田家英写好后，毛泽东看了比较满意，经过修改后，即交给刘少奇、周恩来、朱德、陈云等人提意见修改定稿。

毛泽东致完开幕词，在回到休息室后，许多人称赞毛泽东的开幕词写得好，毛泽东对大家说："开幕词是谁写的？是个秀才写的，此人是田家英。"①

毛泽东致辞结束以后，大会通过了中央委员会提出的大会主席团、大会秘书处、代表资格审查委员会三个名单，并通过了大会的会议日程和会议规则。每天的大会一般都是在下午2点开始，至晚上7点40分左右结束。

接着，大会进入第一项议程，由刘少奇代表中央委员会向大会作政治报告。

9月16日下午，邓小平作"关于修改党的章程的报告"。随后，周恩来又作了"关于发展国民经济的第二个五年计划的

---

① 转引自董边等：《毛泽东和他的秘书田家英》，中央文献出版社1990年版，第27～28页。

建议的报告"。

从9月17日起至25日，开始大会发言，讨论三个报告。同时，民主党派代表、外国共产党和工人党代表团开始穿插致辞。当天，民主党派代表李济深和苏共代表团团长米高扬分别致辞。

八大召开以前，根据七中全会和八大预备会议的要求，各省、市、自治区党委，中央机关各部委和国家机关各部委党组，还有一些中央负责人、基层代表，即准备了发言稿，并将其报送大会秘书处审阅，有些还分送中央领导人审阅，然后修改定稿。例如，彭德怀、李立三、周扬等人的发言稿就曾经过毛泽东的审阅或修改。

会议期间，共有68人作了大会发言，45人作了书面发言。另外，还有70人已经准备了发言稿，但因故未在大会上发言，也没有在报刊上作为书面发言刊登。其中已经定稿的62篇，尚未定稿的8篇。这70篇稿子，包括张闻天、徐向前、贺龙、聂荣臻、叶剑英、陆定一、谭震林等人的发言稿。

在总计183篇大会发言、书面发言和未刊发言稿中，既有中央领导人的，也有中央各部委、国家各部委、地方各级党委负责人的，还有来自基层党组织负责人和普通党员的。发言人数之多，代表面之广，内容之丰富，为党的历次代表大会所少见，体现出当时党内高度的政治热情和民主气氛。

9月26日，大会代表一致通过中国共产党章程，并以无记名投票方式选举了第八届中央委员会委员。27日，大会又以无记名投票方式选出候补中央委员。接着大会一致通过了《关于政治报告的决议》和《关于发展国民经济第二个五年计划的建议》。大会全部议程到此进行完毕。陈云宣布大会胜利完成任务，在对国内外列席来宾的祝贺及贺礼表示感谢后，宣告大会闭幕。

9月28日，第八届中央委员会召开第一次全体会议，选举中央机构。会前，毛泽东召集大会主席团常委和各组组长、副组长开会研究了选举办法。全会分两段进行。

第一阶段是28日下午，进行预选。邓小平对选举办法作了说明：原来主席团常委提的那个名单只作为参考，中央委员自己写一个名单投入票箱，然后由大会主席团常委和各组长、副组长根据这个预选结果拟定一个名单，到晚上11点再开始正式选举。毛泽东又补充说：你们想提什么人就提什么人，也可以相互商量。

第二阶段是28日夜至29日凌晨，进行正式选举。

邀请国内各民主党派和无党派民主人士代表列席党的全国代表大会，这还是中国共产党历史上的第一次，也是这次大会的特点，体现了中国共产党贯彻"长期共存，互相监督"方针的诚意和对各民主党派的信任。

列席八大的各民主党派负责人及无党派民主人士代表有：中国国民党革命委员会主席李济深，中国民主同盟主席沈钧儒，中国民主建国会主席黄炎培，中国民主促进会主席马叙伦，中国农工民主党主席章伯钧，中国致公党主席许德珩，台湾民主自治同盟主席谢雪红，全国人大常委会副委员长宋庆龄，中国科学院院长郭沫若。

9月17日，列席会议的李济深代表民主党派致辞。李济深说："我们各民主党派愿意长远在中国共产党的正确领导下，和全国人民一道不断地加强团结，相互督促，各尽所能，为建成伟大的社会主义国家和维护世界和平而共同努力。"

致辞结束时，沈钧儒、黄炎培、郭沫若等在热烈的掌声中走到主席台前，向大会敬献礼品。礼品是一件象牙雕刻的工艺品，反映的是在二万五千里长征中红军英雄胜利渡过大渡河时的情景。李济深说，我们用这件礼品来象征我们各民主党派在中国共产党领导下，"同舟共济"，胜利地过渡到繁荣幸福的社会主义和共产主义社会。民主党派敬献礼品时，代表们全体起立，热烈鼓掌，经久不息。这天的大会执行主席邓颖超、李富春接受了礼品，并代表大会表示感谢。这件事也是空前绝后的。

在八大召开前后，各民主党派还极为关注大会，并号召学习公开发表的八大文件和代表的发言。

9月26日，宋庆龄向大会致辞。宋庆龄说：

像我这样一个非共产党员，能够列席这次具有历史意义的大会，这是我毕生中感到最光荣和最愉快的事。

中国人民积了几十年惨痛的经验教训，终于在中国共产党正确领导下，很快地解脱了帝国主义的束缚，消灭了封建主义，取得了社会主义革命的决定性的胜利。经过两次革命，我们已经推翻了那人吃人的剥削制度而站立起来。这在人类历史的进程中，再一次树立了一个伟大的里程碑。我们要感谢不断为人类解放事业而奋斗的共产党。没有党的领导，我们的胜利是不可能的。

八大召开时，正逢中国共产党在国际共运中威望最高的时候，共有56个国家的共产党、工人党、劳动党代表团列席大会，日本共产党代表团则因日本当局阻挠未能成行。

毛泽东在大会开幕式上，对外国党代表团表示了真诚的欢迎：

> 今天在座的有五十几个国家的共产党、工人党、劳动党和人民革命党的代表。他们都是马克思列宁主义者，他们和我们有一种共同的语言。他们走了很长的路程来到我国，以崇高的友谊参加我们党的这次代表大会。这对于我们是一个很大的鼓舞和支持。

在这次大会上，共有49个代表团代表在大会致辞；12个国家的共产党中央发来贺电。美国共产党全国委员会的贺电说：

> 在我国人民中间，要求采取步骤缓和远东紧张局势，要求同中华人民共和国建立正常关系的情绪日益增长。这种要求包括接纳中华人民共和国进入联合国，美国政府在外交上承认中华人民共和国，以及在我们两国之间发展互利的商务关系和文化交流……我们严厉地谴责艾森豪威尔

政府和美国国会对中国所采取的反动政策，我们和越来越多的民主人士、民主团体一起，要求作根本的改变。①

9月21日晚，八大主席团举行宴会，招待应邀参加大会的各国共产党和工人党的代表。毛泽东在宴会上致辞。50多个国家的共产党和工人党代表欢聚一堂，这在中国共产党的历史上，是空前绝后的。

对中国共产党来说，八大是建党以来最广泛的一次国际共运社交活动。在八大期间，毛泽东、刘少奇、周恩来、陈云、邓小平等人与参加会议的兄弟党代表团广泛交换了意见，加深了相互了解。

八大期间，毛泽东以东道主领袖的身份，先后会见了：

西班牙共产党总书记伊巴丽露；

英国共产党代表团；

苏联共产党中央代表团；

朝鲜劳动党代表团；

意大利共产党代表团；

西德共产党代表团；

德国统一社会党代表团；

蒙古人民革命党代表团；

拉丁美洲的巴西、智利、危地马拉、古巴、巴拉圭、哥斯达黎加、玻利维亚、厄瓜多尔、乌拉圭等11国共产党代表团；

---

① 《新华半月刊》1956年第20期，第118~119页。

叙利亚－黎巴嫩、摩洛哥、阿尔及利亚等国共产党代表团；

南斯拉夫共产主义者联盟代表团；

阿尔巴尼亚劳动党代表团；

罗马尼亚工人党代表团；

波兰统一工人党代表团；

保加利亚共产党代表团。

毛泽东与上述代表团会谈的主要内容为三个方面，一是关于苏共二十大、斯大林问题以及苏联与其他党的关系；二是关于中国革命的经验；三是关于中国的现状和发展前途。

关于苏共二十大和斯大林问题以及苏联与其他党的关系。不少国家的共产党，尤其是资本主义国家的共产党代表团坦言：在苏共二十大以后，国内、党内发生了波动、混乱和危机，处境非常困难。毛泽东表示同情和理解。并敞开谈了自己对苏共二十大、斯大林问题、斯大林在中国革命问题上的错误、苏联党与其他共产党的关系、苏共二十大以后苏联在国际共运中的地位问题的看法。总的来说，毛泽东是肯定斯大林七分成绩，三分错误；认为斯大林在中国革命问题上的错误，主要是由于中国共产党自己不成熟，怪不得别人；肯定斯大林以后苏联党与其他党的关系正向好的方面转变，即由"父子党"向"兄弟党"过渡；维护苏联在社会主义阵营和国际共运中的领导地位。①

---

① 参见《毛泽东外交文选》，中央文献出版社、世界知识出版社1994年版，第251～262页。

关于中国革命的经验，毛泽东特别强调农村和农民的重要性。过去打仗，主要靠农民；现在城市资产阶级很快服从社会主义改造，也是因为农民组织起来了，农业合作化了。毛泽东还强调，建立农村根据地、农村包围城市、最后夺取城市的中国革命经验，对你们许多国家不一定适用，因为这需要很大的面积，很多的人口，如果国家太小，没有回旋余地，一下子就会被敌人压倒。

如何处理与资产阶级的关系，是国际共运中还普遍没有解决好的问题。这也是毛泽东谈话的重点。毛泽东对拉丁美洲共产党代表团谈道：对买办资产阶级要利用矛盾，首先对付其中的一个，打击当前最主要的敌人。对于民族资产阶级，毛泽东说，他们是我们这类国家中文化水平最高的阶级，对民族资产阶级要采取"又团结、又斗争"的政策。毛泽东还说：中国有许多党，有共产党，还有许多民主党派。我们大家都在台上，我们是多党制度。在谈到民主党派对共产党的批评时，毛泽东说，我们不怕他们批评。对的，我们听，错的，我们可以不办。他们的批评都是来自右边，使我们有些容易搞"左"了的同志可以警惕。①

关于中国的现状和发展前途，有些代表团表示，希望在八大报告之外，再听听毛泽东的看法。关于中国的现状，毛泽东说，中国的社会主义改造工作已经基本上完成了，从前我是睡不着觉的，一切都还不上轨道，穷得很，人总是不高兴。去年

---

① 参见石仲泉等主编：《中共八大史》，人民出版社1998年版，第287页。

下半年以来，我开始高兴了，工作比较上轨道了，党内问题，也比较上轨道了。关于中国的前途，毛泽东十分明确地说，中国的前途就是社会主义。要使中国变成一个富强的国家，需要50年到60年的时光。现在已不存在阻碍中国发展的力量。

毛泽东的谈话比较充分地体现了中国党的谦虚、平等、顾全大局的风度。

八大期间，刘少奇三次陪同毛泽东、八次单独会见外国代表团，八次单独会见的外国党代表团为：印度共产党代表团、伊朗人民党代表团、比利时共产党代表团、印度尼西亚共产党代表团、加拿大劳工进步党代表团、意大利共产党代表团、土耳其共产党代表团、尼泊尔共产党代表团。

刘少奇在与外国党代表团谈话中，着重介绍了中国共产党的历史情况和经验。

八大期间，周恩来两次陪同毛泽东、七次单独会见外国党代表团，七次单独会见的外国党代表团为：印度共产党代表团、希腊共产党代表团、挪威共产党代表团、以色列共产党代表团、匈牙利劳动人民党代表团、澳大利亚共产党代表团、新西兰共产党代表团、捷克斯洛伐克共产党代表团。

在谈话中，周恩来回答了客人提出的各种问题，介绍了中国共产党和中国国内的情况，讲述了中国党的历史经验，说明了中国共产党对国际形势和国内问题的一些看法和认识。

八大期间，陈云分别会见了芬兰共产党代表团、瑞典共产党代表团、瑞士劳动党代表团、奥地利共产党代表团、匈牙利劳动人民党代表团。

当瑞典共产党代表团谈及苏共二十大后欧洲党内产生混乱现象，引起人民的激动情绪时，陈云说，我们党内没有什么混乱，但也不能说没有震动，主要就是对斯大林的估价，过去说斯大林那样好，后来一下子又很坏。我们党之所以没有引起混乱，主要是我们党中央特别是毛主席经常说：一个人做工作不犯错误是没有的。这句话对我们印象很深。毛主席经常在中央会议、干部会议上说："这件事我又做错了。"① 在谈及中国的公私合营时，陈云还对中国资本家的状况作了简要分析，说明中国的民族资产阶级为什么愿意接受改造，以及中国的经验。

中国共产党第八次全国代表大会受到了国际舆论的普遍关注。

八大召开的当天，世界各社会主义国家的主要报刊都发表了社论和专文，祝贺大会的召开，称赞这次大会不仅是"中国共产党和全体中国人民的一件大事。同时，也对国际共产主义和工人运动有巨大的意义"②。

苏联的《真理报》《消息报》和其他中央一级的报纸都连续刊登了八大的消息和会议发言。莫斯科广播电台还播送了由其记者采编的中共八大特别节目。9月29日，即八大闭幕的第三天，苏联《真理报》发表社论《中国共产党代表大会的伟大历史意义》，热情称赞八大对进一步创造性地发展马克思列宁主义做出了重大贡献。

八大召开期间，不仅苏联和社会主义国家的报纸以大量篇

---

① 转引自石仲泉等主编：《中共八大史》，人民出版社1998年版，第311页。
② 转引自石仲泉等主编：《中共八大史》，人民出版社1998年版，第338页。

幅刊载大会文件和消息，许多资本主义国家共产党和工人党的报刊也刊载了大会的消息。9月19日，印度共产党政治局还就中共八大的召开发表声明，向八大致敬。

法国《人道报》从9月15日开始，连续报道八大消息并摘要刊登了毛泽东的开幕词、刘少奇的政治报告、邓小平的关于修改党章报告和周恩来的关于第二个五年计划报告。

意大利的《团结报》对八大的消息和报告十分重视，几乎每天都有比较详细的报道。

美国的《工人日报》除了刊登有关八大的消息外，还全文刊登了毛泽东的开幕词。

加拿大《论坛报》不仅刊登消息，还刊登了中国共产党领导人的照片。

奥地利《人民之声报》连续刊登了八大的综合报道，并摘要发表了毛泽东的开幕词和刘少奇、邓小平、周恩来的报告。

1955年万隆会议的召开，加强了亚非国家之间的相互了解和关心。中共八大自然也受到这些国家的重视。

印度报纸普遍刊登了八大消息。许多报纸还发表了社论。

缅甸的《缅甸人报》9月18日发表的社论说："我们并不是为共产主义辩护但是必须承认，在把国民党赶出中国大陆之后，中国幸而找到了一个它非常需要的能够给予稳定和效率高的政府。"

正处于苏伊士运河事件漩涡的埃及，几乎各报都在9月16日以显著的位置刊载了毛泽东在八大开幕词中关于支持埃及的一段话。

西方国家的一些非共产党报纸也对八大发表了评论。

日本的《读卖新闻》说："同非共产党集团共处的长期计划，显然是中国共产党解决面临的巨大任务的现实方法。"

美国的《基督教科学箴言报》说，中国共产党是世界上最大的全国性共产主义组织，目前举行的第八次全国代表大会反映了"巨大的权力和极大的信心"，"不管承认与否，中国共产党已经使中国成为世界一大强国"。《纽约先驱论坛报》的报道则说："代表大会发表的演说令人心寒，使人意识到共产党中国日益增长的力量。"

英国的《星期日泰晤士报》在评论毛泽东开幕词和刘少奇的政治报告时认为，北京代表大会的气氛"是充满了信心、喜悦、乐观和团结的。这是能够理解的，任何不抱偏见的观察家都将承认这一点。"

巴黎《世界报》9月17日的评论指出："这次代表大会似乎将成为世界共产主义历史上、特别是中国历史上有意义的日子。"[①]

三、辉煌的成就

◎最佳领导集体的建立

◎毛泽东准备"退位"

◎反对个人崇拜和加强集体领导

[①] 以上均转引自石仲泉等主编：《中共八大史》，人民出版社1998年版，第340～341页。

◎八大删掉了"毛泽东思想"
◎对社会主要矛盾的论述
◎经济建设方针的确定
◎陈云关于经济体制的新思想

八大的最大成就是采用高度民主的方式，建立了一个最佳领导集体。

八大关于中央委员会以及中央领导机构的选举，采用了高度民主的办法。这主要表现在：

第一，选举采取五个步骤：大会代表自由提名；汇总讨论提名，确定候选人名单；举行第一次预选，确定整个候选人名单（不分中央委员和候补委员）；举行第二次预选，确定中央委员和候补委员候选人名单；正式选举。

第二，公布中央委员和候补委员得票的多少。

第三，八届一中全会选举中央机构高度民主化。中央不提候选人名单，先预选，再正式选举。

八大选举的中央委员会，基本包括了抗战以前党的最优秀的领导干部。这可以从下面的中央委员和中央候补委员名单中看出。

中央委员97人（按得票多少顺序排列；得票相同的按姓氏笔画排列）：

毛泽东、刘少奇、林伯渠、邓小平、朱德、董必武、陈云、林彪、吴玉章、陈伯达、蔡畅、李富春、罗荣桓、徐特立、陆定一、罗瑞卿、徐向前、邓颖超、刘伯承、陈毅、彭德怀、廖承志、李先念、陈赓、聂荣臻、林枫、张鼎丞、彭真、乌兰夫、黄克诚、滕代远、萧劲光、谭政、柯庆施、粟裕、贺龙、王首道、王维舟、邓子恢、李克农、杨尚昆、叶剑英、宋任穷、张云逸、刘晓、李维汉、王稼祥、康生、叶季壮、刘澜涛、刘宁一、薄一波、胡乔木、杨秀峰、舒同、赖若愚、张际春、程子华、陈郁、刘长胜、伍修权、萧克、钱瑛、王从吾、邓华、马明方、张闻天、谭震林、刘亚楼、李雪峰、陈少敏、李葆华、许光达、王震、曾山、林铁、郑位三、徐海东、萧华、胡耀邦、赵尔陆、欧阳钦、习仲勋、刘格平、谢富治、安子文、贾拓夫、李立三、黄敬、李井泉、吴芝圃、吕正操、王树声、陶铸、曾希圣、陈绍禹（即王明）。

候补中央委员73人（按得票多少排列；得票相同的按姓氏笔画排列）：

杨献珍、王恩茂、杨得志、韦国清、罗贵波、张经武、谢觉哉、叶飞、杨成武、甘泗淇、章汉夫、潘自力、李大章、许世友、帅孟奇、杨勇、刘仁、陈锡联、万毅、张宗逊、周扬、黄火青、李涛、陈奇涵、陈漫远、徐子荣、黄欧东、古大存、李志民、刘澜波、苏振华、冯白驹、周保中、吴德、奎璧、张德生、区梦觉、范文澜、朱德海、邵式平、张启龙、黄永胜、李坚真、马文瑞、张霖之、张玺、王世泰、阎红彦、桑吉瑞希、张达志、高克林、赛福鼎、廖汉生、洪学智、章蕴、徐冰、江渭清、廖鲁言、宋时轮、谭启龙、周桓、钟期光、陈丕显、赵健民、蔡树藩、钱俊瑞、潘复生、蒋南翔、江华、韩光、李昌、王鹤寿、陈正人。

八大选举的中央领导机构及其成员，也充分体现了决策趋于民主化和领导成员德才兼备。特别是陈云和邓小平进入中央领导集体，对于中国共产党来说，是一件具有深远影响的大事。

中央政治局委员由七大的13个增加至17个，除任弼时、高岗已故外，康生、张闻天落选，变成候补委员；增加了邓小平、林彪、罗荣桓、陈毅、李富春、刘伯承、贺龙、李先念，扩大了部队和经济工作领导干部比重。

八届一中全会除确立了毛泽东、刘少奇、周恩来、朱德、陈云、邓小平这个领导集体外，还成立了书记处和中央监察委员会。

八届一中全会选举的中共中央领导机构及其成员如下：

中央委员会主席：毛泽东。

中央委员会副主席：刘少奇、周恩来、朱德、陈云。

中央委员会总书记：邓小平。

中央政治局委员：毛泽东、刘少奇、周恩来、朱德、陈云、邓小平、林彪、林伯渠、董必武、彭真、罗荣桓、陈毅、李富春、彭德怀、刘伯承、贺龙、李先念。

中央政治局候补委员：乌兰夫、张闻天、陆定一、陈伯达、康生、薄一波。

中央政治局常委：毛泽东、刘少奇、周恩来、朱德、陈云、邓小平。

中央书记处书记：邓小平、彭真、王稼祥、谭震林、谭政、黄克诚、李雪峰。

中央书记处候补书记：刘澜涛、杨尚昆、胡乔木。

中央监察委员会委员（按姓氏笔画排列）：王从吾、王维舟、王维纲、帅孟奇、刘格平、刘锡武、刘澜涛、李士英、李楚离、萧华、吴溉之、高克林、高扬、马明方、张鼎丞、董必武、钱瑛。

中央监察委员会候补委员（按姓氏笔画排列）：王翰、刘其人、李景膺、龚子荣。

中央监察委员会书记：董必武。

中央监察委员会副书记：刘澜涛、萧华、王从吾、钱瑛、刘锡五。

八大党章中有一个新的内容，就是第三章规定：设立主席一人，副主席若干人和总书记一人；中央设立中央政治局常务委员会，由主席、副主席和总书记组成；中央政治局和政治局常委会在中央委员会全体会议闭会期间，行使中央委员会的职权。中央委员会认为有必要的时候，可以设立中央委员会名誉主席一人。

早在会前召开的七中全会第三次会议上，毛泽东就说："我说我们这些人（包括我一个，总司令一个，少奇同志算半个。不包括恩来同志、陈云同志跟小平同志，他们是少壮派），就是做'跑龙套'工作的，我们不能登台演主角，没有那个资格了，只能维持维持，帮助帮助，起这么一个作用。你们不要以为我现在在打'退堂鼓'，想不干事了，的确是身体、年龄、精力各方面都不如别人了。""我是准备了的，就是到时候就不当主席了，请求同志们委我一个名誉主席。名誉主席是不是不干事呢？照样干事，只要能够干的都干。"①

会议期间，毛泽东会见南斯拉夫共产主义者联盟代表团时又说："我老了，不能唱主角了，只能跑龙套。你们看，这次党代表大会上我就是'跑龙套'，而唱戏的是刘少奇、周恩来、邓小平同志。"②

1956年1月苏共二十大揭露了斯大林的错误后，在中国共产党内引起巨大震动，如果说斯大林的错误不是制度造成的（中国共产党正是这样认为的），那么比较合理的解释就是个人崇拜造成斯大林"独断专行"，不受制约是他错误的主要原因。这个教训，被八大充分吸收到新的党章中。邓小平在修改党章的报告中指出：

> 关于坚持集体领导原则和反对个人崇拜的重要意义，苏联共产党第二十次代表大会作了有力的阐明，这些阐明不仅对于苏联共产党，而且对于全世界其他各国共产党，都产生了巨大的影响。很明显，个人决定重大问题，是同共产主义政党的建党原则相违背的，是必然要犯错误的，只有联系群众的集体领导，才符合党的民主集中制原则，才便于尽量减少犯错误的机会。

---

① 毛泽东：《关于设中共中央副主席和总书记的问题》，1956年9月13日。《党的文献》1991年第3期，第9页。
② 《毛泽东外交文选》，中央文献出版社、世界知识出版社1994年版，第261~262页。

个人崇拜是一种有长远历史的社会现象，这种现象，也不会不在我们党的生活和社会生活中，有它的某些反映。我们的任务是，继续坚决地执行中央反对把个人突出、反对对个人歌功颂德的方针，真正巩固领导者同群众的联系，使党的民主原则和群众路线，在一切方面都得到贯彻执行。

把"毛泽东思想"作为党的指导思想并写入党章，这是中共七大作出的重要决策，也是马克思主义与中国革命具体实践相结合的标志。刘少奇在七大的修改党章报告中，用了一个整章的篇幅来论述党的指导思想——毛泽东思想。七大党章中规定："中国共产党以毛泽东思想作为自己一切工作的指针。"

八大通过的党章则规定："中国共产党以马克思列宁主义作为自己行动的指南"。另外，在八大形成的所有文件中，都没有提到"毛泽东思想"，也没有说明为什么要从党章中删除"毛泽东思想"这个词。按说，七大以来中国革命的胜利、新中国的日益强大和社会主义改造的顺利进行，似乎都进一步证明了毛泽东思想的存在及其正确性，毛泽东的威信如日中天。因此，八大以后，中外不少人对此猜测不一。

实际上，这种变化并不是在八大才发生的。1949年3月召开的七届二中全会上曾经规定禁止给党的领导人祝寿，禁止用党的领导人名字作地名、街名和企业的名字，反对在文学艺术中夸大领导者的作用。从那以后，毛泽东在审阅一些重要文件时，他本人就把遇到的"毛泽东思想"这个词改掉或删去。有的改为"马克思列宁主义的路线",有的改为"马克思列宁主义的普遍真理和中国革命的具体实践相结合"。

1950年8月19日,在编辑《毛泽东选集》第三卷收入1945年4月中共中央通过的《关于若干历史问题的决议》时,由毛泽东提议,经中央政治局同意,把"毛泽东思想"一律作了上述处理。

1953年5月24日,在4月3日董必武关于中国政治法律学会召开成立会给彭真并政法党组干事会的信上,毛泽东批示:"彭真同志:凡有'毛泽东思想'字样的地方,均应将这些字删去。"①

1954年2月,中共中央宣传部根据毛泽东的指示精神,专门下发了《关于毛泽东思想应如何解释的通知》(以下简称《通知》)。《通知》说:"党章已明确指出:'毛泽东思想'即是'马克思列宁主义的理论与中国革命的实践之统一的思想',它的内容和马克思列宁主义是同一的。""毛泽东同志曾指示今后不要再用'毛泽东思想'这个提法,以免引起重大误解。我们认为今后党内同志写文章作报告,应照毛泽东同志的指示办理。"②

正是遵照毛泽东本人的意愿,八大的文件,包括政治报告、党章、修改党章的报告都没有出现"毛泽东思想"的字样。至于大会没有对此作专门解释,不知是认为不需要,还是

---

① 转引自杨先材等主编:《中国社会主义现代化建设的起点——纪念八大40周年学术讨论会论文选》,中共党史出版社1997年版,第335页。

② 《建国以来毛泽东文稿》第四册,中央文献出版社1990年版,第623页。

认为越解释越复杂了。

刘少奇的政治报告提出,随着社会主义改造的基本完成,社会主义与资本主义谁战胜谁的问题,现在已经解决了。但是没有提出社会主义改造完成以后,我国社会的基本矛盾是什么,主要矛盾还是不是阶级矛盾。

八大关于政治报告的决议则完善了政治报告这方面的不足。这个决议与一般决议不同,它不是简单地复述和认可报告,而是在非常重要的理论和实际问题上作出了新的论断。并且这些论断事后引起了毛泽东的不满。

决议指出:"我国的无产阶级同资产阶级之间的矛盾已经基本上解决。""我们国内的主要矛盾,已经是人民对于建立先进的工业国的要求同落后的农业国的现实之间的矛盾,已经是人民对于经济文化迅速发展的需要同当前经济文化不能满足人民需要的状况之间的矛盾。这一矛盾的实质,在我国社会主义制度已经建立的情况下,也就是先进的社会主义制度同落后的社会生产力之间的矛盾。党和全国人民的当前的主要任务,就是要集中力量来解决这个矛盾,把我国尽快地从落后的农业国变为先进的工业国。"

关于决议的起草过程,据《中共八大史》说,决议的起草动手较晚,是从9月17日才开始的,也就是八大正式会议开始之后。因此决议的起草和修改时间比较紧迫,不如报告那样从容。

决议的第一稿于9月19日写出,稿子分送大会主席团常委和秘书处。主席团认为不行,于是由胡乔木从头改写,于23

日写出第二稿，约 8000 字。对这一稿，毛泽东可能提出了主要矛盾问题。根据 9 月 24 日华北代表团讨论决议草案的记录，华北团在讨论时，介绍了薄一波传达毛泽东意见的情况，其中很重要的一条意见是"要把矛盾突出一下，现在主要是先进与落后"。9 月 24 日写出第三稿。第三稿最重要的修改是增加了关于主要矛盾的内容。关于主要矛盾的论述，第三稿写道："在基本上解决了无产阶级和资产阶级的矛盾以后，我们现在面对着的主要矛盾，是先进的国家制度和社会制度同落后的经济和文化之间的矛盾。" 9 月 26 日，根据代表们的修改意见，起草委员会删去了"先进的国家制度和社会制度同落后的经济和文化之间的矛盾"这句话，将其改为"已经是人民对于建立先进的工业国的要求同落后的农业国的现实之间的矛盾，已经是人民对于经济文化迅速发展的需要同当前经济文化不能满足人民需要的状况之间的矛盾"。

经过修改的稿子很快送给毛泽东审阅。毛泽东审完稿子，已经是 27 日凌晨 2 点钟。毛泽东改了几个字，并在稿子上批到："即送胡乔木同志：照此付印，付翻译。"

据石仲泉等主编的《中共八大史》说：根据现存档案，在毛泽东定稿退还胡乔木之后，胡乔木又作了少量的文字修改。其中比较重要的修改是在关于主要矛盾的论述方面，加写了一句话："这一矛盾的实质，在我国社会主义制度已经建立的情况下，也就是先进的社会主义制度同落后的社会生产力之间的矛盾。"加写的这句话与 26 日删除的那句"先进的国家制度和社会制度同落后的经济和文化之间的矛盾"意思差不多。胡乔木加写这句话，是在毛泽东定稿之后，不知他是否报告了毛泽东。虽然这句话在大会讨论通过时没有任何人提出异议，但是事后却遭到毛泽东的诟病，认为表述不够科学。因为马克思主义从来就认为生产关系必须适应生产力，没有说过生产关系可以超越生产力，让生产力去适应生产关系。

今天看来，八大关于社会主要矛盾的论述，在当时不仅符合社会和理论发展的逻辑，也确实符合八大前后党关于将工作重心转到经济建设的思想、有利于社会的安定和经济的发展。但是，就理论与实际的关系来说，这个论断脱离了实际，当时社会的主要问题，并不是先进的社会制度与落后的生产力的矛盾，而是社会主义改造"四过"（即：要求过急、工作过粗、改变过快、形式过于简单划一）造成的生产关系与生产力不相适应的问题，生产关系必须适应生产力的问题并没有解决。

八大充分吸收了1956年上半年党关于社会主义经济建设的探索成果，并以《关于政治报告的决议》和《关于发展国民经济第二个五年计划的建议》的形式将其确定下来。

大会肯定和吸收了毛泽东等人关于农、轻、重产业政策，积累与消费关系的思想，提出优先发展重工业同时兼顾其他，国家建设和人民生活二者必须兼顾。大会虽然重申"必须继续坚持优先发展重工业的方针"，"对于优先发展重工业这一基本建设方针不能有任何的忽视。"但是也强调"在优先发展重工业的同时，我们必须根据原料、资金的可能和市场的需要，积极发展轻工业"。"应该在农业发展的基础上，适当地加速轻工业的建设，以适应广大人民对消费品的日益增长的需要，并且增加国家的资金积累。""我国目前农业生产还不能适应日益增长的需要,今后必须用更大的力量发展农业。"

大会还根据上半年经济建设中出现的"冒进"及纠正冒进的经验,提出了"综合平衡、稳步前进"的建设方针。八大在关于政治报告的决议中明确提出:在反对保守主义的同时,"我们也必须估计到当前的经济上、财政上和技术力量上的客观限制,估计到保持后备力量的必要,而不应当脱离经济发展的正确比例。如果不估计到这些情况而规定一种过高的速度,结果就会反而妨碍经济的发展和计划的完成,那就是冒险主义的错误。党的任务,就是要随时注意防止和纠正右倾保守的或'左'倾冒险的倾向,积极而又稳妥可靠地推进国民经济的发展。"

大会关于政治报告的决议还吸收了陈云1956年6月提出、在八大发言中进一步明确的三个"主体"和三个"补充"思想。陈云从中国的国情出发,认为当时中国的社会主义经济体制应该是:在工商业经营方面,国家经济和集体经济是工商业的主体,一定数量的个体经济是国家经济和集体经济的补充;在生产计划方面,计划生产是工农业生产的主体,按照市场变化在国家计划许可范围内的自由生产是计划生产的补充;在社会主义的统一市场里,国家市场是它的主体,一定范围内的国家领导的自由市场是国家市场的补充。八大政治报告决议说:"这种社会主义的统一市场应当以国家市场为主体,同时附有在一定范围内的国家领导下的自由市场,作为国家市场的补充。""全国工农业产品的主要部分都将列入国家计划,由生产单位按照计划进行生产。但是,为了适应社会的多方面需要,在国家计划许可的范围内,有一部分产品将不列入国家计划,而由生产单位直接按照原料和市场的情况进行生产。""社会主义经济的主体是实行集中经营的,但是也需要有一定范围的分散经营作为补充。""要在城市居民区和农村中保存适当数量的小商小贩,以便利居民日常生活的需要。""手工业生产合作社的组织也不宜过分集中,某些行业还应该适当分散,并且容许一部分手工业,特别是特种手工艺品的生产者继续独立经营。"

第八章
坐看风起云涌
意气风发——1956年的中国

一、关于斯大林的"是"与"非"

◎"秘密报告"石破天惊

◎毛泽东说赫鲁晓夫"揭了盖子,捅了娄子"

◎中国的态度:《关于无产阶级专政的历史经验》

◎毛泽东不喜欢斯大林

◎中国仍然挂斯大林的像

1953年11月,斯大林逝世,从而结束了斯大林时代,苏联进入了赫鲁晓夫时代。

自列宁逝世以后,由于国内外敌对势力的压力,斯大林在建设社会主义过程中采取了严厉的政治手段,甚至采取了残酷的"大清洗",制造了大批冤假错案,形成了恐怖气氛。因此斯大林逝世以后,苏共中央就自然实行了缓和国内矛盾的办法。随着纠正斯大林时代错误和平反冤假错案的不断深入,斯大林的错误甚至可以说是"罪行"日渐揭露出来,引起人民越来越多的不满。当时以赫鲁晓夫为首的苏共中央为了划清与斯大林的界限、树立自己的良好形象,不得不抛掉斯大林,将其错误归结到个人品质问题,将斯大林越说越坏。由此不仅引发了苏联和东欧社会主义国家的"非斯大林化"运动,而且引起了整个世界对斯大林和社会主义的怀疑和批评。

1956年2月14日至25日,苏共召开第二十次全国代表大会。苏共中央第一书记赫鲁晓夫代表苏共中央作总结报告。报告根据苏联利益和对国际形势的判断，提出世界不同社会制度的国家之间可以和平共处，正在进行和平竞赛；世界大战不是注定不可避免；一些资本主义国家的无产阶级有可能通过掌握议会的多数和平过渡到社会主义等主张。在会议即将闭幕的24日深夜，赫鲁晓夫以新选出的中央委员会名义，向全体代表作了一个长达四个小时的《关于个人崇拜及其后果》报告，该报告对斯大林进行了比较彻底的揭露和批判，但因言辞激烈、感情色彩太重，有些论断容易授人以柄。由于这个报告没有列入大会公开议程，也没有邀请列席大会的各国共产党代表参加，故又称其为"秘密报告"。

在这个长篇报告中，赫鲁晓夫说："对于别人，斯大林是不能进行说明和说服，也不肯耐心地协力工作，相反，他把自己的意图强加于别人，他要求别人完全屈从于自己的意旨。不论是谁，只要他反对斯大林的意图并企图论证自己的见解和立场的正确的话，那么他就会被斯大林从领导集团中排除出去，然后在精神上和肉体上加以消灭。在第十七次党代会以后的时期，这一现象特别严重。"

"斯大林提出了'人民的敌人'这一说法。有了这种说法，自然就无须再去证明参加争论的某个人或是某些人在思想上意识上的错误。此外，利用这种说法至少可以违反一切革命法则制度基础对那些与斯大林抱有敌对意图的人，以至于那些印象不好的人进行最为残酷的镇压。利用'人民的敌人'这一观点，可以在事实上抹杀一些种类的思想斗争的可能性。即使在具体性质的问题上，人们要想就这件事或那件事发表自己的意见也不可能了。一般在实际作为有罪的唯一证据就是被告本人的'口供'，这是违背现代法律学一切准则的，后来证明，这些'口供'，乃是通过对被告施行肉体上的压迫而获得的。"

"第十七次代表大会一共选了139名中央委员和候补委员。其中83名被逮捕、枪毙（大部分是在1937～1938年期间）。（会场发生愤怒骚动）"① "不仅中央委员会成员如此，第十七次党代会的代表大多数也遭到同样命运。拥有表决权和咨询权的1966名中有1108名，即超过总数的一半人被以因反革命而定罪遭到逮捕……（会场内激愤）"

赫鲁晓夫还列举了原中央政治局委员柯秀尔、候补委员艾何、鲁祖特夫（均被斯大林处决）等许多冤假错案来进一步说明斯大林"大清洗"的残暴和手段的恶劣，引起会场的骚动。

赫鲁晓夫还揭露了斯大林在德国1941年入侵苏联前后和战争期间的错误及其给苏联带来的严重损失，同样引起会场的骚动。

赫鲁晓夫近50000字的报告，由于比较彻底地揭露了斯大林的错误和罪行，在结束时赢得了长时间的热烈的鼓掌。

苏共二十大闭幕不久，美国中央情报局就从波兰收买到赫鲁晓夫的上述"秘密报告"，并于3月10日在《纽约时报》上全文发表，接着，法国的《世界报》也刊登了《纽约时报》的译文。赫鲁晓夫的报告引起了西方资本主义世界的震动，特别是那些对铁幕后的苏联不够了解的人民。当然，西方的舆论界

---

① 苏共第十七次代表大会召开于1934年1～2月。

也乐于利用这个有利时机,趁机贬低和丑化苏联和社会主义国家。于是以赫鲁晓夫的"秘密报告"为导火索,西方掀起了一个世界范围的反苏反共浪潮。

3月12日晚上,毛泽东在中南海颐年堂主持召开中共中央政治局扩大会议,讨论苏共二十大问题。毛泽东说:我们党从一开始就对苏共二十大有保留意见。我们《人民日报》发表了两篇社论(指1956年2月19日发表的《具有历史意义的文件》和2月28日发表的《苏共二十次代表大会胜利闭幕》两篇社论)。第一篇是根据大会开始时赫鲁晓夫的公开报告写的。那时我们不晓得他会反斯大林,从大局考虑给予支持。但社论中只谈了和平共处与和平竞赛问题,没有谈和平过渡问题,因为我们对这个问题有不同意见。苏共二十大结束的第二天,中央收到代表团发来电报,报告赫鲁晓夫大反斯大林,但不了解详细内容,不好仓促发表意见。所以在第二篇社论中,我们采取顾左右而言他的方针,只讲他们的第六个五年计划,笼统地表示支持。赫鲁晓夫的"秘密报告"值得认真研究,特别是这个报告所涉及的问题以及它在全世界所造成的影响。现在全世界都在议论,我们也要议论。现在看来,至少可以指出两点:一是它揭了盖子,一是它捅了娄子。说揭了盖子,就是讲,他的秘密报告表明,苏联、苏共、斯大林并不是一切都是正确的,这就破除了迷信。说捅了娄子,就是讲,他作的这个"秘密报告",无论在内容上或方法上,都有严重错误。是不是这样,大家可以研究。

苏共二十大结束以后,中央将中共代表团团长朱德从莫斯科带回来的"秘密报告"译文印成32开的小册子,封面没有书名,只印有"内部材料·注意保存"八个字,随《参考资料》发放。《参考资料》虽然只发给高级干部,但是不算机密刊物,也只是在刊头上印有"内部刊物·注意保存",因此阅读的人较多。另外,外文书店还发售美国共产党办的《工人日报》,上面也刊载了"秘密报告"的英文长篇摘要,北京各大学的学生竞相购买,竟把《工人日报》买光。尤其是《参考消息》根据毛泽东的主张由2000份扩大到40万份以后,该报虽然没有刊登"秘密报告",但是刊登各国反应,故"秘密报告"的内容流转很广。赫鲁晓夫的"秘密报告"传到中国以后不久,上海《文汇报》就急忙组织人翻译了中国人熟悉的安娜·路易斯·斯特朗写的《斯大林时代》,在报上连载发表。一时反应强烈。斯特朗因与毛泽东关于"帝国主义是纸老虎"的谈话,成为中国人民最熟悉的外国人之一,她久居苏联、曾被苏联以间谍罪囚禁,后平反获释。斯特朗认为斯大林错误和罪行的根源,就在于其权力失去制约,她引用了英国阿克顿勋爵的名言:"权力使人腐化,绝对的权力绝对地使人腐化。"①

赫鲁晓夫的"秘密报告"传到中国后,对于深信"苏联的今天就是我们的明天"的中国人来说,等于美好的憧憬和斯大林"神话"被残酷的现实击破,引起的震惊和震动是可想而知的。毛泽东的话概括了中国共产党对"秘密报告"的复杂心情,那就是"揭了盖子""捅了娄子"。一方面破除了中国党和

---

① 转引自段跃编:《乌昼啼》,中国电影出版社1998年出版,第28页。

人民对苏联的"迷信";另一方面又授人以柄,引起了世界范围的反苏反共浪潮。

据李慎之回忆:"赫鲁晓夫'秘密报告'传出不久,就听到胡乔木讲述毛主席的心情说:'苏联揭露的斯大林的统治,其黑暗不下于历史上任何最专制暴虐的统治。毛主席日思夜想就想走出一条比苏联好的路子来。'"①

从1956年3月下旬起,毛泽东多次亲自主持召开政治局扩大会议讨论这个问题,并将讨论结果写成《关于无产阶级专政的历史经验》,于4月5日在《人民日报》上发表。表示了中国共产党的态度。②

《关于无产阶级专政的历史经验》说:"有些人认为斯大林完全错了,这是严重的误解。斯大林是一个伟大的马克思列宁主义者,但是也是一个犯了几个严重错误而不自觉其为错误的马克思列宁主义者。我们应当用历史的观点看斯大林……""在列宁逝世以后,作为党和国家的主要领导人物的斯大林,创造性地运用和发展了马克思列宁主义。"

毛泽东在八届二中全会上说:

关于苏共二十次代表大会,我想讲一点。我看两把"刀子":一把是列宁,一把是斯大林。现在,斯大林这把刀子,俄国人丢了。哥穆尔卡、匈牙利的一些人就拿起这

---

① 段跃编:《鸟昼啼》,中国电影出版社1998年版,第14页。
② 参见中共中央文献研究室编:《毛泽东年谱(1949—1976)》第二卷,中央文献出版社2013年版,第549~550页。

把刀子杀苏联，反所谓斯大林主义。欧洲的许多国家的共产党也批评苏联，这个领袖就是陶里亚蒂。帝国主义也拿这把刀子杀人。杜勒斯就拿起来耍了一顿。这把刀子不是借出去的，是丢出去的……列宁这把刀子现在是不是也被苏联一些领导人丢掉一些了呢？我看也丢掉相当多了。十月革命还灵不灵？还可不可以作为各国的模范？苏共二十次代表大会赫鲁晓夫的报告说，可以经过议会道路去取得政权，这就是说，各国可以不学十月革命了。这个门一开，列宁主义就基本上丢掉了。

尽管毛泽东反对苏联丢掉斯大林这把"刀子"，主张斯大林的成绩是主要的、第一位的，错误是次要的、第二位的。但是，就毛泽东的个人感情来说，毛泽东不喜欢斯大林。1956年9月，毛泽东在会见参加八大的南斯拉夫代表团时说："我在见到斯大林之前，从感情上说对他就不怎么样。我不太喜欢看他的著作，只看过《论列宁主义基础》批判托洛茨基的一篇长文章、《胜利冲昏头脑》等。他写的关于中国革命的文章我更不爱看。他和列宁不同，列宁是把心给别人，平等待人，而斯大林则站在别人的头上发号施令。他的著作中都有这种气氛。我见到他以后就更不高兴了，在莫斯科的时候和他吵得厉害。斯大林有脾气，有时冲动起来，讲一些不大适当的话。"

苏共二十大以后，斯大林的威望一落千丈，苏联和其他社会主义国家都纷纷撤掉悬挂的斯大林像。唯有中国仍然悬挂着斯大林像。毛泽东对此向南斯拉夫代表团解释说：

你们可能很不了解，为什么现在中国还挂斯大林的像。莫斯科的同志通知我们，他们不挂斯大林的像了，游行的时候只拿列宁及其他活着的领袖的像，当然没说也让中国照办。我们很为难。斯大林的四条错误，中国人民并不知道，就我们整个的党来说也是不知道的。这和你们的情况不同，你们的事人民都知道，全世界都知道。我们党内知道两次王明路线的错误，但人民并不知道这是来自斯大林的错误。至于斯大林不让中国革命和怀疑我是半个铁托的错误，只有我们党中央知道……赫鲁晓夫批评斯大林，你们从上到下都欢迎，而我们就不同，我们人民不满意。因此中国不挂斯大林像不行。①

尽管赫鲁晓夫在苏共二十大上的"秘密报告"因不恰当地评价斯大林"惹了乱子"，对此中国共产党持有不同意见。但是苏共二十大从总体上来说"揭开了盖子"，不仅开启了自斯大林逝世以后对建设什么样的社会主义以及怎样建设社会主义的探索，也解放了社会主义阵营的思想，客观上起到了鼓励其他社会主义国家对如何建设社会主义的探索。因此中国共产党顾全大局，从总体上和公开场合对苏共二十大还是肯定的。2月19日，《人民日报》发表题为《具有历史意义的文件》，高度评价了赫鲁晓夫在苏共二十大上的总结报告。社论指出：赫鲁晓夫在总结各国革命运动的经验时，对马克思列宁主义作了

---

① 《毛泽东外交文选》，中央文献出版社、世界知识出版社1994年版，第254～255页。

创造性的发展。苏共二十大"为整个国际共产主义运动指出了在马克思列宁主义的基础上,稳步地、全面地向前发展的方向"。2月28日《人民日报》又发表题为《苏共第二十次代表大会胜利闭幕》的社论,对大会通过的苏联第六个五年计划表示支持。9月15日,毛泽东在中共八大的开幕词中也讲道:苏共二十大"制定了许多正确的方针,批判了党内存在的缺点",苏共今后的工作"将有极其伟大的发展"。刘少奇在所作的政治报告(经毛泽东审阅修改)中也评价苏共二十大是"具有世界意义的重大政治事件",它不仅"提出许多发展社会主义事业的新的政策方针,而且对于缓和世界紧张局势,争取世界和平和人类的进步斗争,也发生了重大的影响"。邓小平在关于修改党章的报告中也指出苏共二十大的"一个重要功绩",就是对个人神话严重恶果的揭露。

二、支持与警惕

◎"冰冻三尺,非一日之寒"

◎东欧对"秘密报告"的反应

◎哥穆尔卡上台

◎刘少奇、邓小平调解苏波关系

◎纳吉被杀

◎铁托"普拉演说"

◎毛泽东说:斯大林主义"就是马克思主义"

◎斯大林这把刀子不能丢掉

◎毛泽东一生写过三篇歌颂斯大林的文章

◎《再论无产阶级专政的历史经验》

1943年，苏联经过列宁格勒保卫战和库尔茨克战役以后，开始战略反攻，1944年，苏联红军解放了被占领土，将战争推向境外，向德国法西斯巢穴进攻。到1945年5月3日苏联红军攻克柏林，在苏联红军的帮助下，原来受到德国法西斯蹂躏的波兰、捷克、匈牙利、南斯拉夫、罗马尼亚、保加利亚、阿尔巴尼亚获得了解放，建立了实质上是共产党领导的民主政府。

苏联在帮助上述东欧国家建立了共产党领导的政权的同时，还利用自己在第二次世界大战后期反攻过程中对这些国家的控制，与这些国家执政的共产党形成了"老子"党与"儿子"党的不正常关系；国家关系实际上也是"宗主国"与"附属国"的关系。战后，苏联不仅割占了上述部分国家的大片领土，还经常粗暴地干涉上述国家党和政府的事务。例如：苏联在1946年6月与捷克斯洛伐克签订的关于外喀尔巴阡乌克兰地区协定，将该地区划归苏联；1945年8月与波兰签订边界条约，基本维持了苏联在1939年8月与德国签订边界条约时占有的波兰领土；1947年2月，苏联根据《巴黎和约》，将罗马尼亚的萨拉比亚和北布科维纳划归给苏联。

1947年美国正式发动冷战以后，苏联为了加强对上述东欧民主国家的控制，在苏共中央的授意下，由波兰共产党出面牵头，于1947年9月在波兰举行了欧洲9国共产党和工人党情报局成立会议。苏联共产党、南斯拉夫共产党、波兰工人党、罗马尼亚共产党、保加利亚共产党、匈牙利共产党、捷克斯洛伐克共产党、法国共产党、意大利共产党都派代表出席了会议。1948年6月,苏共将南斯拉夫开除出情报局。情报局从成立到1956年4月17日解散,共存在了8年半,它在苏共的操纵下,完全违背了情报局成立时规定的"交流经验和协同行动"的党与党之间的关系准则,特别是在"制裁"南斯拉夫共产党和株连东欧各国党方面造成了恶劣影响。

由于过去就有沙皇欺凌东欧小国的历史,加上上述那些苏联大国沙文主义表现和苏共以"老子"党自居、粗暴干涉别国内政的做法,使得东欧国家与苏联的矛盾很深。只是斯大林在世时对东欧压制很严厉,除南斯拉夫问题以外,矛盾没有公开暴露。斯大林逝世以后,苏共采取了"解冻"政策,特别是苏共二十大以后,在揭露和否定斯大林的气氛中,苏东关系的矛盾公开暴露出来,随着"非斯大林化",终于演变成苏联与东欧国家的"控制"与"反控制"的斗争,进而激化为这些国家部分人民"反苏"甚至"反共"的情绪。

1956年6月28日,波兰波兹南市斯大林机车车辆制造厂的工人要求增加工资和减少赋税,在派代表团到首都华沙向机械工业部请愿的同时,工人群众前往市人民会议大厦广场举行和平游行。在游行过程中,一些反对共产党政权的人利用经济生活中的困难和工人的不满情绪,煽动群众反对执政的工人党和现政权,提出了"打倒秘密警察""要面包和自由""还我宗教""俄国佬滚回去"等口号。进而和平游行演变为骚乱,破坏分子从民兵站夺取武器，袭击保安机关和政府部门，冲击监狱，释放罪犯。在这种情况下，政府派遣保安部队和坦克扑灭了骚乱。据当时报道，在这次事件中有数十人丧生，200多人受伤，数百名闹事者被捕。这就是震动世界的"波兹南事件"。

"波兹南事件"的发生，不是偶然的。它是1956年苏共二十大否定斯大林以后苏波民族矛盾和国内矛盾的公开暴露。

第二次世界大战爆发前夕，1939年8月苏联与德国签订了《苏德互不侵犯条约》，并瓜分了波兰。

第二次世界大战期间，又发生了轰动一时的"卡廷森林事件"。即苏联将在1939年占领波兰过程中俘虏的两万多名波兰军官、官吏以及反苏的其他上层分子，秘密杀害，被德国法西斯发现并广为宣传，作为反苏的舆论工具（1990年4月13日，苏联承认"卡廷森林事件"是斯大林所为）。如果不从政治倾向，仅从能力和才干来看，被杀害的这些人可以说是波兰民族的精英，斯大林之所以这样做，大概是从长期巩固地占领波兰目的出发。

战后，苏联又根据雅尔塔会议和波茨坦会议与美、英达成的约定，于1945年8月16日与波兰签订了边界条约。该条约规定：苏联与波兰的边界循寇松线划分，在某些地区离开该线划出五至八公里给波兰。这样，苏联基本上保持了1939年9月28日与德国签订的《苏德边界友好条约》划定的分界线。继续维持了苏联在第二次世界大战前夕对波兰领土的侵占。

1948年12月，苏联为控制波兰，强迫波兰党以反对"右倾机会主义"和"民族主义"为名，进行大"清洗"，将对波兰社会主义建设道路和农业集体化等问题有独立看法的领导人哥穆尔卡开除出党并关进监狱。1949年11月，又派波兰出生的苏联将军罗科索夫斯基到波兰担任国防部长。

1956年2月，赫鲁晓夫的"秘密报告"在波兰引起巨大的反响和思想混乱。恰恰在这个时候，波兰统一工人党的总书记兼共和国总统贝鲁特在参加苏共二十大后，突然在莫斯科逝世。赫鲁晓夫借参加葬礼的机会，仍然像斯大林那样，要干预波兰党领袖的继承人问题，但此时毕竟不同于斯大林时代了，经过双方协商，由奥哈布任第一书记。奥哈布上台后，顺应否定斯大林的潮流，于1956年4月坦率地承认了党在过去的许多错误，为哥穆尔卡恢复了名誉，并撤换了一些领导人。后又宣布大赦，释放了政治犯和刑事犯三万多人，在国外的流亡者也陆续返回波兰。"波兹南事件"正是在这种背景下发生的。

对于波兹南事件发生的原因，波兰党、苏共和其他社会主义国家党有着不同的解释。苏联《真理报》6月30日发表的苏共中央声明，断言波兹南的"反人民暴动"是美国策划的，旨在颠覆社会主义国家。但是波兰统一工人党总书记奥哈布在7月18日七中全会的报告中则认为：在"寻找事件的原因时，把我们的注意力集中在煽动者和帝国主义的走狗的阴谋上去，那是错误的。通过对事件的分析，我认为极大部分的责任要归中央和地方领导者的官僚主义和愚昧无知"。[①] 他强调"波兹南事件"是一个警告，它证明在党与人民各阶层之间的关系方面

---

① 转引自何春超主编：《国际关系史》，法律出版社1986年版，第186~187页。

存在着严重错误。他要求立即采取措施，克服工作中存在的缺点和错误。这次全会通过了改善人民生活、实行经济合理化和政治民主化措施的决议；同时还决定恢复哥穆尔卡等人的党员权利，增选其为政治局委员。于是，以哥穆尔卡为代表的革新派力量迅速增长并成为多数，他们也得到政界和广大人民群众的支持。8月6日，政治局决定哥穆尔卡担任第一书记，并建议国防部长罗科索夫斯基元帅离职返回苏联。

哥穆尔卡在第二次世界大战期间，是波兰工人党留在国内抵抗德国法西斯运动的领导人。战后，哥穆尔卡担任波党总书记。1947年9月的欧洲共产党情报局成立会议上，哥穆尔卡就反对成立情报局，主张波兰走独特的社会主义发展道路，强调波兰的合作化必须慎重进行，并为此与苏共代表日丹诺夫发生争论。1948年12月，苏共指使波共以"极端民族主义"罪名撤销哥穆尔卡职务并将其开除出党，并于1951年将其关进监狱。因此可以说哥穆尔卡是斯大林粗暴干预东欧各国内政和实施"清洗"的受害者。

波兰的改革措施和哥穆尔卡重新上台，引起苏联的担忧，怕波兰会摆脱苏联的控制。于是立即邀请波兰党政代表团去苏联进行磋商。但是波兰党则以即将召开八中全会为理由，婉言拒绝。这更激怒了苏联。赫鲁晓夫决定立即采取双管齐下办法干涉波兰内政。10月17日，苏联调动军队并出动坦克部队包围了华沙。同时，赫鲁晓夫率领一个强大的党政军代表团飞往华沙。

由于赫鲁晓夫率领的代表团未经邀请，来得突然，机场没有接到通知,飞机在上空盘旋了一个小时才实行了紧急降落。赫鲁晓夫一下飞机,就怒气冲冲地对赶来迎接的波兰领导人大声斥责:"波兰是苏联红军解放的,我们为这个国家流了我们的血,绝不允许你们把波兰出卖!"哥穆尔卡则回答说:"我们比你们流了更多的血,我们并没有出卖给任何人。"双方展开了激烈的争论。赫鲁晓夫要求出席正在召开的波党八中全会,遭到拒绝。哥穆尔卡同时告诉赫鲁晓夫:"除非苏军马上撤离,否则将不进行谈判。"赫鲁晓夫只得降低要求,表示同意哥穆尔卡和他的支持者进入政治局,但指出罗科索夫斯基元帅一定不能被排除在外。哥穆尔卡说:"波兰人民认为他是苏联控制的象征。"赫鲁晓夫又提出给波兰更多的经济援助以争取达成协议,但波兰坚持先解决领导问题,后谈经济问题。这时,华沙的工人、学生举行了游行示威,支持哥穆尔卡。19日深夜,从罗科索夫斯基那里得知,波兰军队多数不听从他的指挥。苏联代表团别无选择,这才决定退让,只要求苏波共同发表一个公报,重申波苏友谊;苏方则同意将包围华沙的军队撤回基地。21日,双方发表会谈公报,22日,赫鲁晓夫率苏联代表团回国,波党则继续举行八中全会,改选了政治局,哥穆尔卡当选为第一书记。全会同意哥穆尔卡提出的政治路线和政治经济改革的决议。

"波兹南事件"发生后,波兰工人党和政局的变动即引起中共中央的高度重视。10月18日,中央办公厅主任杨尚昆即打电话给新华社社长吴冷西,要求新华社注意收集这方面的消息,迅速报告中央。

估计是 10 月 18 日或 19 日,苏共给中共中央发来电报,说波兰反苏势力嚣张,要苏军撤出波兰。苏联根据《华沙条约》有权驻兵波兰,有义务保卫东欧社会主义国家安全。苏联不能允许反苏事件继续发展,准备调动军队来解决问题。苏共在电报中想了解中共中央对此有何意见。①

20 日,中共中央举行政治局扩大会议,讨论如何答复苏共中央电报。毛泽东在听取了吴冷西关于苏联军队调动情况和波兰国内的反映之后说:现在情况非常紧急,我们要早定方针。儿子不听话,老子打棍子。一个社会主义大国对另一个社会主义邻国武装干涉,是违反最起码的国际关系准则,更不用说违反社会主义国家相互关系的原则,是绝对不能允许的,这是严重的大国沙文主义。

会议一致认为苏联武装干涉波兰内政是亲痛仇快的事,我党中央一定要坚决反对,建议中央采取紧急措施,向苏共中央发出严重警告,表明我党中央坚决反对苏联武装干涉波兰。在会议进行当中,吴冷西接到新华社电话,得知苏联一个代表团到达华沙。于是毛泽东说,事不宜迟,我们应马上警告苏方,坚决反对他们对波兰动武。会议一致同意毛泽东的决定。毛泽东即说,会议到此结束,马上约见苏联驻华大使尤金。

半个小时以后,毛泽东在菊香书屋接见了尤金。毛泽东与尤金见面后,直截了当地将刚刚结束的政治局扩大会议精神告诉尤金,并要他立即打电话转告赫鲁晓夫。并说:情况紧急,

---

① 参见吴冷西:《忆毛主席》,新华出版社 1995 年版,第 11 页。

时间无多，谈话就此结束。请你赶紧去办。①

1956年10月21日，苏共中央来电邀请中共中央派代表团去莫斯科，参加苏共召集的东欧国家党的领导人参加的"莫斯科会议"，企图以发表声明的方式再向波兰施加压力。中共中央政治局常委立即开会研究，决定派刘少奇和邓小平于22日前往，任务是调解；方针为着重批评苏共的大国沙文主义，要求苏联保证不对波兰进行武装干涉，代表团只与苏共进行双边会谈，不参加苏联与东欧国家的多边会谈。同时也劝说波共顾全大局。调解方式是分别同苏共和波共会谈，但是不参加他们两党会谈。

中共代表团22日晨即乘苏联派来的专机去莫斯科。代表团到莫斯科后，周恩来每天都与代表团通电话，代表团也来电报报告会谈进展情况。同时，毛泽东每天都召开政治局常委会，讨论决定给代表团的指示。

经过代表团的工作，当然主要是苏波双方都不愿闹僵，中共中央代表团终于完成了劝和任务。10月31日晚，刘少奇、邓小平完成任务，率代表团回国。据刘少奇回来说：这10天的活动中，感到苏联同志的大国沙文主义由来已久，表现突出，由此而引起兄弟党对他们的强烈不满。东欧国家的民族主义情绪也由来已久，于今尤烈。邓小平则说：波兰同志在莫斯科向我们诉苦，情绪激动，有时简直有点像我们土改时贫雇农"吐苦水"。

---

① 参见吴冷西：《忆毛主席》，新华出版社1995年版，第12～13页。

1956年11月1日，中国政府就苏联政府1956年10月30日发表的《关于发展和进一步加强苏联同其他社会主义国家的友谊和合作的基础》发表声明。

11月15日至18日，苏波双方在莫斯科进行正式会谈，并达成一致意见。双方确定，根据当前国际局势，苏军暂时留驻波兰，但不得干涉波兰的内政和主权。苏联军队的驻地、人数和调动，要征得波兰政府的同意。双方表示：将在各国人民平等的列宁主义原则基础上，尊重国家独立和主权，发展两国的友好关系。

苏波关系危机的化解，中共中央贡献了自己的一份力量。

但是，毛泽东对哥穆尔卡是持保留态度的。1957年1月14日，周恩来在波兰访问时，毛泽东发给他一个电报，说："波兰党的根本路线应当承认是正确的。关于团结一切可能团结的积极力量向党内外的右倾力量和暗藏反革命分子进攻（在实际行动上要分期分批）的问题，请你找一个机会向波兰领导同志谈一下，并征求他们的意见，因为这个问题是波兰各项问题中的最根本的问题。"第二天，周恩来将毛泽东的电报转交哥穆尔卡。但是上述意见没有为哥穆尔卡接受。事后周恩来在给毛泽东的回电中说："波兰领导上是正确的，党与群众是有联系的，中心问题还没有掌握好。"[①] 1月18日，毛泽东又在省、市、自治区党委书记会议上讲："党内党外那些捧波、匈事件的人捧得好呀！开口波兹南，闭口匈牙利。这一下就露出

---

① 转引自金冲及主编：《周恩来传》，中央文献出版社1998年版，第323页。

头来了，蚂蚁出洞了，乌龟王八都出来了。他们随着哥穆尔卡的棍子转，哥穆尔卡说大民主，他们也说大民主。"

1956年，在波兰发生"波兹南事件"和进行改革的同时，其邻国匈牙利也发生了震惊世界的"匈牙利事件"。"匈牙利事件"的起因与波兰相似，但是结果却完全不同。

"匈牙利事件"的起因说来话长。1944年，以拉科西为首的匈牙利共产党"国外中央委员会"随苏联红军回到匈牙利，并于1945年与以拉伊克为首的在国内坚持地下斗争的"国内中央委员会"合并，成立统一的中央委员会，拉科西担任总书记，拉伊克任政治局委员，原国内中央委员会书记卡达尔任政治局候补委员。

1948年以后，在苏联的指使下，东欧各国开展了清除"铁托分子"的运动。1949年5月，匈牙利共产党领导人拉伊克因与拉科西有矛盾而被捕，并在毫无旁证的情况下，就被作为美国和南斯拉夫特务处决。卡达尔等也被捕入狱，直至1954年7月才获释。据统计，被清查的人数达20万人。同时，拉科西在经济建设中也照搬苏联模式，造成比例失调，人民生活水平下降，引起人民群众不满。1953年6月17日，东柏林发生暴动事件，赫鲁晓夫召见拉科西，要求他进行人事上的调整，由纳吉担任部长会议主席，即相当于总理这个职务。拉科西回国以后，于6月27日召开中央全会，承认自己犯有错误，并辞去部长会议主席职务。全会通过的决议批评过去的政策造成了生产衰退，破坏了工农联盟，使党与群众关系紧张，损害了人民民主政权；决议还要求彻底改变党的经济政策，其基本政策是不断提高人民的实际生活水平，改善劳动人民的福利和文化生活。这次会议还选举纳吉为部长会议主席，格罗任副主席兼内务部长。

纳吉上台后，即提出降低重工业发展速度，加快轻工业和农业发展，提高工资，改善社会供应。在农村，允许农民退社和解散合作社，允许小私有企业存在。

1955年1月，赫鲁晓夫为了搞掉马林科夫，在《真理报》上批评马林科夫加速轻工业的发展方针违背了马克思主义政治经济学的基本原理。拉科西抓住这个机会，在3月中央全会上批评纳吉是右倾机会主义者；在4月全会上又指责纳吉搞宗派活动，决定撤销纳吉在政治局和党内的一切职务；紧接着又召开国民议会，免去了纳吉的部长会议主席职务；同年12月，拉科西又将纳吉开除出党。

1956年苏共二十大以后，纳吉认为自己的观点是正确的，要求恢复党籍。一些受纳吉影响的党员干部和知识分子聚集起来，于1956年3月17日成立了裴多菲俱乐部。俱乐部经常组织有关苏共二十大的辩论会，谈论民主自由，批评拉科西领导集团的政策，要求"纳吉回到中央来"。6月底发生的"波兹南事件"更促进了匈牙利民主和自由化浪潮。

1956年6月，匈牙利劳动人民党为拉伊克等人恢复了名誉。裴多菲俱乐部邀请拉伊克夫人发表演说。拉伊克夫人揭露了拉伊克受迫害的情景以及她自己在狱中的遭遇，要求惩办凶手。结果群情激愤，强烈谴责拉科西。事后，拉科西下令公安部逮捕了裴多菲俱乐部的大批成员，并查封了一批刊物，遂使矛盾激化。

　　进入7月以后，匈牙利的形势急转直下。苏联为缓和矛盾，派米高扬去匈牙利，要求拉科西辞职，由格罗担任第一书记。10月6日，布达佩斯30万人为拉伊克等4名受迫害致死的原党政领导人遗骸举行国葬。10月14日，匈牙利党中央决定恢复纳吉的党籍。10月22日，裴多菲俱乐部提出"十点要求"，其中有：建议把拉科西开除出党，让纳吉出来参加党中央的重要工作；修改第二个五年计划；保障社会主义民主，在工厂实行工人自治等。同一天晚上，各大专院校学生团体联席会议向政府提出"十六点要求"，其中有：要求全部苏军立即撤出；解除所有在斯大林——拉科西时代犯有罪行的领导人的职务，由纳吉领导成立新政府；在完全平等和互不干涉内政的基础上调整匈牙利与苏联、南斯拉夫的关系；要求在专家指导下彻底改组匈牙利的经济生活，在新的基础上改进分配制度，调整工资；要求完全确认思想和言论自由、新闻自由等；并决定10月23日举行声援波兰的示威游行。

　　10月23日，布达佩斯10多万学生和其他群众举行游行。游行队伍散发了学生联合会提出的"十六点要求"；高呼口号：要求民主自由，格罗下台，由纳吉出来组织新政府。游行群众还要求电台广播"十六点要求"。在这种情况下，党的机关报《自由人民报》编辑部召集党员紧急会议，要求党中央彻底改组，并考虑人民群众的要求。这时，刚从南斯拉夫访问归来的格罗，却指示内务部发表公报，禁止任何游行。公报激起公愤，游行群众的声势更加壮阔，又迫使内务部取消了这一禁令。当天晚上，格罗在广播演说中谴责反苏言论，并谴责敌对分子和暴徒企图制造事端。格罗的讲话有如火上浇油，游行群众在破坏分子的挑拨煽动下演变成骚乱，并进而发展为武装冲突。10月24日，匈牙利政府宣布戒严令，并请求苏军出兵帮助维持秩序。同时，匈牙利党中央经过激烈斗争，宣布改组政治局，排除了拉科西的支持者，任命纳吉为部长会议主席。纳吉发表《告匈牙利人民书》，呼吁停止流血冲突，恢复秩序；并宣布他的改革纲领，将以他"一九五三年六月提交议会的纲领为基础，在党、政府，政治和经济生活各方面有系统地实行民主化"。24日下午，赫鲁晓夫派米高扬和苏斯洛夫来到布达佩斯，他们指责格罗对匈牙利事件作了"夸大"和"歪曲"的报告，要求他辞职，由卡达尔担任第一书记。这时，纳吉开始改组政府，宣布结束一党制，成立各党派联合政府。一时出现了70多个形形色色的政党和组织。28日，纳吉要求苏军撤出布达佩斯。他还解散了公安部队，建立了新的治安部队，其中收容了一些暴动集团的首领。另外，纳吉还释放了因叛国罪被判无期徒刑的红衣主教曾蒂和所有的政治犯。纳吉的上述措施使得反苏、反共势力更加猖獗，10月30日，反共武装占领市委大厦和各地区的党部，并杀害了许多党员干部、公安战士等，出现白色恐怖。

10月30日，米高扬和苏斯洛夫再次秘密来到布达佩斯。31日苏、匈两国举行会谈。纳吉提出立即撤回苏军，并提出匈牙利重新确立多党制政权。苏联一方面与纳吉周旋，一方面暗中调动军队。11月1日凌晨，布达佩斯接到苏军已越过边境深入匈牙利国土的消息，纳吉紧急召见苏联驻匈大使，提出"强烈抗议"，要求苏联立即撤退这些部队。同时，纳吉向联合国秘书长呼吁，宣称："匈牙利政府立即废除《华沙条约》"，"宣布匈牙利中立"；要求"四大国给予援助来保卫这个国家的中立"，并将这一问题"列入即将举行的联合国大会的议程"。①

11月4日，以卡达尔为首的四位部长发表《告匈牙利人民书》，宣布他们已经于11月1日退出纳吉政府，并成立工农革命政府；同时发表工农革命政府告匈牙利人民书，号召全体人民支持工农革命政府，捍卫社会主义和人民民主政权；同时，工农革命政府还请求苏军出兵帮助制止暴乱，恢复国家的社会秩序。当天，苏军进入布达佩斯，纳吉政府垮台。纳吉则跑到南斯拉夫使馆避难，经过交涉，纳吉于11月22日离开使馆，随即被苏军逮捕。1958年6月，纳吉被判处死刑。事隔30年之后，1989年4月，匈牙利政府为纳吉恢复了名誉。

1956年10月下旬匈牙利事件进入高潮的时候，中共中央代表团正在莫斯科调解苏波关系。当时苏联曾决定从匈牙利撤军。代表团获悉此事后，即电告中央。10月30日晚，毛泽东召开政治局常委会，决定电告代表团：立即约见苏共中央主席团，声明受中共中央委托，反对苏军从匈牙利撤退。据吴冷西在《忆毛主席》一书中说：

少奇同志在10月31日会见苏共中央主席团全体成员

---

① 转引自何春超主编：《国际关系史》，法律出版社1986年版，第192页。

时，严厉地指出：苏共这个决定是对匈牙利人民的背叛。苏共中央如果抛弃社会主义匈牙利，将成为历史罪人。苏共中央当时仍坚持要撤退驻匈境苏军。第二天，11月1日，赫鲁晓夫在送少奇同志去飞机场的汽车上，眉飞色舞地告诉少奇同志：苏共中央主席团开了一整夜的会，最后决定苏军仍然留在匈牙利，帮助匈牙利党和人民保卫社会主义。在我党代表团上飞机之前，苏共中央主席团全体成员到机场热烈欢送，纷纷感谢中国党先在波兰问题上帮助他们，现在又在匈牙利问题上帮助他们。①

但是以笔者来看，苏联武装干预匈牙利内政的决定因素是苏联在东欧的战略利益，中国党的支持只是给孤立的苏联提供了安慰，其作用不会像吴冷西所说的那样大。

11月4日，《人民日报》发表社论《爱国的匈牙利人民，为保卫社会主义，击败反革命复辟而奋斗》，谴责了纳吉政府和叛乱行为，坚决支持匈牙利工农革命政府和人民的平叛行动。11月5日，《人民日报》又发表社论《庆祝匈牙利人民的伟大胜利》，并且表示"我们向两次帮助匈牙利人民获得解放的苏联人民和苏联军队致敬。伟大的苏联友谊对于社会主义各国人民的重要性，在匈牙利事件中又一次得到光荣的证明"。11月14日，针对联合国在西方国家的操纵下通过要求苏军撤出匈牙利的决议，《人民日报》又发表社论《驳西方世界关于

---

① 吴冷西：《忆毛主席》，新华出版社1995年版，第14~15页。

匈牙利问题的叫嚣》，宣布："我们认为苏联在匈牙利的行动完全是出于正义的，这不仅因为苏联军队只是根据《华沙条约》才驻在匈牙利，只是根据匈牙利政府的请求才帮助恢复秩序，而且因为匈牙利政府的这种请求符合于匈牙利人民的真实愿望。"

11月6日，周恩来总理致电卡达尔，祝贺匈牙利工农革命政府成立，并宣布中国政府决定无偿、不附加任何条件援助匈牙利工农革命政府3000万卢布的物资和现金。

1956年在国际共产主义运动内部，特别是在思想领域中，继赫鲁晓夫"秘密报告""波兹南事件""匈牙利事件"之后产生很大影响的是铁托于1956年11月11日在普拉发表的演说（史称"普拉演说"）。

如前所述，斯大林在战后对南斯拉夫的粗暴干预和制裁恶化了苏联与南斯拉夫的关系，也恶化了东欧和亚洲共产党与南斯拉夫共产党的关系，并引发了斯大林在东欧国家的"大清洗"运动。1953年斯大林逝世以后，赫鲁晓夫立即着手缓和苏南关系，与南斯拉夫重修旧好。1955年6月，赫鲁晓夫在访问南斯拉夫时，苏联与南斯拉夫发表《贝尔格莱德宣言》，标志着苏南关系的正常化。1956年6月，铁托在访问苏联时，苏南双方又发表了两国政府的联合公报和两党关系的《莫斯科宣言》。《莫斯科宣言》标志着苏南两党恢复了关系，但是也表明苏联接受了如下客观事实：即铁托始终坚持的"社会主义发展形式的多样性"观点；南斯拉夫仍然独立于社会主义阵营之外的"不结盟"地位。

"波兹南事件"和"匈牙利事件"发生以后，由于铁托受斯大林之害较深，认识也更深刻，同时从制度上否定斯大林现象对南斯拉夫也不会产生震荡。因此铁托对斯大林错误的分析也更直率、更深刻一些。

　　铁托在"普拉演说"中虽然是支持苏联武装干涉匈牙利和新建立的卡达尔政府，并谴责了破坏和屠杀共产党和人民的反革命分子，在这方面是与苏联、中国以及东欧国家是一致的，但是对于斯大林错误、"波兹南事件""匈牙利事件"产生的原因，他更多地是强调内因，即国内的官僚主义和制度的不完善是主要原因。这就与苏联、中国等观点产生了分歧。特别是铁托采用了"斯大林主义"这个否定词来概括斯大林时期，用"斯大林分子"这个词来指责一些当政的国家和党的领导人，并号召各国党把"斯大林分子"赶下台，则给人造成全盘否定斯大林、全盘否定过去的印象。铁托说："他们在第二十次代表大会上谴责了斯大林的行动和他的直到那时的政策，但是他们错误地把整个事情当作一个个人崇拜问题，而不是当作一个制度问题。而个人崇拜，实际上，是一种制度的产物。"

　　铁托的演说在社会主义阵营引起了很大的反响，自然也引起了中共中央的高度重视。其时中共中央正召开八届二中全会（11月10日至15日）。毛泽东要新华社将铁托的讲话全文翻译过来，并要求胡乔木和吴冷西研究起草文章回应铁托的观点。

　　早在二中全会召开前的11月4日政治局会议上，毛泽东就说：我们早就指出，苏共二十大揭了盖子，也捅了娄子。揭了盖子之后，各国共产党人可以破除迷信努力使马列主义的基本原理同本国革命和建设的具体实际相结合,寻求本国革命和建设的道路。我们党正在探索,其他兄弟党也没有解决。捅了娄子的后果是全世界出现反苏反共高潮。帝国主义幸灾乐祸,国际共产主义队伍思想混乱。我们要硬着头皮顶住,不仅要顶住,而且要反击。

毛泽东还说:苏共二十大以后,我们4月间曾经写过一篇《关于无产阶级专政的历史经验》的文章,回答当时已经暴露出来的问题。现在,经过半年之后,事实证明我们的观点是正确的,但又出现许多新的问题需要回答。可以考虑再写一篇文章。

毛泽东又说:赫鲁晓夫"秘密报告"泄露后,各兄弟党先后发表声明和文章,或作出决议。我们已收集起来出版了两本集子。这些都是正式表达他们的观点的,我们可以仔细研究。还有最近波兰和匈牙利问题发生后又有许多材料需要研究,看看有哪些主要问题需要回答和如何回答,以后再开会讨论。

八届二中全会结束以后,毛泽东连续四天召开政治局常委会议,广泛议论国际形势。据吴冷西回忆,会议多在晚间举行,参加会议一般为十人左右,有刘少奇、周恩来、邓小平、彭真、王稼祥、张闻天等。朱德年纪大,熬不得夜,陈云主持经济工作较忙,他们两个人一般不参加。

毛泽东在讨论过程中指出:所谓斯大林主义,无非是斯大林的思想和观点。所谓斯大林分子,也无非是指赞同斯大林的人。那么请问,斯大林的思想和观点怎样?我们认为斯大林的思想和观点基本上符合马克思列宁主义的,虽然其中有些错误,但主要方面是正确的。斯大林的错误是次要的。因此,所谓斯大林主义,基本上是正确的;所谓斯大林主义分子,基本上也是正确的,他们是有缺点有错误的共产党人,是犯错误的好人。必须把铁托的观点彻底驳倒,否则共产主义队伍就要分裂,自家人打自家人。斯大林主义非保持不可,纠正了它的缺点和错误,就是好东西。这把刀子不能丢掉。

经过四天的讨论,毛泽东把大家的意见归纳为四点:第一,十月革命道路是各国革命的共同道路。谁不走十月革命道路,谁就不是马克思主义者。第二,各国有不同的具体情况,因此各国要用不同方法解决各自的问题。第三,苏联建设时期,斯大林的基本路线、方针是正确的,应加以明确地肯定。他有缺点、错误是难免的,可以理解的。第四,区别敌我矛盾,不能用对待敌人的方法对待自己的同志。

毛泽东还说:我一生写过三篇歌颂斯大林的文章。头两篇都是祝寿的,第一篇在延安,1939年斯大林60寿辰时写的。第二篇在莫斯科,是1949年他70大寿时的祝词。第三篇是斯大林去世之后写的,发表在苏联《真理报》,是悼词。这三篇文章,老实说,我都不愿意写。从感情上来说我不愿意写,但从理智上来说,又不能不写,而且不能不那样写。

12月2日晚上,毛泽东又召开政治局常委会。会议一开始,毛泽东就系统地提出他对整篇文章的设想。毛泽东说,文章的题目可以仍然是《全世界无产者联合起来》,也可以考虑同4月写的文章衔接,用《再论无产阶级专政的历史经验》,表明我们的观点是一贯的,是4月文章的续篇。毛泽东还提出:"讲清楚什么是'斯大林主义',为什么把共产党人分为'斯大林分子'

和'非斯大林分子'是错误的。应明确指出，如果要讲'斯大林主义'，那它就是马克思主义，确切地说是有缺点的马克思主义。所谓'非斯大林主义化'就是非马克思主义化，就是搞修正主义。"毛泽东还在具体写法上，要求对铁托采取"欲抑先扬"，对斯大林则采取"先抑后扬"，使人容易接受。会议指定胡乔木、吴冷西、田家英三人起草文章初稿。

12月13日，毛泽东主持政治局会议，讨论文章初稿。提出了修改意见。文章经过修改后，毛泽东又于12月19日、20日两天的下午和晚上连续召开政治局会议讨论修改稿。毛泽东在会上说："赫鲁晓夫一棍子把斯大林打死，结果他搬起石头打了自己的脚，帝国主义乘机打他一棍子，无产阶级又从另一边打他一棍子，还有铁托和陶里亚蒂也从中间打他一棍子。斯大林这把刀子，赫鲁晓夫丢了，别人就捡起来打他，闹得四面楚歌。我们现在写这篇文章，是为他解围，方法是把斯大林这把刀子捡起来，给帝国主义一刀，给修正主义一刀，因为这把刀子虽然有缺口，但基本上还是锋利的。"① 12月22日毛泽东主持政治局常委会再讨论第二次修改稿。12月23日和24日，毛泽东在颐年堂召开政治局会议，讨论第三次修改稿。毛泽东交代，这篇文章要在今年内发表，把1956年的事作个了结。两天会议之后，胡乔木等三人根据两天会议提出的意见，抓紧修改。

12月27日下午，毛泽东召开政治局常委会，讨论第四次

---

① 以上毛泽东的讲话，均转引自吴冷西：《忆毛主席》，新华出版社1995年版，第18~27页。

修改稿。会后，毛泽东要求胡乔木等三人马上动手修改，修改一段送他审阅定稿一段，今晚要定稿，明日登报，今年的事今年了。经过一夜紧张的工作，到28日上午，《再论无产阶级专政的历史经验》终于定稿。

12月28日晚，新华社发稿，中英文广播也同时播出。第二天，《人民日报》头版头条刊登了《再论无产阶级专政的历史经验》。

《再论无产阶级专政的历史经验》着重讨论了四个问题："第一，关于苏联的革命和建设道路的估计；第二，关于斯大林的功过的估计；第三，关于反对教条主义和修正主义；第四，关于各国无产阶级的国际团结。"[①] 这篇文章集中了毛泽东和中共中央政治局的集体智慧，反映了当时毛泽东和中国共产党对社会主义革命和建设以及国际关系的认识水平和基本政策。这篇文章实际上还是中国共产党对斯大林以及相关问题的宣言书，其中所体现的中国共产党在社会主义革命和建设问题上与苏共和铁托的分歧，预示了后来的国际共产主义运动分裂和中苏中间的论战。

三、对苏伊士运河事件的反应

◎支持埃及将运河收归国有

◎毛泽东表示无偿支援

---

① 《再论无产阶级专政的历史经验》，《人民日报》1956年12月29日。

◎郭沫若要当"志愿军"

◎强烈谴责英、法武装侵略埃及

◎数百万人大游行

◎埃及使馆门庭若市

◎英国代办处怒吼如雷

1955年4月在印度尼西亚万隆召开的"亚非会议"(史称"万隆会议"),既加强了中国与亚非各国的相互理解和支持,也鼓舞了亚非国家摆脱殖民主义影响、争取和维护国家主权、利益的斗争。这场斗争终于引发了1956年的苏伊士运河事件。

1856年,根据奥斯曼帝国的特许,苏伊士运河公司在埃及成立。这个特许准许该公司修筑苏伊士运河并管理它直到1968年,即通航后使用100年。该公司由法国控制。苏伊士运河于1859年动工修筑,经过10年开挖,1869年建成通航。不久,英国势力侵入埃及,英国政府收买了苏伊士运河公司44%的股票(而法国所持有的股票则分散在私人手中,约为52%)。1949年,该公司与埃及政府签订了一个为期20年的租让协定,根据协定,埃及可以得到公司总利润的7%。1954年11月纳赛尔就任埃及总统兼总理以后,受"万隆会议"和国内舆论的影响,1956年7月26日,埃及总统纳赛尔宣布将苏伊士运河收归国有。

8月1日,英、法、美三国外长在伦敦会谈后发表公报,宣称苏伊士运河是国际水道,不承认埃及对运河实行国有,并建议有关国家在伦敦举行会议。8月16日,伦敦会议开幕。美国国务卿杜勒斯在会上提出"四点计划",其核心内容是通过联合国对苏伊士运河实行国际管理。

对于埃及收回苏伊士运河的行动,中国政府从一开始就表示坚决支持。8月16日,中国政府发表声明,支持埃及收回苏伊士运河;9月12日,《人民日报》发表社论《埃及的主权不容侵犯》;9月17日,中国政府对埃及政府9月10日关于苏伊士运河问题照会复照,表示坚决支持埃及。

9月17日,毛泽东在接受埃及大使哈桑·拉加卜递交国书时说:"我愿意趁此机会通过贵大使向纳赛尔总统表达中国人民和我本人的真诚的敬意。中国政府和中国人民将尽一切可能支持埃及人民维护苏伊士运河主权的英勇斗争,并且相信在这一斗争中埃及人民一定会取得最后的胜利。"[①]

在随后毛泽东与拉加卜会谈时,毛泽东又说:"我们一看到埃及人就觉得高兴,我们之间没有任何隔阂。埃及做了一件非常好的事情,全中国人民都支持埃及","中国也愿意尽力帮助埃及,我们的帮助没有任何条件。你们有什么需要,只要我们能力所及,一定帮助。我们对你们的帮助,你们能还就还,不能还就算了,我们可以给无代价的援助。当然,埃及是个有民族自尊心的国家,如果接受我们的援助还是要还,那么现在可以记账,以后再说,或者过了一百年以后再还吧。"[②]

1956年9月20日,全国人大常委会第46次会议上,周恩来作《关于苏伊士运河问题的报告》,会议讨论通过了周恩来

[①] 《建国以来毛泽东文稿》第六册,中央文献出版社1992年版,第206页。
[②] 《毛泽东外交文选》,中央文献出版社、世界知识出版社1994年版,第247~249页。

的报告。周恩来说:"中国和埃及同其他二十七个亚非国家一起曾经在万隆会议上一致宣布,殖民主义的祸害应该迅速根除。中国人民坚决支持埃及政府收回苏伊士运河的完全合法的行动。任何侵犯埃及主权和对其实行武装干涉的行动,中国人民都不能置若罔闻。""埃及人民在维护民族独立和国家主权的伟大斗争中定会得到中国人民的全力支持。"

郭沫若在发言的最后慷慨激昂地说:"万一帝国主义不顾世界人民的警告而掀起战争,他愿意作为一个'志愿军'到埃及去。"王昆仑还当场作诗:"苏伊河浪怒滔天,举世谁能隔岸观。曲尺笔锋齐抖擞,争随郭老驾征帆。"①

9月21日,《人民日报》发表社论《全力支持埃及人民的正义斗争》。

9月23日,英、法要求联合国安理会讨论由于埃及政府把苏伊士运河收归国有造成的紧张局势。9月24日,埃及也要求安理会对英、法反对埃及的行为进行审议。结果英、法关于谴责苏伊士运河公司国有化和对运河实行国际管理的提案没有得到通过。但是在此期间,英、法与埃及通过秘密会谈,达成了六项原则协议,主要内容为:英、法承认埃及对运河拥有主权,埃及则同意照顾运河使用国的利益。埃及表示准备以六项原则为基础就解决苏伊士运河问题与英、法举行谈判。但是,由于英、法对国际形势估计过于乐观,以为苏联困于"匈牙利事件"、美国忙于"大选",均无暇顾及中东问题,遂秘密勾结

---

① 《新华半月刊》1956年第20期,第209~211页。

以色列，企图用武力夺取苏伊士运河。

英、法、埃三国谈判原定于 10 月 29 日举行，但是就在这天晚上，以色列军队在英、法空军掩护下，向埃及西奈半岛发动进攻。10 月 30 日，纳赛尔下令全国总动员，反击以色列侵略，于是第二次中东战争爆发（又称苏伊士运河战争）。同一天，英、法两国借口保护运河，向埃及发出最后通牒，要求埃以双方停火并后撤军队，由英、法两国军队进驻运河港口。英、法通牒遭到埃及拒绝。10 月 31 日，英、法成立联合司令部，并于晚上开始出动飞机轰炸埃及的首都开罗、塞得港、亚历山大等城市；同时，还派出海陆空军八万多人向埃及塞得港发动进攻。

1956 年 11 月 1 日，中国政府得知英、法武装侵略埃及的消息后，立即发表关于英、法武装侵略埃及的声明。强烈谴责英、法两国的侵略行径。"坚决要求英、法政府立即停止对埃及的侵略，制止对阿拉伯国家的武装挑衅，并且不再延迟地就苏伊士运河问题进行和平协商。"中国是对此事反应最快的国家之一。

11 月 1 日上午，英、法军队入侵埃及的消息传到中国，在中国激起了强烈反响。当天下午，北京市的许多单位就举行集会，强烈抗议英、法两国的侵略行径，声援埃及人民。

游行队伍有的来到埃及驻华使馆，声援埃及人民反对侵略的斗争。埃及大使拉加卜兴奋地接见了一批又一批游行队伍。送支援信的代表络绎不绝地走上阳台，与埃及朋友握手拥抱。截至晚上 8 时，埃及使馆共收到 678 封支援信。

英国驻华临时代办处与埃及使馆一样，也是人头攒动，热闹非凡。只是气氛完全不同。这里是愤怒的人群，纷纷递交的是抗议书。一封封抗议书送到代办处官员手中。"几个英国人毫无表情，机械地一封封接下。仅仅在下午两点五十分以后不到半小时里，就递交了六十多封抗议书。"代办处灰色的围墙上，贴满了反对英国侵略埃及的标语和漫画。北京师范大学的学生甚至将一张抗议书贴到了代办处大门上方英国国徽旁边。①

当天晚上，北京市几十万大、中学生，以学校为单位分别召开了几十个抗议大会，谴责英、法侵略埃及，支持埃及人民的反侵略斗争。有的会议直至夜间11时。

11月2日，中华全国总工会、全国青联和学联、全国妇联分别致电埃及同类机构，坚决支持埃及人民的反侵略斗争。

11月3日，中国政府向英、法两国提出强烈抗议和严重警告。要求英、法政府必须立即停止对埃及的一切武装进攻，必须立即撤出它们侵略埃及的一切武装力量。《人民日报》也发表社论《世界人民的愤怒》。

同日，由中国人民保卫世界和平委员会、各民主党派和各人民团体联合发起，北京市40万人在天安门集会，抗议英、法侵略、声援埃及人民。从早晨6时开始，处于郊区的农民就动身奔向天安门，甚至离京城百里以外的工矿的职工和农村的农民也乘着各种交通工具会集到天安门。到下午2时会议开始时，天安门广场及其东西两头的大街，已经挤得水泄不通。郭

---

① 参见《大公报》1956年11月1日。

沫若、彭真、沈钧儒、黄炎培、李济深、鲍尔汉、章伯钧、陈叔通、茅盾、赖若愚、李德全、胡耀邦、黄琪翔、陈其尤、梁希、谢雪红、胡启立等参加大会并发表了讲话。埃及驻华大使拉加卜也发表了讲话。大会结束后，游行开始。向埃及使馆方向前进的游行队伍由郭沫若、章伯钧、鲍尔汉、邵力子、朱学范等带领。郭沫若、章伯钧在使馆门前带领游行群众高呼口号后，进入使馆，与拉加卜大使会见。会谈以后，游行群众源源不断地通过使馆门前，并把一封封支援埃及的信交给拉加卜。

另一支游行队伍由陈叔通、赖若愚、胡耀邦带领，来到英国驻华代办处。示威群众在这里安装了九个一串的扩音器，除了呼喊口号、高唱歌曲、张贴标语、递交抗议书外，游行队伍还将许多反对侵略的三角形旗子插进代办处的花园里。代办处的官员在接到抗议书时，连声说："我们一定转给英国政府。"

同一天，上海10万人、南京10万人、重庆6万人、长春7万人、南宁3万人分别举行了示威游行。据统计，这一天，全国30多个城市的200多万人举行了谴责英法侵略、声援埃及人民的示威游行。

11月7日，中国政府再次发表《关于支援埃及反抗英、法侵略的声明》。声明说："中国政府和人民响应埃及政府的呼吁，愿意尽我们的能力所及，采取一切有效的措施，包括提供物资援助在内，支援埃及的斗争，反对英法的侵略。"

有过"抗美援朝"经历的中国人民，曾经为朝鲜人民与美国打了个平手，阻止了美国对朝鲜民主主义人民共和国的侵略。这次英、法两个老牌殖民主义者侵略埃及，自然又引发了许多人自愿到埃及去参加抗击英法侵略军的战争。据统计，截至11月7日为止，全国共有25万以上的工人、妇女和学生表示自愿奔赴埃及，参加埃及人民抗击侵略者的斗争。另据新华社11月11日电讯稿《各地人民热烈要求去埃及》报道，《北京日报》每天都接到上百封志愿到埃及支援埃及人民的读者来信。北京师范大学20多个班系的学生集体要求到埃及去参加斗争。天津纺织厂的许多青年工人特意学会了射击和驾驶摩托车，他们表示，随时都准备去志愿支援埃及。

北京市第二汽车运输公司技工马富荣8日去埃及驻华使馆表示，他要报名参加支援埃及的志愿军。埃及大使拉加卜写信给他说："欢迎您参加志愿军的请求，同时，在我们困难的时候，我们希望有更多的志愿军。"

11月8日，中国人民支援埃及反抗侵略委员会在北京成立。成立宣言说："现在全中国各地人民都要求以人力和物力来支援埃及。中国各界人民包括军事人员、医务工作人员、工程技术人员和交通运输人员都纷纷表示愿意同埃及人民一起进行反抗侵略的斗争。中国人民支援埃及反抗侵略委员会将动员和组织这些力量，以实现他们用实际行动支援埃及的愿望。"委员会成立后，即宣布开始登记支援埃及的志愿人员和捐献的物资。

11月10日，周恩来总理致电埃及总统纳赛尔，支持埃及人民反侵略斗争。并表示："中国政府和中国人民，正在采取各种措施支援埃及政府和埃及人民的英勇斗争。中国政府决定以二千万瑞士法郎的现金无偿地送给埃及，响应贵国最近的呼吁。"周恩来在会见拉加卜告诉他上述决定时表示：我感到很遗憾，因为我们只有不多的瑞士法郎，其他外汇寄出去就会被冻结。另外，中国红十字会还捐给埃及红新月会17万瑞士法郎，作为救济战争中死伤人员的基金。

11月17日，《人民日报》发表社论《侵略军队必须无条件撤出埃及》。同日，埃及驻华大使拉加卜举行记者招待会。对中国人民和政府的热情支持表示感谢。同时告知，埃及所要求的数以千吨计的粮食和其他物资正在运往埃及的途中。

英、法、以色列武装侵略埃及，不仅引起世界人民和阿拉伯国家的强烈反对，也加剧了国内的矛盾。同时，美、苏两国也出面要求英、法立即停火。在美、苏两国和国际舆论的巨大压力下，11月6日，英、法被迫宣布停火。11月7日，联合国通过1002号决议。该决议的内容为：要求英、法撤军；以色列军队全部撤到1949年2月24日埃以停战协定规定的停战线后面。12月3日，英国外交大臣劳埃德和法国外长比诺同时宣布英、法决定从埃及撤退军队。英、法两国于12月22日从埃及领土上撤出军队。

战争结束以后，埃及驻华大使拉加卜于12月7日拜访国防部长彭德怀，说埃及在战争中军事装备损失很多，希望中国能够给以援助。12日，彭德怀报告毛泽东并中央。26日毛泽东即批示彭德怀具体筹划援助埃及军事装备计划。

四、睦邻友好，朋友遍天下

◎毛泽东畅谈民族平等和反对侵略

◎苏加诺首次访华

◎周恩来出访亚洲8国

◎周恩来参观"二征王庙"

◎在印度三次会见达赖喇嘛

◎对外援助慷慨解囊

◎"打开西面的大门"

◎毛泽东教驻外大使写文章

1956年是世界局势动荡、错综复杂的多事之年。年初，赫鲁晓夫的一个"秘密报告"引发了社会主义阵营整个一年的混乱、动荡和西方国家的反苏反共浪潮；而下半年的苏伊士运河事件又引发了西方资本主义国家的危机，并给社会主义阵营提供了反击的机会。而1956年对中国来说，则可以用"任凭风浪起，稳坐钓鱼台"来形容，在为稳定社会主义阵营积极奔走、为支援埃及大声疾呼的同时，还开展了睦邻友好外交，并取得了显著成绩。

新中国的崛起和在国际事务中发挥着越来越大的作用，特别是中国在社会主义革命方面的理论和姿态，很容易引起周边国家的误解和不安。因为有史以来，还没有哪一个大国与小国真正平等相处过，所谓的社会主义国家苏联在这方面也是乏善可陈，特别是1956年对匈牙利的武装干预，更是在资本主义世界引起轩然大波。而1956年下半年中国对苏联干预匈牙利事件的支持、对苏伊士运河事件所表示的不会袖手旁观，更容易引起周边邻国对中国的疑虑和担忧。这就是1956年中国积极开展对亚洲国家睦邻外交的背景。

主张民族平等、反对侵略。这是新中国的一贯对外政策。到1956年，新中国仅用了短短的六年时间，就取得了令世界瞩目的巨大成就：国内政治稳定、政府效率高；国民经济发展很快，工业化突飞猛进；在朝鲜战争中与号称世界第一强国打了个平手。这些骄人的成就，在许多外国人看来，中国作为一个世界强国的日子已经指日可待。在这种情况下，毛泽东对来访的外国人，尤其是周边国家的客人，反复说明中国的外交政策：各个国家和民族是平等的，中国即使富强起来，也不会去侵略别人。

1955年10月，毛泽东对日本客人幽默地说："我们都属于有色人种。有色人种是被人家看不起的，最大的'缺点'就是有色。有些人喜欢有色金属而不喜欢有色人种。据我看，有色人种相当像有色金属，有色金属是贵重的金属，有色人种至少与白色人种同等贵重。有色人种同白色人种一样都是人，都是第一类，不是第二类。第二类是动物，不是人。世界上所有的人，不管他是什么肤色，都是平等的。"①

1955年12月，毛泽东又对泰国客人说："我们只讲和平共

---

① 《毛泽东外交文选》，中央文献出版社、世界知识出版社1994年版，第219页。

处,讲友好,讲做生意。我们不挑起人家来反对他的政府。吴努总理害怕我们挑起缅甸共产党来反对吴努政府,我们说,我们只承认你们一个政府,一个国家不能同时有两个政府。你们国内也有共产党,我们也不去挑起他们来反对你们的政府。"对于东南亚国家比较敏感的华侨问题,毛泽东说:"泰国有华侨,加入你们国籍的,就算泰国人了,没有加入泰国籍的才是中国人。要不华侨很多,人家会害怕。我们国外华侨的共产党组织也取消了,以消除华侨所在国政府的怀疑,使大家互相信任。我们究竟是否说的一套,做的一套,那你们也可以看。口说无凭,你们以后还可以看事实。"1956年2月10日,毛泽东对来访的泰国客人又说:"有误会可以慢慢解释,比如说怕中国要侵略泰国,其实我们是怕人家侵略,怕美国侵略……总的来说,中国一没有抢占各国市场,二没有在国外建立军事基地,三没有派军事顾问团到各国去,四没有同各国订立不平等条约并附有政治条件。"①

8月21日,毛泽东会见来访的老挝王国首相富马亲王。毛泽东对他说:"小国的地位也应尊重。柬埔寨觉得它是小国,但我们把他们的代表团当作大国的使者来欢迎。我们对大国、小国都一律平等看待。"②

为了贯彻毛泽东制定的睦邻友好政策,加强与亚洲国家的相互了解和合作。1956年中国积极开展了与亚洲国家的友好往来。

---

① 《毛泽东外交文选》,中央文献出版社、世界知识出版社1994年版,第229~230页。
② 《毛泽东外交文选》,中央文献出版社、世界知识出版社1994年版,第242页。

1955年12月到1956年2月，宋庆龄副委员长先后访问了印度、缅甸和巴基斯坦；8月份，又访问了印度尼西亚。

1956年，柬埔寨西哈努克亲王、老挝王国富马亲王、尼泊尔王国首相阿里雅、印度尼西亚总统苏加诺、巴基斯坦总理苏拉瓦底、缅甸联邦反法西斯人民自由同盟主席吴努先后访问了中国。

9月30日，印度尼西亚总统苏加诺首次访问我国。毛泽东亲自到机场迎接，并与他一起乘坐敞篷车通过市区，沿途受到北京市人民的热烈欢迎。10月1日，在天安门城楼上，苏加诺站在毛泽东身旁，参加了国庆观礼。10月3日，北京市人民又在先农坛体育场举行了盛大欢迎会。群众高呼着新学来的印度尼西亚见面敬礼时用语"默地加"。之后，苏加诺在清华大学、在鞍山工人大会、在上海市民欢迎大会、在广州市青年学生欢迎大会上都发表了热情洋溢的演说。

据《人民日报》报道："中国人民十分热烈和隆重地欢迎着苏加诺总统和他的随行人员。'朋加诺'和'默地加'的欢呼声响遍了苏加诺来到的每个地方。千千万万的群众热情地称呼'朋加诺'，感到十分自然，异常亲切……许许多多的人更写信对他表示诚挚的欢迎和热烈的问候。仅本报就收到来自几十个省市的工人、学生、军人、干部、家庭主妇以及归国华侨的许多封来信。甚至远在内蒙古边疆的一位住院病人，也让护士代他写出他欢迎苏加诺总统的心意。"[①]

[①] 《人民日报》社论：《中国和印度尼西亚的友谊之桥》，1956年10月15日。

10月15日，苏加诺在离开昆明回国前，写信向毛泽东告别："我在离开中华人民共和国之前，对于中华人民共和国政府和人民在我和我的随行人员访问中华人民共和国期间的亲切招待，不能不表示万分的感谢。特别是对于您的盛情厚意，不能不表示万分的感谢。"

在对日关系方面，1956年共有1200多名日本人到中国访问；而由于日本当局的限制，仅有100多名中国人访问了日本。12月份，北京市还举办了日本商品展览会。《人民日报》曾专门为此发表了社论《祝日本商品展览会胜利闭幕》。

在"请进来"的同时，中国还采取了"走出去"的办法。其中最大的一次是1956年底至1957年初周恩来总理对亚洲8个国家的友好访问。周恩来将访问目的概括为三句话："寻求友谊，寻求和平，寻求知识。"

周恩来总理出访的第一个国家是越南民主共和国。11月18日，周恩来在贺龙、乔冠华的陪同下来到越南民主共和国。周恩来等一下飞机，就受到热烈欢迎，"沿路有数万市民聚集在街道两旁，向中国贵宾鼓掌欢呼。"在越南期间，周恩来等特意去参观了越南为纪念民族女英雄建立的"二征王庙"（这两位女英雄在1900多年前，曾经抗击过中国东汉王朝对越南的侵略）。这件事在越南引起很大反响。越南报纸报道说："今天的中国和过去的中国大大的不同了，大民族主义正在被清除，而代之以兄弟的情谊。"

11月22日，周恩来结束对越南的访问前往柬埔寨，回报2月份西哈努克亲王对中国的访问。

11月28日,周恩来开始了访问印度的行程。在这次周恩来整个亚洲之行中,他四次路过印度,两次经过印度首都德里,两次经过印度重要城市加尔各答,并访问了几乎各个大城市和工业中心。周恩来在印度国会讲演和平共处五项原则的20分钟里,议员们20次以击桌鼓掌的方式表示欢迎。在印度期间,周恩来还三次会见正滞留在印度的达赖喇嘛,劝其回国;并在与尼赫鲁会谈时提到西藏问题。尼赫鲁表示:印度政府承认西藏属于中国,印度一向尊重中国对西藏的主权,有些不满意的人跑出来住在印度是允许的,但不能进行政治活动,危害中国主权,如果发现了要禁止。周恩来的劝说工作对于后来达赖返回西藏起到了很大作用。

12月10~20日,周恩来访问了缅甸;12月20~30日,访问了巴基斯坦;1957年1月19~24日,访问阿富汗;1月25日,访问尼泊尔;1月31日至2月5日,访问锡兰(今斯里兰卡)。

1956年,尽管中国由于"大干快上",资金和物资非常紧张。但是中国政府仍然对亚洲国家进行了大量经济和技术援助。这些援助,就当时中国的经济发展水平和能力来讲,是非常慷慨的。

1956年7月,中国与越南民主共和国签订了中国援助越南的议定书和中国给予越南技术援助的议定书。根据这个议定书和上年两国签订的协议规定,中国将供应越南成套设备和钢材、机床、机车、车辆、船只以及其他发展工农业生产和交通运输业所需要的器材;中国将派遣工业、农业、林业、水利、交通运输、邮电等方面的专家和技术人员到越南进行技术援助，越南也将派遣实习生到中国有关厂矿实习。

对于蒙古人民共和国，中国政府也给予了大量经济援助。1956年8月，中蒙两国签订了中华人民共和国给予蒙古人民共和国经济和技术援助协定。根据协定，中国从1956年至1959年内，无偿援助蒙古1.6亿卢布（约合人民币1.5亿元），用于帮助蒙古建设成套项目。1958年12月和1960年5月，两国政府又签订了两个经济技术援助协定，规定中国向蒙古提供两笔长期低息贷款，用于援建成套项目。鉴于蒙古缺乏技术力量，援蒙项目都采取"交钥匙"方式实施，即由中方设计，提供全部设备材料，并派出建筑施工队伍全面负责施工。到1964年，共帮助蒙古建成了包括发电厂、毛纺厂、造纸厂、玻璃厂等21个项目。①

中国除了对周边经济落后的社会主义国家提供了大量经济和技术援助外，还尽可能对周边经济落后的非社会主义国家给予经济和技术援助，帮助其发展经济。1956年6月，中国与柬埔寨王国签订中柬两国关于经济援助的协定和实施经济技术援助协定的议定书。根据上述协定和议定书，中国将在1956年和1957年内，无偿给予柬埔寨价值8亿柬元（折合800万英镑）的物资。这是中国与亚非民族主义国家签订的第一个经济技术援助协定。同年10月，中国又与尼泊尔政府签订无偿经济援助协定。

---

① 当代中国丛书编委会：《当代中国的对外经济合作》，中国社会科学出版社1989年版。第34页。

50年代中国大陆在对外经济关系方面，除了在平等互利的原则下积极发展与各国的贸易关系外，还在积极争取外援的同时，将心比心，在自己工业化资金非常短缺的情况下，对周边更困难的社会主义国家和友好的非社会主义国家给予了大量经济技术援助。从1949年10月到1957年底，中国的对外援助金额达到近21亿元人民币，其中无偿援助占95%。这种援助，体现了中国政府对社会主义阵营的高度责任感和对周边国家经济发展的关心。

由于中国东南沿海遭到以美国为首的西方封锁，1954年9月8日，美国、英国、法国、澳大利亚、新西兰、菲律宾、泰国、巴基斯坦8国代表在菲律宾马尼拉签订《东南亚集体防务条约》（即人们常说的《马尼拉条约》），该条约于1955年2月19日生效，同时，各缔约国成立了"东南亚条约组织"，这个条约和组织实质上是反对新中国的。1955年2月，伊拉克和土耳其两国在伊拉克的巴格达签署了《伊拉克和土耳其间互助合作公约》（即常说的《巴格达条约》），随后英国、巴基斯坦和伊朗三国相继参加该条约，并成立"巴格达条约组织"。美国虽然只以观察员的身份参加条约组织，但是却以其特殊的地位和影响力，给这个西亚地区性的军事联盟组织打上了反共反华的烙印。巴基斯坦的东部地区（当时称东巴，即现在的孟加拉国）靠近东南亚，西部地区与西亚相连，美国在50年代中期拼凑针对新中国的军事包围圈时，便选中了巴基斯坦这个连接东南亚与西亚的国家作为其最重要的环节，通过巴基斯坦将"东南亚条约组织"和"巴格达条约组织"两个链条连接起来，在我国的南面和西面形成一个新月形的反华军事包围圈。

因此，中国的外交重点除了加强与苏联为首的社会主义阵营国家交往，不断扩大与广大的亚、非、拉发展中国家交往外，还要打破美国建立的上述军事包围圈，而作为中国西部的邻国巴基斯坦则成为我们开展西部外交所争取的重点对象。当时被称为"打开西面的大门"。

1956年9月，毛泽东召见因参加党的八大而回国的中国驻巴基斯坦大使耿飚。毛泽东对耿飚说："今天我找你来，就是要谈这个问题。我们进行经济建设，主要靠自力更生，但是也要争取外援，也要和别国有经济贸易往来。因此，我们要想办法打破帝国主义的经济封锁。在这方面，你这个驻巴基斯坦大使要起作用啊！"毛泽东解释说："巴基斯坦的地理位置很重要。这体现在两个方面：一方面，它连接西亚和东南亚，因此，帝国主义把它作为对我国实行军事包围的重要环节，而中巴友好则有助于打破这个反华军事包围……""另一方面，巴基斯坦处于我国和西亚、欧洲、非洲之间，因此，它是我国从西面通向世界的大门。打开这扇西门，无疑有助于挫败帝国主义对我们的经济封锁。现在，我们对外单靠南门还不行，应该打开西面的大门。"[①]

毛泽东问耿飚："你看能不能把这扇西门推开？"

耿飚说："主席的指示是重要的战略决策，我们一定努力贯彻，相信能够推开这扇西门。"

[①] 转引自《耿飚回忆录》，中华书局2009年版，第383～384页。

毛泽东说:"那好!不过,我刚才所说的只是原则,或者像你所说的是战略。至于具体怎么做法,那就要你们去研究。但是有一点毋庸置疑:必须不断加强中巴两国人民之间和两国政府之间的友谊和合作。"

后来,周恩来总理也就"打开西大门"问题约谈耿飚。周恩来说:"毛主席就这个问题对你所作的指示,具有伟大的政治战略意义,你务必要深入领会,在工作中努力贯彻。同时,从经贸方面来说,我们也可以考虑经过巴基斯坦建立一条通向欧洲的现代丝绸之路。在外交方面来说,中巴友好也有助于我国和其他伊斯兰国家发展友好合作关系。"①

过了几天,毛泽东又召见回国开会的十几个驻外大使,包括耿飚、黄镇、王幼平等。在谈到驻外使馆向国内汇报的问题时,毛泽东语重心长地嘱咐这些大使:"你们当大使的,应该自己动手写汇报材料。"当大使们向毛主席请求传授写文章的经验时,毛泽东说:"要写好文章,必须做到六个字:思,谈,听,看,放,改。在动手写作之前,先要做好前三字。"然后毛泽东对每个字作了解释:

所谓"思",就是要思考。要想一想应该写什么,有什么观点,用什么材料,怎样结构,怎样分段,总之要对文章的框架和主要内容有个腹稿。

所谓"谈",就是要找人谈话,把自己的想法告诉别人,征求意见。谈话对象的面要广一些,可以根据文章的内容,找

---

① 转引自《耿飚回忆录》,中华书局2009年版,第387页。

不同专业和不同文化程度的人，广泛交谈。

所谓"听"，就是要虚心听取别人的意见，看看别人支持不支持自己的想法，同意不同意自己的观点，从而改进自己原来的写作方案。

毛泽东说：上述三个字做到后，就可以动手写作。在写出初稿后，还要做到后三个字。

所谓"看"，就是要对初稿多看几遍，反复斟酌，看看有什么错误的、遗漏的、说得不清楚的、表达不准确或不充分的地方。

所谓"放"，就是文章写好了不要急于发出去，而要放一放，在书桌上放它几天。这样做的好处是，可以跳出原有想法的框框，从另外的角度来考虑文章的内容和写法，然后和写好的文章作比较，找出应该改进的地方，以便加以修改。在"放"的同时，还可以请人看看文章，给人讲讲内容，继续征求意见。

最后一个字"改"，就是要在"看"和"放"的基础上，参考别人的意见进行修改，改一遍不行，就多改几遍，直到改得满意为止。

毛泽东又补充说：至于写汇报材料，除了六个字外，还应该注意几点：要一事一报，不要把几件事写在一起，东拉西扯，纠缠不清。要开门见山，先写明事由，再加以叙述、分析。

结语：回顾历史的兴奋与思考

记得梁启超曾经说过："史学者，学问之最大而切要者也，国民之明镜也，爱国心之源泉也。"中共十八大以来，以习近平总书记为核心的党中央多次强调学习历史，特别是学习中共党史和新中国历史的重要性。习近平总书记就曾多次指出："学史可以看成败、鉴得失、知兴替"；"一个民族的历史是一个民族安身立命的基础"；"历史是前人的实践和智慧之书"。今天中国正处于急剧的经济和社会转型以及文化的多元化时期，正确认识新中国前后两个历史时期的关系，正如习近平总书记所说既不能用后一个历史时期否定前一个历史时期，也不能用前一个历史时期否定后一个历史时期。这就需要我们用唯物史观和发展的眼光，用历史主义的、辩证的态度来看待历史、分析历史，来反驳历史虚无主义。

在新中国前一个历史时期，1956年是一个值得关注的年度。回顾60年多年前的1956年，兴奋中带着遗憾，因为它既是整个50年代最令人振奋的年度，是中国跨进社会主义门槛的年度，也由此在经济上埋下了单一公有制的弊病。虽然那个火红的年代已经远去，那一代人的背影已经模糊，但是在共和国的年轮上却刻下了深深的痕迹，这些痕迹对于今天我们汲取历史智慧和经验来说，到底有哪些启示呢？

首先，社会主义三大改造的顺利提前实现，表面上看是胜利，是生产关系更适合生产力发展要求了，满足了"集中力量办大事"，特别是优先快速发展重工业战略的实施，即高积累与社会稳定双重保障。但是从更深层次看，依靠单一公有制和计划经济来充分发挥人民群众的积极性和主动性，实现比资本主义更高的经济效率的目的并没有实现，因为在生产力水平没有发生明显进步、工业化刚刚起步的条件下，单一公有制使得党和政府对经济的管理更加复杂和困难了，管理能力跟不上这种急剧的变化，而这种经济体制的变化又恰恰强化了党和政府管理经济的权力。

第二，社会主义三大改造在中国这样一个城乡之间、产业之间、地区之间经济发展水平差异极大的，且尚以传统农业经济为主的大国顺利提前实现，应该说是一个奇迹，也由此极大地鼓舞了执政的中国共产党和毛泽东，更加看重生产关系变革、人的主观能动性以及群众运动在经济和社会发展中的作用，看轻了中国作为一个人口多、底子薄、发展不平衡的大国工业化的长期性和艰巨性，使得"急于求成"成为新中国前30年里屡屡不能克服的突出毛病。

第三，1956年苏共的"非斯大林化"和随后发生的"波匈事件"以及苏共的应对措施，都反映出苏联体制的弊病、苏共新领导集体政治上的不成熟，以及中国共产党第一代领导集体政治上的经验丰富和领导能力，而中国共产党在社会主义阵营内政治地位的迅速提升又与中国的经济落后不相称，这也使得中国赶超的目标从1956年开始实际上是苏联而不是欧美。

第四，1956年既是中国跨进社会主义门槛的第一年，又同时是开始探索社会主义政治经济体制改革的第一年，虽然以党的八大为标志，这种探索取得重大进展，但是这种探索始终没有突破对当时苏联定义的"社会主义"：生产资料的公有制和计划经济，这种探索也因此在1957年以后就被坚持社会主义还是走资本主义道路的争论所干扰，资产阶级不存在了，但是"阶级斗争"却愈演愈烈。

第五，1956年社会主义改造的完成，使得小资产阶级和民族资产阶级都成为被消灭的对象，没有存在的理由了，因此在政治上、经济上甚至文化上也必然要改变过去长期实行的政治上各革命阶级联合专政和经济上的"分工合作、各得其所"，社会的包容性、宽松度都大大降低，不仅民主的基础大大缩小，法律面前人人平等也被阶级的不平等所取代，文化上也走向越来越狭窄的所谓"无产阶级文化"，把许多优秀文化视为"封资修"予以清除。

总之，1956年告诉我们，在那个历史年代，中国共产党有能力领导全国人民平稳地实现了社会主义改造，从而为优先快速发展重工业提供了制度基础，这使得后来的20多年里中国建立起独立的工业体系和保障国家安全的国防工业。但是同时也告诉我们，在中国这样一个人口多、底子薄、发展不平衡的大国，一定规模和范围内的公有制经济和政府作用主导作用不仅是必要的，也是中国发展的优势，但是过犹不及，必须因时、因地、因事、因人处理好公有经济与私有经济的关系、政府与市场的关系。